상제와 천자
上帝 天子

상제와 천자(上帝와 天子)

초판 1쇄 발행 2025년 3월 17일

지은이 민병규
펴낸이 장길수
펴낸곳 지식과감성#
출판등록 제2012-000081호

주소 서울시 금천구 벚꽃로298 대륭포스트타워6차 1212호
전화 070-4651-3730~4
팩스 070-4325-7006
이메일 ksbookup@naver.com
홈페이지 www.knsbookup.com

ISBN 979-11-392-2471-9(03290)
값 16,000원

- 이 책의 판권은 지은이에게 있습니다.
- 이 책 내용의 전부 또는 일부를 재사용하려면 반드시 지은이의 서면 동의를 받아야 합니다.
- 잘못된 책은 구입하신 곳에서 바꾸어 드립니다.

지식과감성#
홈페이지 바로가기

상제와 천자
上帝 天子

민병규 지음

한반도의 미래
진사성인출
최초공개

본명: 민병국(閔炳國), 호적: 민병규(閔炳奎)
1963(癸卯)년 12월 11일생

학력: 국졸, 국민학교 5학년 여름방학 때 훈련용 포가 학교에 떨어져 군부대
　　　에서 복구하여 졸업장은 받았으나 사실은 국민학교 중퇴

1979년, 화전민 철거로 아랫마을 안평리로 내려옴
1982년, 화천군 상서면 신대리로 이사

병력: 15사 PX 단기사병 근무

1990년, 대순진리회 서울 방면 입도
1992년, 선무 때 포천 도장 건설 참여
1995년, 여름 선사 때 동두천 제생병원 공사하다 예비군 훈련 핑계 대고
　　　　대순진리회를 나와 무작정 서울 상경, 고시원에서 고시원으로 전전,
　　　　용역 생활
1995년, 겨울 박한경 도전 화천(별세)
2003년, www.msge.co.kr 도메인 취득
2010년, www.msge.co.kr(인터넷)에 신위 모심
2016년, www.msge.co.kr "대순진경"으로 정하여 성명서 발표
2021년, 1월 1일 도인의 도움으로 방을 얻고 다락방에 신위 모심
2022년, 11월 11일『대순진경』편집 출판
2023년, 12월『천기누설』편집 출판
2025년, 3월『상제와 천자』편집 출판

전라북도 부안군 상서면에 있는 천 년 전 삼국시대 묘련이 창건한 사찰의 벽화,
진표율사가 이 벽화를 보고 깨달음이 경지에 이르러 금산사 미륵전 창건

1971년 서울 중곡동 도장의 벽화, 박우당 도전께서 창건

목 차

01, 2024년   8
02, 2025년   21
03, 귀촉도(歸蜀道)   33
04, 전생이란?   56
05, 도(道)는 종교가 아니다   62
06, 조선의 중심 한강   71
07, 금산사(金山寺)   85
08, 일(一)은 곧 '하나'   108
09, 불법 하나회(會)   111
10, 도(道)를 찾는 길!   118
11, 주역(周易)   127
12, 천화동인, 화천대유   153

13, 제생 10절	170
14, 정전협정(停戰協定)	180
15, 천자 신명(天子神明)	196
16, 명부 공사	204
17, 계묘생(癸卯生)	220
18, 구한말(舊韓末)	234
19, 시뮬레이션	252
20, 천자국(天子國)	265
21, 화투장의 비밀	279
22, 설 명절(名節)	301
23, 궁전	324
24, 으뜸 되는 줄거리	346

01, 2024년

2024년 갑진(甲辰)년은 한국의 제22대 국회의원 선거와 미국 47대 대통령 선거를 비롯해 전 세계 76개국에서 선거가 예정된 '슈퍼 정치의 해'다.

동쪽(東方)에 민병규가 있으니 동학(東學)인 것이다. 화천대유 천화동인을 완성해야 하는 것이다. 2024년 갑진년은 민병규가 창건한 진리로 문학적 지향이 동일한 사람들이 모여서 공자가 말한 대동 사회를 만드는 것이다.

화천대유(火天大有) 위는 불[火]이고, 아래는 하늘[天]이다. 대유(大有)는 '크게 만족하여 즐거워하는 상태'를 말한다. 하늘의 불인 태양이 온 천하를 비추는 상이다. 즉 해가 중천에 떠 빛나는 상이니, 천하를 소유한다는 의미의 대유(大有)가 괘의 이름이다.

천화동인(天火同人) 위는 하늘[天]이고, 아래는 불[火]이다. 동인(同人)은 '뜻을 같이한다', '협력'이라는 뜻이다. 어두운 하늘 아래 불이 타오르며 세상을 밝히는 상이다. 즉 어두운 밤길에 등불을 얻은 상이다. 세상을 밝히는 일은 여러 사람이 힘을 합쳐야 하므로 동인(同人)이라 괘의 이름이다.

오늘날 강증산 어르신이 말씀하신 내용을 가지고 온갖 교주들이 아우성 치니 '민병규가 아니면 진리를 바로잡을 수 없다.' 하므로 괴롭기는 한량 없으나 어찌할 수 없이 맡게 되어 문서로 전하니 이름하여 『상제와 천자』라 전하는 것이다.

오늘날 천주교, 원불교, 태극도, 대순진리회. 증산도, 태을도, 태을선도, 증산법교 등 민병규의 진리를 찾아야 할 때가 온 것이다.

강증산 상제께서 원평에 이르시어 군중을 향해 말씀하시기를 "이 길은 남조선南朝鮮 뱃길이니 짐을 채워야 떠나리라." 하시고 주점에 들어가시어 모든 행인을 불러 술을 나누어 주시며 말씀하시기를 "이 길은 성인(聖人) 다섯을 낳는 길이로다." 하시니 사람들은 그 뜻을 알지 못하더라. 민병규가 다섯 명의 성인을 배출해야 하는 것이다.

> 상제께서 어느 날 종도들에게 『원평이 장상 지지(將相之地)이고 대흥리는 왕자 포정 분야처(王子布政分野處)로써 가작 천간 옥(可作千間屋)이 되리라.』고 말씀하셨도다.
> [전경 예시 44절]

또 원평이 지금은 건너다 보이나 훗날에는 건너다 보이지 않을 때가 오리라. 그러나 또다시 건너다 보일 때가 있으리니 그때가 되면 세상 일이 가까워짐을 깨달을지어다.
[전경 예시 62절]

이 성구를 보면, 남조선 배가 원평에서 출발한다 하여 천주교에서 터를 잡고 증산 어른의 행적을 도용하여 원평 성당(元坪聖堂)이 한자와 함께 나온다. 원평 성당은 전라북도 김제시 금산면 원평리 1-4번지에 있는 전주교구 소속의 가톨릭 천주교회이다. 천주교 교황이 우리나라에 왔다가 갈 적에는 백성들이 바친 세금 돈가방 들고 흐뭇한 모습을 보이는 것이다.

조선총독부에서 조선인에 얼을 말살시키려면 예수 기독교가 적합하다 하고 천주교 신부를 처참히 처형하여 해방이 되고 나서 1960년 4월에 성당을 원평으로 정한 것이다.

전라북도 김제시 금산면 원평리 1-4번지에 강증산 성사께서 원평의 뜻을 전한 것이다. 강증산 성사께서 전라북도 김제시 금산면 원평리 1-4번지에서 원평의 뜻을 민병규에게 전한 것이다. 민병규가 원평에서 공사를 하고 있는 것이다.

> 상제께서 어느 날 경석을 데리고 농암(籠岩)을 떠나 정읍으로 가는 도중에 원평 주막에 들러 지나가는 행인을 불러 술을 사서 권하고 『이 길이 남조선 뱃길이라. 짐을 많이 실어야 떠나리라』고 말씀하시고 다시 길을 재촉하여 三十 리 되는 곳에 이르러 『대진(大陣)은 일행 三十 리라』 하시고 고부 송월리(松月里) 최(崔) 씨의 재실에 거주하는 박 공우(朴公又)의 집에 유숙하셨도다. 공우와 경석에게 가라사대 『이제 만날 사람 만났으니 통정신(通精神)이

나오노라』 나의 일은 비록 부모형제 일지라도 모르는 일이니 또 『나는 서양(西洋) 대법국(大法國) 천계탑(天啓塔)에 내려와서 천하를 대순 하다가 삼계의 대권을 갖고 삼계를 개벽하여 선경을 열고 사멸에 빠진 세계 창생들을 건지려고 너의 동방에 순회하던 중 이 땅에 머문 것은 곧 참화 중에 묻힌 무명의 약소민족을 먼저 도와서 만고에 쌓인 원을 풀어주려 하노라. 나를 쫓는 자는 영원한 복록을 얻어 불로 불사하며 영원한 선경의 낙을 누릴 것이니 이것이 참 동학이니라. 궁을 가(弓乙歌)에 조선 강산(朝鮮江山) 명산(名山)이라. 도통 군자(道通君子) 다시 난다』라 하였으니 『또한 나의 일을 이름이라 동학 신자 간에 대 선생(大先生)이 갱생 하리라고 전하니 이는 대 선생(大先生)이 다시 나리라는 말이니 내가 곧 대 선생(代先生)이로다』라고 말씀하셨도다.

[전경 권지 1장 11절]

강증산=대선생(代先生)=대신할 대(代)
민병규=대선생(大先生)=클 대(大)
세 분(증산, 정산, 우당) 삼위 상제님을 모시니 민병규가 대선생(大先生)이라 말씀하신 것이다.

동학

조선 제26대 왕 고종이 스스로 황제라 자청하여 관리들이 뇌물을 주고 관직에 올라 관리들은 전정(토지세), 군정(군역), 환곡(춘궁기 대출) 3정의 문란의 문란을 최대한 악용하여 백성들의 고혈을 쥐어짜 내어 치부하고 출세하였다. 고부군수 조병갑은 뇌물을 바치고 수령이 된 부패 수령의 표본적인 인물로, 당시 지방관 등 관리들이 백성들의 고혈을 어떻게 쥐어짰는지 잘 보여 주는 탐관오리의 전형이 2024년이다.

1894년(고종 31년) 농민 봉기

전봉준을 총대장, 김개남(金開男)·손화중(孫和中)·차치구(車致九)를 장령(將領)으로 삼은 농민군은 1894년 음력 3월 초 동지 정익서(鄭益瑞)·김도삼(金道三) 등과 협의하여 동학의 조직을 이용하여, 동학교도를 주도 세력으로 하고 농민대중의 호응을 얻어 진용(陳容)을 정비하고 고부의 백산(白山)을 근거로 8천여의 병력으로 대오를 편성하였다. 음력 3월 하순에 백산에 모여 다음과 같은 농민군의 4대 강령과 봉기를 알리는 격문을 발표하고 백성의 궐기를 호소하였다.

1. 사람을 죽이지 말고 물건을 해치지 말라.
2. 충효를 온전히 하여 세상을 구제하고 백성을 편안히 하라.
3. 왜 양(倭洋)을 멸(滅)하고 성군의 도를 깨끗이 하라.
4. 병(兵)을 거느리고 서울로 진격하여 권귀(權貴)를 멸하라.

이러한 시대적인 배경 아래 몰락 양반 최제우는 동굴에서 도를 닦던 중 "일어나서 도탄에 빠진 백성을 구원하라"라는 하늘의 소리를 듣고 동학을 창시한다.

동학 농민혁명(東學農民革命)은 1894년(고종 31년) 동학(현 천도교의 전신) 세력이 주축이 되어 일으킨 민란으로, '동학농민운동', '동학농민전쟁', '갑오농민전쟁', '동학란(東學亂)', '동학 민란'으로도 불린다.

최제우가 창시한 동학의 개념은 인간의 존엄성 존중을 바탕으로 하는데 당시 가난한 농민들은 조선 말기 세도정치와 탐관오리들의 수탈에 엄청 시달리고 있었던 상황이었기에 많은 사람들이 새로운 세계를 찾아 나서듯 자연스럽게 동학에 매료될 수밖에 없었다. 기본적으로 국가와 관리들에 대한 대중적인 불신, 농민들의 분노로 인해 발생한 혁명이라고 보면 된다.

당시 조선 왕실에서 이를 보기에는 사실상 반란이나 다름이 없었고 결국 일본군과 청군의 도움을 받아 혁명을 진압했다. 표현의 자유가 제한되었던 왕정하에서 농민들이 집회와 결사의 자유를 주장하는 것은 사실상 죽을 각오를 해야 되는 큰 사건이었다.

일제강점기에 문학적 지향이 동일한 사람들이 모여서 발간한 동인(人)지라는 동학 혁명(東學革命), 동학 농민운동(東學 農民運動) 이름도 주역의 천화동인 괘(卦)에서 유래되었다.
주역(周易)을 통하여 대동 사회를 주장하는 현 정치인의 그릇된 생각이 투입된 것이 바로 3천 년 전 문왕 8괘에서 화천대유와 천화동인이 나온 것이다. 대동 사회는 모두가 신분적 평등과 재화의 공정한 분배를 특징으로 하는 것이다. 자본주의 사상과는 정반대의 대척점(對蹠點)에 있는 사상이다.

사실 대동 사회는 유토피아 4차원에 가깝다. 현 과학 문명 시대의 유토피아의 뜻은 자체가 없는 것과 장소라는 두 뜻을 결합하여 만든 용어이다. 즉, 현실적으로 존재할 수 없는 이상의
나라를 말하는 것이다. 대동사상을 주장한 동학농민운동도 결국 실패로 끝나고 말았다.

일본은 천황(옥황상제)의 이름으로 조선을 36년간 지배할 적에 양반이라 자청하는 자는 그 자리에서 목을 잘라 거리에 세워 기강을 세운다. 조선인은 실험 대상인 것이다. 재산이 많은 양반들이 만주까지 도망하여 일본인은 만주까지 가서 실험을 하는데 마루타는 일본 말로 통나무라는 뜻이다. 일제 세균부대 중 하나였던 731부대에서 희생된 인체실험 대상자를 일컫는 말로 우리에겐 역사적 아픔이 묻어 있는 말이다.

2024년 노벨문학상
2024년 노벨문학상은 갑진년을 세계에 알리는 해이며 한강 작가를 축하는 해 주지 못할망정 좌파라 하는 것에 특히 기독교 목사 출신들이 좌파 문학이라고 주장하는 것을 볼 수 있다. 내용은 한강 작가는 1980년 광주사건을 어린 시절 본 그대로를 전한 것이고 좌파란 이름은 광주사건에 북조선에서 내려왔다는 것이 빠져 있기 때문에 좌파라 헐뜯는 것이 된 것이다.

전두환 시절 공수특전사가 개입된 것을 알게 된 동기는,
민병규가 1995년 무작정 서울로 상경하여 2000년도 무렵 벼룩시장(지

역광고)에서 정수기 판매 영업사원 모집 '알파 300' 광고를 보고 전화하여 간 곳이 서울역 맞은편 서울시청 가는 방향에 있는 건물이다. 청호나이스 본부장 이름은 한동수, 민병규보다 나이도 많고 본부장님 하면서 가깝게 지낼 때였다. 소득은 정수기를 팔아야 수당이 들어오는데 시골 촌놈 민병규가 아무 연고 없는 서울 바닥에서 정수기 팔기란 하늘의 별 따기인 것이다. 양복 입고 책가방 들고 허송세월은 보냈으나, 가까이 지냈던 한동수 본부장이 민병규에게 고향을 물어 강원도 화천이요 말하니 본인도 화천에서 근무했다는 것이다.

내용을 들어 보니 강원도 화천 오음리에 삼청교육대가 있었고 삼청교육대 범죄자 폭동 방지 관리 교육을 공수 특전사가 맡고 있었다. 1980년 광주사건 때 그 부대가 광주사건을 진압했다 말하며 국가 기밀이니 다른 사람에게 말하지 말라 하며 그때 광주사건에 진압한 특전사는 말도 못 하고 숨어 지낸다 덧붙였다.

그때 광주 사건 때 사건을 본 사람이 도망가면 끝까지 찾아가 죽였다 한다. 그 일이 밖에 나가면 안 되기 때문이라 한다. 그때 공수 특전사는 뒤처리하고 광주사건 핵심은 북한에서 내려와 임무 완성하고 북으로 갔다는 군사독재 정권 전두환의 계획하에 이루어진 것이다.

전두환은 북조선 인민군을 끌어들였고 인민군은 북한으로 가서 영웅상을 받았다.

사실 제공

북한 함경북도 청진에 있는 '인민군 영웅들의 렬사 묘지' 본지에 사진을 제공한 대북 정보 수집팀은 2011년 11월 촬영했다고 밝혔다.

국가안전기획부(現 국가정보원)가 북한의 5·18 광주사태 개입을 1990년대에 '비밀공작'을 통해 이미 확인한 사실이 처음으로 밝혀졌다. 권영해(87·權寧海) 전 안기부장은 최근 스카이데일리와 만나 "정보기관장 재직 시절 북한의 5·18 개입을 우리 정부가 직접 확인했다"라고 폭로했다.

북한의 광주사태 개입에 대해 전직 정보기관장이 확인 발언한 것은 이번이 처음이다. 1993년 국방부 장관에 이어 1994년부터 1998년까지 안기부장을 지낸 권 전 부장은 지금까지 '북한의 5·18 개입'을 증언한 인물이다.

이번 2024년 12월 3일 계엄 선포에 북조선에서 남침하기를 유도하였고, 국군정보사령부가 윤석열 대통령의 비상계엄 선포에 대비해 수개월 전부터 HID(북파 공작원) 요원들을 관리해 왔다는 주장이 제기됐다. HID란? 인민군 복장으로 인간 살인 병기로 키우는 살인마 부대이다.

국군정보사령부(정보사)와 국군 방첩 사령부(방첩사) 소식에 정통한 정보당국 관계자는 지난 13일 오마이뉴스에 계엄 당일 강원도 소재 HID 부대 요원들을 둘러보았다고 말한다.

이번 계엄에 북조선 김정은은 신경도 쓰지 않았다.

북한에 의해 공격당하게 하는 것처럼 보이게 하려는 것이고 북파공작원(HID)이 이번 계엄 사태를 일으킬 계획이 있었고 우두머리 윤석열은 내란죄뿐만 아니라 폭동죄에 외환죄까지 더하여 매우 엄준하게 다스려야 한다.

현재 윤석열 복귀를 외치는 단체는 친일파 단체로

남묘호렌게교, 남묘호렌게교, 창가학회 총본부는 도쿄도 신주쿠구 시나노마치에 있다. 한국 SGI의 본부는 서울특별시 구로구 구로동에 위치하였고, 근방에 신도림역이 있다. 일본의 연립 여당인 공명당의 연원이 이 종교 단체에 있을 정도로 일본이 한국 국내에서 정치, 사회적으로도 알게 모르게 막강한 영향력을 행사하고 있다.

120년 전 1904년 갑진(甲辰)년,
증산 성사께서 공사하신 내용,
『상제와 천자』 구한말 참조

짚으로 북을 만들어 대들보에 매다시고 좋고도 좋구나. 이 북소리가 멀리 서양까지 들리리로다. 흥을 돋우어 노래하시니 가로대,

묘여, 묘여. 기묘하도다. 진이여, 진이여. 구름이 일어나고, 아홉 마디 대지팡이의 기운이 높으니, 여섯 길 금부처가 틀림없도다. 때는 봄비에 꽃

피는 삼월이요, 풍류의 주문이 백년의 티끌을 씻어 내는구나. 나의 득의 지추가 아니겠는가,

계묘년 2023년 민병규『천기누설』선포
갑진년 2024년 한강 작가『노벨문학상』

아홉 마디 대지팡이란, 아홉 명의 수교자를 뜻하며 여섯 길 금부처는 민병규를 뜻함이라.

구한말 1904년 갑진(甲辰)년 공사는 2024년 한강 작가의 노벨문학상이 전 세계에 알려진다는 뜻이고, "진(辰)이여. 구름이 일어나고", 2024년 겨울 계엄 선포로 전 세계에 알려지며 대한민국은 정치인으로부터 신용등급 하락으로 떨어진다.

미 국무부가 발표한 인신매매(실종자 생체 실험) 보고서(2024 Trafficking in Persons Report)에서는 대한민국의 등급이 2등급에서 1등급으로 상향됐고 밝혔다.

인신매매란 성매매 외 실종사건 신장 매매가 1년에 대략 300명, 젊은이에 신장을 찾는 이는 수만 명이 넘는다는 자료가 있다. 유튜브에 장기 밀매 검색하면 내용을 실감하게 된다.

2024년은 지나갔습니다.

여러분의 새해 소망은 무엇이었나요?

1. 아프면 철저히 외롭습니다. 고립무원(孤立無援)

고립(孤立)되어 구원(救援)을 받을 데가 없다. 아픔은 타인이 대신해 줄 수 없는 오롯이 자신만의 고통이기에 아픔에 가장 먼저 든 생각은 고립무원이었다.

2. 위기감이 느껴졌습니다. 풍전등화(風前燈火)

'바람 앞의 등불(燈火)'이라는 뜻으로, 사물(事物)이 매우 위태(危殆)로운 처지(處地)에 놓여 있음을 이르며 사물(事物)이 덧없음을 비유적(比喩的)으로 풍전등화였다.

3. 바꾸어서 생각하여 보니 어지럽습니다. 역지사지(易地思之)

처지(處地)를 바꾸어서 생각하여 보니 타인에게 말하지 않고 혼자 견뎌내는 세상의 수많은 통증들, 동료 중 누군가는 이석증(빙빙 돈다)을 앓고 있는 것이다. 금시초문(今始初聞)인 그 병은 어떤 통증일까? 어지럼은 경미한 정도부터 공포를 일으킬 정도까지 다양하다. 어지럼의 특징은 회전하는 느낌이며, "코끼리 코 돌기"를 한 뒤의 느낌이나, 놀이공원에서 빙글빙글 돌아가는 놀이 기구 안에 앉아 있는 느낌과 비슷한 역지사지였다.

4. 적의 사정이 나의 사정입니다. 지피지기(知彼知己)

적(敵)의 사정(事情)과 나의 사정(事情)을 자세(仔細·子細)히 앎에 이르고, 손자(孫子) 모공 편(謀攻篇)에 나온 말이다. 고통을 이겨 내기 위해 스스로 고통을 이해해야 했던 생각은 지피지기였다.

"인생에서 두려워해야 하는 것은 없다.

오로지 이해해야 하는 것만 있을 뿐,

지금은 더 많이 이해해야 하는 때다.

그렇게 두려움을 없애야 한다."

02, 2025년

을사(乙巳)년 2025년

2025(乙巳)년 한국은 전 세계 예언가들이 주목하는 특별한 해로 거론되고 있다. 과연 무엇이 이들에게 한반도를 집중하게 만들었을까. 조선의 『격암유록』, 『정감록』부터 중국의 『추배도』, 서양의 철학자 루돌프 슈타이너에 이르기까지 시대와 국적을 초월한 예언서들은 공통적으로 2025년을 중요하게 언급하고 있다. 더욱 흥미로운 점은 이들 예언이 단순히 특정 사건이나 위기를 예고하는 것에 그치지 않고 한국에서 세계를 구원할 인물이 등장할 것을 지목하고 있다는 사실이다. 먼저 『격암유록』은 남사고 선생이 남긴 예언서로 궁궁을을(弓弓乙乙)이라는 상징적 표현을 통해 2025년의 한반도에서 심판과 구원을 가져올 인물이 나타날 것이라는 것을 예언하고 이 인물은 미륵불에 비유되며 종교를 통합하고 세상을 새롭게 할 존재로 묘사하고 있다.

『정감록』은 난세의 구원자를 언급하며 왕조의 멸망과 새로운 시대를 예고하고 있다. 특히 십승지(十勝地)라는 길지로 피신해야 할 곳을 제시하며 재앙의 끝에 정씨 성을 가진 인물이 태평성대를 이끌 것이라 전하고 있다.

상제께서는 일본 놈이 조선 바닷속 땅속까지 측량하여 정씨 성은 나오지 않는다 하셨다. 정도령이란 민병규의 이론, 바른 영적인 진리를 말함이다. 허경영 사이비 교주는 본인이 정도령이라 주장하고 '하늘궁'에 허경영 사진 걸어 놓고 '하늘궁'이 천국이라 불로유 사건, 광천수 사건, 성폭행 사건 등 사회를 어지럽혀도 양주 경찰서에서 뇌물 먹고 고소 고발해도 허경영은 2027년 대통령이 될 것이라 믿는 것이 현재 아비규환(阿鼻叫喚)의 대한민국이라 하는 것이다.

『추배도』는 당나라 시절 작성된 예언서로 59번째 예언에서 동방의 구세주가 나타날 것이라 예고하였다. 지금까지 55개의 예언이 적중했다고 전해지는 만큼 그 신빙성에 관심을 갖고 있다.

서양의 철학자 루돌프 슈타이너는 2025년을 문명의 변곡점으로 지목하며 동방의 한민족이 성배의 민족으로 등장해 새로운 문명을 이끌 것이라 예언하였다. 그는 현대 사회의 물질주의를 경고하며 영적 각성을 강조하였다.

이 모든 예언이 단순한 우연의 일치로 보일 수도 있다. 그러나 각기 다른 시대의 지역에서 등장한 예언들이 공통적으로 한국과 2025년을 중심으로 한 이야기를 담고 있다는 점은 놀라움을 자아낸다.

과연 이 예언들이 의미하는 바는 무엇일까? 이 물음에 대한 답을 찾기 위해 예언서들이 남긴 메시지를 더 깊이 탐구해 봐야 할 것이다.

조선 중기의 도인이자 예언가였던 남사고는 조선 중종 4년(1509년)에 태어나 선조 5년(1571년)까지 생애를 보낸 인물로 천문학과 지리, 풍수에 모두 능통했던 천재적인 학자였다. 그는 조선 왕실에서 중요한 역할을 맡아 사직 참봉으로 활동하였으며 왕조의 안녕과 백성들의 번영을 위해 노력했다. 그러나 그가 남긴 『격암유록』은 단순한 학문적 기록을 넘어 조선의 미래와 전 세계적 변화를 암시하는 예언서로 평가받고 있다. 『격암유록』의 가장 흥미로운 점은 남사고가 자신의 예언이 신인(神人)으로부터 전해진 것이라 기록했다는 점이다. 그는 하늘의 비밀을 인간들에게 전해야 한다는 사명감을 가지고 글을 남겼으며 이러한 이유로 그의 예언은 신비롭고 초월적인 존재와 연결된 것으로 여겨져 왔다. 특히 그의 예언에서 자주 등장하는 궁궁을을(弓弓乙乙)이라는 표현은 단순한 언어적 상징이 아니라 하늘과 땅의 진리를 담은 비유로 해석된다. 이 궁궁을을은 천재(天在)의 원리를 상징하며 이는 인간과 자연 그리고 우주의 조화를 나타낸다고 해석된다.

남사고는 이 상징을 통해 물질에만 집착하는 자들은 천지의 진리를 깨닫지 못할 것이라고 경고했다.

그는 물질주의가 인간을 타락으로 이끌며 진정한 깨달음은 내면의 성숙과 조화로운 삶에서 비롯된다고 보았다. 그렇다면 『격암유록』에서 가장 주목할 만한 내용은 무엇일까. 바로 2025년으로 예측되는 진사년(辰巳年)에 한반도의 심판과 구원을 가져올 인물이 등장할 것이라는 예언이다. 이 인물은 단순한 지도자가 아니라 세상을 통합하고 새로운 질서를 세우는 구세주로 묘사된다. 남사고는 이 인물이 미륵불에 비유하며 그가 세상에 출현함으로써 모든 종교가 통합되고 혼돈에 빠진 세상이 새롭게 태어날 것이라 예언하였다. 그의 글은 특정 사건만을 암시하는 것이 아니라 보다 넓은 차원에서 인간 사회와 문명에 대한 깊은 통찰을 담고 있다.

『격암유록』에서 "궁궁을을지 백십자(弓弓乙乙之 百十字)는 천지지 진리(天地之 眞理)"라는 구절은 이 인물이 하늘의 진리를 전하는 자임을 나타낸다. 그러나 물질적 탐욕과 부패에 물든 사람들은 이 진리를 이해하지 못할 것이라고 경고한다. 흥미로운 점은 남사고는 이 인물이 단순히 인간으로 묘사하지 않았다는 점이다. 그는 하느님인지 사람인지 신(神)도 알지 못하며 신인지 사람인지 하늘도 알지 못하리라고 언급하며 구세주의 본질 이 인간의 한계를 넘어서 존재일 가능성을 암시한다. 이는 그의 예언이 단순한 미래 사건을 넘어 철학적이고 영적인 메시지를 포함하고 있음을 보여 준다. 또한 『격암유록』은 심판의 날과 구세주의 출현이 단순히 한국의 변화에 그치지 않고 전 세계적인 변화를 가져올 것이라고 예고한다. 그는 동양과 서양의 모두 말세를 알리는 예언서를 보냈다고 기록하며 그의 메시지가 인류 전체를 대상으로 하고 있음을 암시한다. 이 구세주는 만천하 백성들의 원한을 풀고 선한 자를 살리며 악한 자를 불로 태워 멸망시킬 것이라고 묘사된다.

이를 통해 그의 예언은 단순한 희망의 메시지가 아니라 정의와 심판의 날을 경고하는 강력한 경고로 해석될 수 있다. 남사고의 예언에는 구체적인 행동 지침도 포함되어 있다. 그는 미래의 혼란 속에서 살아남기 위해 그날이 오면 좌우를 돌아보지 말고 앞으로만 나아가라는 메시지를 남겼다. 이는 단순한 생존의 조언이 아니라 혼돈의 시대 속에서 흔들리지 않고 자신의 길을 걸어야 한다는 상징적 메시지로 해석된다. 『격암유록』은 단순한 예언서가 아니라 인간이 직면할 미래의 위기와 그것을 극복할 수 있는 방법을 제시하는 지혜의 책으로 볼 수 있다. 450년 전 남사고가 남긴 이 예언은 오늘날 우리에게 중요한 교훈을 남기고 있다.

특히 물질만능주의에 빠진 현대 사회의 경각심을 일깨우며 인간 본연의 가치를 되찾는 데 도움을 줄 수 있다. 그의 메시지는 단순히 2025년의 그날을 기다리라는 것이 아니라 지금 이 순간부터 우리의 삶을 돌아보고 진정한 가치를 추구해야 한다는 것이다.

오늘날 사이비 교주 천공에 의하여 2022년 대통령 선거가 끝나고 용산에 용의 기운이 들어와야 한다며 청와대 살림에 거액을 들여 국방부 자리로 옮기어 2024년 8월 15일 일본 패망의 날에 일본 기미가요가 방송에 나오고 독도는 일본 땅으로 교과서에 실리게 하여 2024 갑진(甲辰)년 계엄 선포가 있었다.

2025 을사(乙巳)년 9월에 남북통일을 하면 윤석열은 대한민국 최초 1대 건국 대통령이 된다는 사이비 교주 천공에 의하여 나라가 시끄러운 것이다.

그리하여 화천대유, 전화동인은 이재명과 함께 모작하여 임금이 되는 괘

라. 살아 있는 소가죽 벗기는 데 지휘하고 손바닥에 임금 왕 자 새기어 대통령이 되었으니 을사(乙巳) 2025년에 남북통일을 하면 윤석열은 대한민국 건국 최초 1대 대통령이 될 것이고 뜻을 이루지 못한다면 북조선 김정은과 함께 미륵(彌勒)이 내리는 사약(賜藥)을 받고 만백성 앞에서 충성을 맹세해야 할 것이다.

진사성인출은 2024년과 2025년을 뜻함이라.

『격암유록』 풀이
진인출세의 시기(갑을가)

갑을가[甲乙歌]
『격암유록』의 마지막 장, 60장의 제목이 '갑을가'이다.

제목부터 이해를 해야 한다. 진사(辰巳)년에 출세하는 성인을 좀 더 은유적이며 정확히 표현하고자 甲, 乙의 천간으로 제목을 뽑았다. 진사(辰巳)는 지지로 설명했기에 정확한 연도의 추정이 불확실해진다. '진사성인출'과 더불어 '갑을'이라는 천간에 힌트를 더하면 갑진(甲辰 2024) 을사(乙巳 2025)년이라는 정확한 해가 나오게 된다.

'갑을가'에서 때를 암시한 문구를 살펴보자.

三八木人甲乙起 時乎時乎不再來 時來甲乙出世者
삼팔목인갑을기 시호시호부재래 시래갑을출세자

해설
삼팔선이 있는 동방 목인, 민병규가 갑을(甲乙)의 운수로 일어나네. 때가 오네. 때가 오네. 다시 오지 않는 때가 오네. 갑을의 운수를 당하여 출세하는 사람은 진사성인의 진사는 지지(地支)로 표현했는데, 여기서는 천간으로 갑을을 말한다. 연도가 갑진(2024)과 을사(2025)라면 정확히 부합하게 된다. 지지(地支)로 진, 사, 년을 알렸으나 불안하여 천간(天干)도 알려 주는 것이다.

銘心不忘慎慎事 高山漸白甲乙運 寅卯始形計劃一
명심불망신신사 고산점백갑을운 인묘시형계획일

해설
그와 같은 일을 마음에 새겨 모든 일을 신중하게 처리하소. 높은 산(신위)이 점점 희어지는 것이 갑을(甲乙)의 운수이네. 인(寅卯) 2022년, 묘(癸卯) 2023년에 비로소 천국의 계획이 시작하는구나.

※ 2022년, 임인년(壬寅年) 『대순진경』 출판
※ 2023년, 계묘년(癸卯年) 『천기누설』 출판

言何草草爲 鷄龍山上甲乙閣 重大責任六十一
언하초초위 계룡산상갑을각 중대책임육십일

해설
언변은 어찌하여 풀 위에 있고, 계룡산 위 높은 집은, 갑진, 을사년 2024년 2025년이고. 중대한 책임은 육십일 글자에 맡겨지었구나.

六十一歲三五運 名振四海誰可知 鷄龍山 上甲乙閣
육십일세삼오운 명진사해수가지 계룡산 상갑을각

해설
61세 삼오운, 15진주 운이네. 사해에 이름을 떨치는 운수임을 누가 알겠는가? 계룡산 위에 갑을 각이 있네.

※ 2024년, 갑진년(甲辰年)은 민병규는 61세이다.

※ 진인이 진, 사, 년경 출세하는 나이가 61세인가 보다. 여러 번 일부러 표시해 놓았다.

紫霞貫日火虹天 六十一歲始作立 走肖杜牛自癸來
자하관일화홍천 육십일세시작립 주초두우자계래

해설
보랏빛 안개가 해를 관통하고, 불같은 무지개가 하늘에 있고, 육십일 세에 시작하여 세우니, 조씨, 두씨, 우씨의 장군들이 하늘에서 계묘생 민병규를 도우러 내려오는구나.

前路前路松松開 名振四海六十一歲 立身揚名亦後臥
전로전로송송개 명진사해육십일세 입신양명역후와

해설
앞길이 사철 변함이 없는 소나무처럼 열리니, 온 세상 이름을 떨치는 때가 육십일 세로다, 몸을 세워고 이름을 날리니 역시 후에 신하 된 사람이 엎드려 절하는구나.

非三五運雲霄閣 六十一歲無前程 可憐可憐六十一歲
비삼오운운소각 육십일세무전정 가련가련육십일세

해설
三五(삼오)는 3×5로 15가 되며, 15진법 아니면 하늘나라 높은 집을 옮길 수 없고 육십일 세 민병규 없는 앞날은 한정이 되어 육십일세가 가련하고 가련하구나.

反目木人可笑可笑 六十一歲成功時 大廈千間建立匠
반목목인가소가소 육십일세성공시 대하천간건립장

해설
동방 사람 민병규가 말을 하니, 가소롭다 웃는구나. 육십일 세에 도서 출판하여 성공하니 천 개의 문이 달린 큰 궁전을 세우게 되는구나.

※ 『격암유록』의 예언은 지상천국의 완성 연도를 글로 남긴 것이고, 민병규가 완성한다는 것이다.

※ 구천 상제님께서도 공사하신 내용이 있다.

佛仙儒一元數六十 三合爲吉凶度數
불선유 일원수육십 삼합위길흉도셈
十二月二十六日再生身
십이월이십육일재생신

대순전경 [공사 3장 41절]

불선유란? "불로유"가 아니고 석가, 노자, 공자라. 불, 선, 유(佛仙儒)를 유, 불, 선(儒佛仙)으로 바로 세워 천지 대도를 세워야 하는데 60수라, 민병규가 60세 되는 계묘년에 삼합 삼위 상제님을 "천기누설"로 선포하니 길이 빛날 것이고 진리가 맞지 않은 곳은 흉하게 떨어지니 바른 도를 택하라 하신 공사이시다. 2023년은 민병규는 60세라. 구천 상제님의 공사로 어김없이 진법을 알리라는 하늘의 말씀이시다.

※ 『천기누설』 도서에 자세히 기록되어 있다.

※ 허경영의 '불로유'는 젖소의 우유를 말하는 것이다.

말씀하시기를,

닭이 울면 새벽이요 개가 짖으면 사람이 다니게 되느니라. 금년 운수가 명년 4월까지 가느니라. 하시고 "진사(辰巳)에 성인출(聖人出)하고 오미(午未)에 낙당당(樂堂堂)이라, "개명장 나는 날엔 일체 개심(開心) 하느니라." 하시니라.

말씀하시기를,
"선천의 모든 악업(惡業)과 신명들의 원한과 보복이 천하의 병을 빚어내어 괴질이 되느니라. 봄과 여름에는 큰 병이 없다가 가을에 접어드는 환절기(換節期)가 되면 봄여름의 죄업에 대한 인과응보가 큰 병세(病勢)를 불러일으키느니라." 천지 대운이 이제야 큰 가을의 때를 맞이하였느니라.

세상에 백조일손(百祖一孫)이라는 말이 있고, 또 병란(兵亂)도 아니고 기근(饑饉)도 아닌데 시체가 길에 쌓인다는 말이 있으니 "선천의 모든 악업(惡業)과 신명들의 원한과 보복이 천하의 병을 빚어내어 괴질이 되느니라."

一日 在院坪 曰 此地 命鎧甲神三十万軍 留陳 以待時
일일 재원평 왈 차지 명철갑신삼십만군 유진 이대시

[천지개벽경]

해설
하루는 원평에 계시사 말씀하시되, "이곳에 철갑 신장 30만 군을 명하여, 진지를 구축하게 하고 때를 기다리노라."

있을 재(在) 원평

상제께서 원평 공사는 김제 원평이고 다시 있을 원평 공사는 민병규가 맡게 된 것이다. 민병규가 머무는 곳에 철갑 신장 30만 군이 주둔하여 신들의 전쟁이 시작되면 정신이 바르지 못한 사람들이 가을 낙엽 떨어지듯이 여기서 죽고 저기서 죽고 송장 썩는 냄새가 진동하여 밥 한술 뜨지 못하리라.

03, 귀촉도(歸蜀道)

증산 성사께서 이곳저곳으로 유랑하시다가 열아홉 살 되시는 1889 기축(己丑)년 가을에 내장산에 가시니라. 저녁노을에 물결치는 단풍을 바라보며 산에 오르시어 부모님(태호 복희)이 계신 곳을 향해 눈시울을 적시다가 바위에 앉아 깊은 명상에 잠기시어 귀촉도(歸蜀道)를 남기시니라.

해석
역사 태극기의 유래는 6,000년 전 고대 한국인 태호 복희씨의 복희 팔괘,

귀촉도(歸蜀道)
   상제께서 어느 날 공신에게,
   "대천 일해(大天一海)에 무근목(無根木)이 떠 있고 가지는 열두 가지 잎은 三百六十 잎이 피었으니 뚜렷이 일월(日月)이 희도다. 九·十월 세단풍(細丹楓) 바람잡아 탄금(彈琴) 하니 슬프다
   저 새소리 귀촉도 불여귀(歸蜀道不如歸)를 일삼더라"는 시조 한 수를 외워주셨도다.
   대순전경 [행록 4장 38절]

겨울에 문공신(文公信)의 집에 가시어 쉬시다가 정읍(井邑)으로 출발하실 즈음에 공신에게 옛 시조 한 수를 읊어 주시니 이러하니라.

1, 대천 일해(大天一海)에 무근목(無根木)이 떠 있고,
2, 가지는 열두 가지 잎은 삼백 예순 잎이 피었으니 뚜렷이 일월이 희도다.
3, 구시월 세단풍(細丹楓) 바람 잡아 탄금(彈琴) 하니,
4, 슬프다! 저 새소리 귀촉도 불여귀(不如歸)를 일삼더라.

[증산도 道典 10:3]

귀촉도(歸蜀道)
두견과(杜鵑科)의 새. 편 날개의 길이는 15~17cm, 꽁지는 12~15cm, 부리는 2cm 정도(程度)이다. 등은 회갈색(灰褐色)이고 배는 어두운 푸른빛이 나는 흰색(-色)에 검은 가로줄 무늬가 있다. 여름새로 스스로 집을 짓지 않고 휘파람새의 둥지에 알을 낳아, 휘파람새가 새끼를 키우게 한다. 한국(韓國), 일본(日本), 말레이시아(Malaysia) 등지(等地)에 분포(分布)한다.

불여귀(不如歸)
여름새로 스스로 집을 짓지 않고 휘파람새의 둥지에 알을 낳아, 휘파람새가 새끼를 키우게 한다.

* 귀촉도=두견이, 접동새, 소쩍새, 주로 밤에 우는 새

해석
1889 기축(己丑)년, 크고 넓은 하늘 바다에 뿌리 없는 나무가 떠 있고 일

년은 12달 360일 오는 세상 밝혔건만 일 년이 365일로 일월이 뿌옇게 보이는구나 9·10월 단주 수명 5만 년 태을주가 거문고 소리 탄알로 들리는가. 슬프다. 저 새소리 스스로 집을 짓지 않고 죽은 혼령이 키워가는구나.

강증산=1889년 "대천 일해(大天一海)에 무근목(無根木)이 떠 있고"

민병규=2010년 "대천 일해(大天一海)에 유근목(有根木)이 떠 있고"

2010년 민병규가 창건한 "용담 역"은 일 년은 12달 360일 오는 세상 밝히어 일 년이 365일로 일월이 뿌옇게 보이는구나.

2010년 민병규가 창건한 "용담 역"은 대천 일해(大天一海)에 유근목(有根木)이 떠 있고 일 년은 12달 360일 뿌리가 있어 근원이 되고 오는 세상 밝히어 개벽이 오면 지구 인류 80억 인구 죽어 나갈 적에 밝은 세상 열리는구나.

증산 성사께서 남긴 귀촉도(歸蜀道)는 민병규가 인간 세상에 와서 정신개벽 공사를 하라는 말씀이시다.

증산 성사께서 남긴 귀촉도(歸蜀道)는 죽은 망제 망제혼(望帝魂) 혼령에 속아 정신 사상이 임금(王) 우두머리가 되고 싶어 사이비 종교, 사이비 진리, 사이비 사상에 붉게 물들어 진멸(殄滅)에 이르렀다. 망제혼(望帝魂) 혼령은 돌아가라.

증산 성사께서 남긴 귀촉도(歸蜀道)는 십천계에 있었던 원신이 복희씨로 와서 역을 만들고 칠성계에 머물다 노자로 와서 도교를 만들고 칠성계에 머무니 인간 세상에 민병규로 내려와 후천 오만 년 역을 완성하고 일 년은 12달 360일 열릴 때 천지가 진동하고 숙살(肅殺) 기운이 있어 모두 쓰러지리니 모든 사상을 버리고 민병규의 참 진법 공사에 준비를 하라는 문서(文書)이시다.

붉을 단(丹)
귀촉도(歸蜀道)
귀촉도(歸蜀途)

    눈물 아롱아롱
    피리 불고 가신 임의 밟으신 길은
    진달래 꽃비 오는 서역(西域) 삼만 리
    흰 옷깃 여며 여며 가옵신 임의
    다시 오진 못하는 파촉(巴蜀) 삼만 리

    신이나 삼아 줄걸, 슬픈 사연의
    올올이 아로새긴 육날 메투리
    은장도 푸른 날로 이냥 베어서
    부질없는 이 머리털 엮어 드릴 걸

    초롱에 불빛 지친 밤하늘
    구비구비 은핫물 목이 젖은 새
    차마 아니 솟은 가락 눈이 감겨서
    제 피에 취한 새가 귀촉도 운다
    그대 하늘 끝 호올로 가신 임아

- 서정주, 「귀촉도」

서정주를 혹자는 "시의 정부(政府)"라고 일컬었다. 시의 정부였던 그의 삶은 실제에 있어 '권력의 정부(情婦)'였음은 두말할 나위가 없다.

 우리의 땅과 목숨을 뺏으러 온

 원수 영미(英美)의 항공모함을
 그대 몸뚱이로 내리쳐서 깨었는가?

 깨뜨리며 깨뜨리며 자네도 깨졌는가

 장하도다

 우리의 육군항공 오장(伍長) 마쓰이 히데오여

 너로 하여 향기로운 삼천리의 산천이여

- 서정주, 「오장 마쓰이 송가」

이 시는 일본의 진주만 공격으로 촉발된 태평양전쟁이 막바지로 치닫던 1944년 12월 9일, 총독부 기관지인 『매일신보』에 실렸던 서정주의 대표적인 친일 시이다. 일본 군국주의 자살 특공대인 가미카제 대원으로 자신의 성씨마저 빼앗긴 조선의 젊은이를 찬미하고 있다. 일제에 충성하는 이런 시를 써 놓고도 서정주는 "참 미안하게 되었다. 일본이 쉽게 패망하리라고는 예상하지 못했다."라고 밝혔다.

더 큰 문제는 해방이 되고 나서 60, 70년대를 거치면서 적나라하게 보여 준 서정주의 행적에 있다. 5·16 군사 쿠데타를 그는 "민중의 소망이 반영된 혁명"이라고 예찬하는 시를 썼다.

그의 군사정권 옹호는 1980년 광주 시민을 학살하고 들어선 전두환 정권에서도 이어졌다.

> 평화의 댐 건설을 발의하시어서는
> 통일을 염원하는 남북 육천만 동포의 지지를 받고 있나니
>
> 이 민족 기상의 모범이 되신 분이여!
> 이 겨레의 모든 선현들의 찬양과
> 시간과 공간의 영원한 찬양과
> 하늘의 찬양과 두루 님께로 오시나이다
>
> - 서정주, 1987년 전두환 생일 축하 시

내용을 들여다보면 아~ 슬프다 들리는 시 소리 서정주에게 사상이 있다면 극우 파시즘 내지 철두철미 권력에 충성하자는 아부 사상이다. 그는 일찍이 이승만의 전기를 쓰고, 베트남 참전을 독려하는 시 「다시 비정(非情)의 산하(山下)에」를 썼으며, 1975년에는 김종필의 새마을운동 시찰을 따라다니며 참여 기록을 남겼다. 1980년에는 '광주'의 비극을 발판으로 권력을 잡은 전두환 정권을 지지하는 TV 연설을 했다.

김우종 평론가는 한국인의 애송시로 첫손가락에 꼽히는 서정주의 「국화 옆에서」도 친일 시라고 규명한다. 시에 나오는 "국화꽃"과 "거울 앞에 선 내 누님같이 생긴 꽃"은 일본 천황 히로히토이며, 서서 거울을 보는 행위

는 일본 왕실의 조상신이 하는 행위와 동일하고, 한국 여인이 앉아서 거울을 보던 모습과는 다르기 때문이라는 것이다. "노오란 꽃잎"도 일본 황실 문장인 국화의 색깔과 동일하다는 근거를 들었다.

이런 시인을 어찌하여 대한민국을 "시의 정부"라고 할 수 있겠는가? 서정주를 "시의 학교"라고 하는 것은 차라리 문학을 위한 궁색하고도 순진한 마음이라고 이해할지언정, "시의 정부"는 말 그대로 여전히 민족을 의지하지 않고서는 한국 문단에서 금방 자기의 설자리를 잃고 마는 당시의 정부(情婦)들이 문학 권력의 정부(政府)에서 그만큼 쇠로 만든 독처럼 튼튼하게 구축하고 있다는 간접적인 증거들이다.
역사 교과서 한일 정신대, 위안부 합의, 친일 문학상은 동상동몽이다.

왜곡된 역사만큼이나 거꾸로 뒤바뀐 문학 정신을 바로 세우는 작업은 친일 작가 문학상을 철폐하는 것으로부터 시작해야 한다. 민중이 일제의 식민 통치에서 벗어난 해방 70주년을 기점으로 대한민국의 역사 바로 세우기는 재점화되기 시작했고, 문화의 차원에서 미당문학상은 그 첫 번째 제거 대상이다.

해방과 더불어 미군의 남한 점령으로 우리는 친일 잔재들을 청산할 기회조차 박탈당했고, 오히려 친일 세력들이 득세하는 무대가 만들어졌다. 그리고 곧이어 전쟁과 분단, 군사독재를 거치면서 오욕의 역사는 돌이킬 수 없는 반역의 시대로 역류하고 말았다. 그리하여 70년 동안, 전근대적인 반공 이데올로기와 반통일 분단 이념과 대북 적대 정책이 반역적 보수 정권의 지배 기반으로 자리 잡았다. 이들은 오롯이 친일의 역사에 그 뿌리를 두고 있다.

국정원을 비롯한 국가기관이 개입한 부정선거 논란에서 자유로울 수 없는 박근혜 대통령은 역사 교과서 국정화 추진을 공시하였다. 단지 황국 신민으로 천황 폐하에게 혈서를 써서 바친 아버지 다까끼 마사오에 대한 삐뚤어진 효심의 발로였을까? 애석하게도 그러한 효심은 망상적 역사 왜곡의 중심으로까지 치달았다. 세계 전사에 그 유례가 없었던 일본군 성 노예 피해자인 조선 위안부 문제를 우리 국민들은 알지도 못한 상태에서 한일 정부 간의 일방적 합의로 끝냈다고 발표했다. 그러면서 피해자 할머니들과 국민들에겐 합의를 받아들이라고 강요하고 나섰다. 집권 중반기를 지나면서 더욱 노골화된 박근혜 정부의 반역사적 패륜 행위는 단순한 효심이 아니다. 친일 세력의 영구 집권을 위한 가장 확실한 정치적 프레임이 보수 중앙 언론과 조중동이 거느린 종편을 통해서 날로 극악스럽게 재설계되고 있다.

역사 교과서 국정화와 위안부 합의의 배경에는 바로 이 같은 친일의 원죄가 숨겨져 있고, 이 원죄에서 친일 문학 역시 한 치도 비켜날 수 없다. 문학이라고 해서 시만 잘 쓰면 되고 그것으로 면죄부를 받고 월계관을 쓸 수는 없다. 김대중, 노무현 정권 10년에도 제대로 된 역사 청산은 이루어지지 않았다. 그러기에 이명박, 박근혜의 집권 이후에는 문재인 정부가 들어서며 철저하게 계산된 반역의 역사가 훨씬 수월하게 재등장하여 대통령, '우두머리' 탄핵으로 이어지는 것이다.

이제 이 나라를 완전히 장악한 신자유주의 시대의 자본주의는 문학에서의 정의를 거의 완전히 죽여 버린 듯하다. 기회주의와 현실주의. 치욕을 모르는 미당의 무덤에서 다수 작가들이 동업자로서 서로 적대하는 이론들 사이에 체결된 서면 조약으로 다른 정당들이 공동 목표를 위해 구성한 협정을 맺는 것으로 합리화시키는 것이다.

작가들 중에서도 최악의 친일파였던 이를 찬양하는 동인문학상과 미당문학상을 만든 것이 바로 작가와 대학교수와 평론가들이고, 수상자를 뽑는 것도 작가들이다.

특히 동종 산업에 존재하는 기업들 간의 자유 경쟁을 배제하고 둘 이상의 정당 간에 이루어지는 비공식 협정으로 법적 구속력을 갖지 않는 협약이다. 어떤 독점, 독과점적인 수익을 올리기 위해 그 업종, 내부자들끼리 정하는 부당한 공동행위를 의미한다. 가맹 기업은 법률, 경제적으로 독립적이며 협정에 의한 결합이므로 자주성과 결합 용의성을 가지고 있으나 결합력이 약하다. 따라서 어느 시점에서 결합 유지에 의한 이익보다 더 큰 이익이 예상된다면 부당한 공동행위는 쉽게 해체된다.

미당문학상 수상식에 몰려 웃음의 만찬을 벌이는 작가들의 얼굴을 근래 계속되던 광화문 일대의 각종 시위 현장 어디서도 볼 수 없었던 게 우연일까?

작가들에게 남아 있어야 할 마지막 눈빛과 피멍들은 치욕은 그 어떤 의미나 상징으로 전환될 수 없고 치욕을 적극적으로 벗어 내려는 노력이 곧 작가들이 지켜 내야 할 자존감의 회복이라고 생각한다. 미당 서정주라는 이름은 우리 역사와 문학사의 재앙이다. 이제라도 다시 미당문학상 철폐 운동을 벌여야 한다.

지금까지도 미당문학상과 동인문학상을 거부한 시인과 소설가들이 없었던 것은 아니나, 앞으로 더 많은 작가들이 친일 작가를 기리는 문학상의 심사와 수상을 거부하는 것은 물론 친일 작가 문학상 반대 운동에 동참하기를 호소한다. 그 어떤 변명을 동원하고 문학이라는 이름으로 합리화를 하더라도 결국 친일 작가 문학상은 작가 정신과 영혼을 스스로 파괴하는 행위이기 때문이다.

서정주

1915년 전라북도(현, 전북특별자치도) 고창에서 출생했다. 1925년 줄포 보통학교를 졸업하고, 1929년 중앙고등보통학교 입학, 1930년 광주학생운동과 관련해 구속되었다가 기소유예로
석방, 이로 인해 퇴학당했다. 1931년 고창고등보통학교에 편입했으나 곧 자퇴, 방랑을 하다가 고승 박한영 문하에 입산했다. 서울 대한불교조계종에 입학해 중앙불교전문학교(동국대학교 전신)에서 수업했다. 1936년 동아일보 신춘문예에 「벽」(壁)이 당선되었고, 같은 해에 김광균·오장환과 함께 동인지 『시인부락(詩人部落)』을 창간하고 주간을 지냈다. 1940년부터 1941년 2월까지 만주 간도에서 양곡 주식회사 경리사원으로 있었고 중국 용정에서도 체류했다. 1941년 첫 시집 『화사집』을 출간했다. 1941년 동대문 여학교에서 교편을 잡은 후 동아대학교 조선대학교 등에

서 강의했으며, 1960년 이후 동국대학교 국어국문학과 교수로 재직했다.

1942년부터 1944년까지 친일 문학을 발표했는데, 주로 시·소설·잡문·평론 등을 통해 일제에 협력했다. 『매일신보』(1942)에 다츠시로 시즈오(達城靜雄)라는 창씨개명 한 이름으로 「시의 이야기 주로 국민 시에 대하여」를 발표, 친일 문학지 『국민문학』, 『국민시가』의 편집에 참여하면서 수필 「징병 적령기의 아들을 둔 조선의 어머니에게」(1943), 「인보(隣保)의 정신」(1943), 「스무 살 된 벗에게」(1943), 일본어 시 「항공일에」(1943), 단편소설 『최제부의 군속 지망』(1943), 시 「헌시(獻詩)」(1943), 「오장 마쓰이 송가」(1944) 등 11편을 발표했다. 대부분의 내용은 태평양전쟁을 성전(聖戰)으로 미화하면서 학병 지원 권유, 징병의 필요성과 의미를 의도적으로 드러내는 일제의 식민정책에 동조해야 한다는 입장을 주장하는 글을 썼다. 서정주의 친일 작품은 특히 1943년에 많이 발표되는데, 같은 해에 최재서와 함께 일본군 종군기자로 사병의 군복을 입고 취재를 다녔다. 해방 후에는 좌익 측의 조선문학가동맹에 대응하여 우익 측이 결성한 조선청년문학가협회의 시분과 위원장으로 활동했으며, 동아일보사 문화부장, 문교부 초대 예술과장을 역임했다. 1949년 한국문학가협회 창립과 함께 시분과 위원장을 지냈고, 1950년 6·25 전쟁 때는 문총 구국 대가 급조되어 실무책임을 맡았다. 미당은 구상과 함께 일선 부대에 나가 신문 편집, 시 낭송, 연설 등을 했다. 1950년 한국전쟁 때 조지훈, 이한직 등과 함께 피난을 갔으나 전쟁의 상흔으로 조현증(調絃症, 정신분열증)이 나타나 병원에 요양했다. 정신병 증세는 그의 시 세계를 새롭게 확장하는 요소로 작용했다. 1954년 대한민국예술원 종신회원에 추천되었고,

1977년 한국문인협회 이사장을 역임했다.

1941년에 발간한 첫 시집 『화사집』은 생명 탐구에 집중되어 관능적, 본능적인 이미지가 주류를 이루고 있어 초기의 치열한 정신적 방황을 잘 담아내고 있다. 이는 본능과 도덕과의 갈등, 혹은 내면적 자아와 현실적 자아 사이의 끊임없는 물음과 충돌에서 비롯된 것으로 평가받는다. 1948년 『귀촉도』는 일제 말기에 쓴 시와 해방 뒤에 쓴 시를 함께 수록하고 있어서 『화사집』과 유사한 작품도 있고 이조백자나 노자, 장자 등 동양 사상을 중요한 세계관으로 수용한 변화를 잘 담아내고 있다. 『서정주 시선』이 발간된 1955년은 불혹의 나이를 넘긴 직후로 해방과 한국전쟁의 격동기를 보낸 시기여서 시 세계에 많은 변화가 있었다. 또한 이 시집은 「국화 옆에서」, 「무등을 보며」, 「추천사」, 「광화문」, 「상리 과원」 등 대표작들이 수록되어 있다. 1960년 『신라초』는 인생관 정립을 위한 신라 정신이 시적 주제로 등장하는데 『삼국유사』, 『삼국사기』의 고전을 통해 문학적 성취를 시도하였다.

1975년 『질마재 신화』는 고향 질마재에서 전해 오는 설화를 소재로 했다. 이야기체를 그대로 수용하여 산문시 형식을 이루고 있으며, 이 시집은 미당이 회갑에 이른 때로 고향에 대한 회귀 의식이 시적 구성으로 드러난 작품이다. 1993년 『늙은 떠돌이의 시』 등을 출간했다. 2000년 12월 24일 사망했다.

서정주의 이상과 같은 활동은 「일제 강점하 반민족 행위 진상 규명에 관한 특별법」 제2조 제11·13호에 해당하는 친일반민족 행위로 규정되어 『친일반민족 행위 진상 규명 보고서』 IV-8: 친일반민족행위자 결정 이유서(p. 229~251)에 관련 행적이 상세하게 채록되었다.

서정주, 과연 최고의 시인인가?

지난 2015년은 한국 현대 시사에서 최고의 시인으로 꼽히는 서정주 탄생 100주년이 되는 해였다. 그의 고향인 전북 고창의 '서정주 기념관'에서는 전국의 문인들이 모여들어 연일 다채로운 문학 행사를 펼쳤고, 서울 관악구에 있는 '서정주의 집'에도 방문객들이 넘쳐 났다.

마침 해방 70주년이기도 했던 이해는 친일 보수 세력들의 "건국절" 주장으로 오염되었고, 서정주는 100주년 기념 시 전집의 출간과 함께 "겨레의 시인"으로 명명되었다. 문학 일반론자들을 비롯해서 시민 대중들이 바라보는 서정주에 대한 흠모야 차치하고라도, 최소한 민족의식과 해방의 올바른 의미를 되묻고자 하는 역사적 관점은 크게 상반될 법도 한데 이에 관한 재평가나 토론은 전무하다시피 했다.

서정주 생전에도 그에 대한 평가는 그 공과의 비판과 옹호로 나누어졌으나, 치열한 논쟁이 되지 못하고 문학적 담론으로 표면화되지는 않았다. 단발적인 논란은 금세 가라앉고 시간이 지나며 흐지부지되고 말았다. 2000년, 서정주가 죽은 바로 다음 해에 『중앙일보』에서 서정주 문학상을 제정하더니 이제 아예 과는 사라지고 공만 찬양하기에 여념이 없다.

관련 고사

촉(蜀)나라는 삼국시대(三國時代) 221년에 유비(劉備)가 세운 나라이다.

지금의 쓰촨성(사천성, 四川省) 나라에 이름이 두우(杜宇)이고, 제호(帝號)를 망제(望帝)라고 하는 왕이 있었다.

어느 날 망제가 문산이라는 산 밑을 흐르는 강가에 나왔는데, 물에 빠져 죽은 시체 하나가 떠내려오더니, 망제 앞에 와서 눈을 뜨고 살아났다. 망제는 이상하게 생각하고 그를 데리고 와서 물어보니, "저는 형주 땅에 사는 별령(鼈靈)이라는 사람으로, 강에 나왔다가 잘못해서 빠져 죽었는데, 어떻게 흐르는 물을 거슬러 여기를 왔는지 모르겠습니다."라고 대답하는 것이었다. 망제가 생각하길, 이는 하늘이 나에게 어진 사람을 보내 주신 것이라 여기고, 별령에게 집을 주고 장가를 들게 하고 정승으로 삼아 나랏일도 맡겼다. 망제는 나이도 어릴 뿐 아니라 마음이 약한 사람이었다.

이것을 본 별령은 은연중 음흉한 마음을 품고 망제의 좌우에 있는 대신이며 하인까지도 모두 매수하여 자기 심복(心腹)으로 만들고 정권을 마음대로 휘둘렀다. 그때 별령에게는 딸 하나가 있었는데, 얼굴이 천하의 절색이었다. 별령은 친딸을 망제에게 바쳤다. 망제는 크게 기뻐하여 나랏일을 모두 장인 별령에게 맡겨 버리고 밤낮 미인을 끼고 궁중에 깊이 앉아 바깥일은 전연 모르고 지냈다.

이런 중 별령은 마음 놓고 모든 공작을 다해 마침내 여러 대신과 협력하여 망제를 국외로 몰아내고 자신이 왕이 되었다. 망제는 나라를 빼앗기고 쫓겨 나오니 그 원통함을 참을 수 없었다. 그리하여 그는 죽어서 두견새가 되어 밤마다 불여귀(不如歸)를 부르짖어 목구멍에서 피가 나도록 울고 또 울었다. 후세 사람들은 그를 원조(怨鳥), 두우(杜宇), 귀촉도(歸蜀途) 또는 망제혼(望帝魂)이라 하여 망제의 죽은 혼이 새가 된 것이라 말했다.

귀촉도 설화

귀촉도란 소쩍새와 비슷한 새의 이름이다.
귀촉도는 한자로 돌아갈 귀, 촉나라 촉, 길 도, 즉 촉나라로 돌아가는 길이라는 뜻이다.

삼국시대 유비의 촉나라가 멸망했을 때 진나라로 끌려갔던 촉나라의 충신들이 망국의 한을 슬퍼하며 고향을 그리워했지만 결국 돌아가지 못하고 세상을 떠났다.

그들의 무덤가에서 새들이 슬피 울었는데 그 새가 바로 귀촉도였다.

사람들은 그 새를 보고 촉나라 충신의 혼이 새가 되었다고 여겨 귀촉도라고 불렀으며 돌아가지 못한 혼이라 하여 불여귀라고도 부르기도 하였다.

즉, 망한 고국 촉나라로 돌아가지 못한 충신들이 죽어서라도 돌아가기 위해 귀촉도가 되었다는 설화이다.

망국의 한을 담고 있는 이 귀촉도 설화를 서정주 시인이 남녀의 이별을 승화시킨 시로 만든 것이 바로 귀촉도다.

귀촉도: 옛날 중국 촉나라의 망제가 나라에서 쫓겨난 후 촉나라를 그리워하다가 죽은 넋이 변하여 되었다는 새, 밤에만 울며 한을 상징함, 불여귀, 두견새, 자규 등으로도 불린다.

서역: 서쪽 지역. 지난날, 당나라. 명나라, 청나라(중국) 서쪽에 있던 나라들을 통틀어 이르던 말 이 시에서는 파촉(중국 촉나라 땅)과 함께 한번 가면 다시 올 수 없는 저승의 의미로 쓰인다.

육날 메투리: 삼 껍질로 짠 신, 메투리는 미투리의 방언,

여기까지가 귀촉도 해석이다.
시인 서정주는 강증산 성사의 귀촉도를 응용한 것이다.

> 상제께 김 형렬이 "고대의 명인은 지나가는 말로 사람을 가르치고 정확하게 일러주는 일이 없다고 하나이다"라고 여쭈니 상제께서 실례를 들어 말하라고 하시므로 그는 "율곡(栗谷)이 이 순신(李舜臣)에게는 두률 천독(杜律千讀)을 이르고 이 항복(李恒福)에게는 슬프지 않는 울음에 고춧가루를 싼 수건이 좋으리라고 일러주었을 뿐이고 임란에 쓰일 일을 이르지 아니하였나이다"라고 아뢰니라. 그의 말을 듣고 상제께서 "그러하리라. 그런 영재가 있으면 나도 가르치리라"라고 말씀하셨도다.
>
> 대순전경 [행록 1장 32절]

임진왜란(壬辰倭亂)은 1592년(선조 25년) 일본 전국 시대가 끝난 도요토미 정권 치하의 일본이 조선을 침략하면서 발발하여 1598년(선조 31년)까지 이어진 전쟁이다. 두 차례의 침략 중 1597년의 제2차 침략을 정유재란이라고 따로 부르기도 한다.

조선 건국 전주 이씨의 중시조는 이성계이고 초 시조는 장비이다. (유비, 관우, 장비) 도원결의 복숭아나무 아래에서 의형제를 맺어 조선 14대 선조 왕은 전생에 "유비"였다. 임진왜란 때 왜군이 쳐들어오자 조정에서는 명나라 황제국에 있는 이여송이 와야 한다고 상소를 올리니 이여송에 전생은 "장비"이다. 의(義)를 중히 섬긴 "관우"가 임진란 때 신장(神將)의 모습으로 내려온 것이다.

『격암유록』 이재송송(利在松松)

임진왜란 때 명나라 장수 이여송(松)이 와서 도와주게 되는 상황을 말한다. 현재 서울 6호선 동묘역에 있는 사당은 관운장이 임진왜란 때 관운장이 청룡도를 들고 나타났다 하여 동묘역이라 부르는 것이다. 임란 때 선조는 "유비"이고 이여송은 "장비"이고 신명계에 머물던 관운장이 청룡도 들고 나타나 경복궁 앞에 나타나 왜군과 싸운 것이다. 상제께서 관운장을 원진 천존 관성제군으로 명한 것이다.

> 상제님께서 말씀하시기를 "선천에는 백팔 염주였으되 후천에는 백오 염주니라." 하시니라.
>
> 대순전경 [예시 77절]

이 도삼이 어느 날 동곡으로 상제를 찾아뵈니 상제께서 "사람을 해치는 물건을 낱낱이 세어 보라" 하시므로 그는 범·표범·이리·늑대로부터 모기·이·벼룩·빈대에 이르기까지 세어 아뢰었도다. 상제께서 이 말을 들으시고 "사람을 해치는 물건을 후천에는 다 없애리라"라고 말씀하셨도다.

대순전경 [공사 3장 8절]

七월에 상제께서 본댁에 돌아와 계시므로 김 형렬은 상제를 배알하고자 그곳으로 가다가 문득 소퇴원 마을 사람들의 이목을 꺼려 좁은 골목길에 들어서 가다가 본댁에서 하운동으로 향하시는 상제를 만나 뵈옵고 기뻐하였도다. 형렬은 반기면서 좁은 길에 들어선 것을 아뢰고 "이 길에 들어서 오지 않았더라면 뵈옵지 못하였겠나이다"라고 여쭈니라. 상제께서 가라사대 "우리가 서로 동 서로 멀리 나뉘어 있을지라도 반드시 서로 만나리라. 네가 마음에서 우러나와서 나를 좇고 금전과 권세를 얻고자 좇지 아니하는도다. 시속에 있는 망량의 사귐이 좋다고 하는 말은 귀여운 물건을 늘 구하여 주는 연고라. 네가 망량을 사귀려면 진실로 망량을 사귀라"라고 이르셨도다. 형렬은 말씀을 듣고 종도들의 틈에 끼어서도 남달리 진정으로 끝까지 상제를 좇았도다.

대순전경 [교운 1장 7절]

또 원평이 지금은 건너다보이나 훗날에는 건너다보이지 않을 때가 오리라. 그러나 또다시 건너다보일 때가 있으리니 그때가 되면 세상 일이 가까워짐을 깨달을지어다.

대순전경 [예시 62절]

그러나 또다시 민병규가 나타나면 세상일이 가까워짐을 깨달을지어다.

임인 상봉의 성지, 원평(院坪) 장터

원평은 대원사의 사전답(寺田畓)이라는 뜻인 대원평(大院坪)에서 유래하였다. 불교를 숭상한 고려 때에는 절 아래의 들이 대부분 사전답이었다. 지금은 김제시 금산면이지만 본래 금구군(金溝郡) 수류면(水流面)의 지역으로서 오행의 이치로 보면 금생수(金生水) 하는 상생(相生)의 공간이라 할 수 있다고 말하지만 지나간 공사이다.

그러한 원평의 중심으로서 장터의 기능은 삶의 중심이자, 삶을 지속하기 위해 필요한 물품을 사고파는 곳이다. 그래서 상제님께서 4·9일에 장이 서는 원평 장터에서 여러 차례 공사를 보신 것이 아닐까 하는 생각을 해본다.

한번은 성도들이 '다가오는 대개벽기를 당하여 일꾼들이 없으면 어찌하냐'는 걱정에 상제님께서 "원평 장꾼도 없다더냐."라는 말씀과 기유(1909)년 박공우 성도를 불러 "일후에 광제(廣濟) 하러 나갈 때에는 용봉기(龍鳳旗)와 장군기(將軍旗)를 원평에 꽂아라. 원평이 이제 장상기지(將相基址)니라." 하신 말씀과 병오(1906) 년에 대개벽기 49일 대공사를 보시면서 49일 동안 만든 짚신을 원평장에 팔게 하신 공사 등을 통해서 볼 때, 이곳 원평은 개벽을 집행할 제3변 도운의 추수 일꾼과 관련된 성지임을 알 수 있다. 그러므로 우리는 원평 장꾼처럼 상제님, 민병규의 진리를 세상 사람들에게 전파하는 천지공사 뿌리 장사꾼이 되어야 하리라.

또한 원평은 남조선 배가 일꾼을 태우고 첫 출항을 하는 곳이기도 하다. 정미(1907)년 상제님께서 용암리 물방앗간 앞 주막에서 만난 차경석 종도를 데리고 6월 4일 원평 장터에서 군중을 향해 "이 길은 남조선(南朝鮮) 뱃길이니 짐을 채워야 떠나리라." 하셨다.

그리고 "대진(大陣)은 하루에 30리씩 간다."라는 말씀에, 차경석 종도가 고부 솔안 최씨 재실에 머물고 있을 때 박공우 종도에게 만국 대장 신 대장(神大將) 박공우 종도를 만나기 위해 출발하신 곳 또한 원평 장터였음을 주목할 필요가 있다.

정미년에 증산 성사께서 전쟁 도수를 보시기 위해 구미산(龜尾山)에 오르셨다.

> 어느 날 상제께서 차 경석의 집 서쪽 벽에 二十四 장과 二十八 장을 써 붙이고 박 공우의 왼팔을 잡고 "만국 대장(萬國大將) 박 공우(朴公又)"라고 음성을 높여 부르셨도다. 이후에 공우가 어디에 떠나려면 문밖에서 방포성(放砲聲)이 갑자기 울리곤 하였도다.
> 대순전경 [예시 38절]

차경석은 강증산을 따르던 종도로,
보천교를 만들고 천자(天子) 놀음하다 일제강점기에 흔적이 없이 사라지고, 오늘날 증산도는 차경석의 보천교 자료로 강증산을 옥황상제로 받들게 된 것이다.
박공우는 강증산을 따르던 종도로,
박공우의 호가 인암(仁庵)이라 박인암 교단이라고도 부르고 태을교라 부르기도 한다. 전라도 고부 솔암 사람으로 강일순을 만나 제자가 되었다. 증산 종교인들은 박공우는 의통 인패를 이상호에게 전달했다는 이야기로 유명하다. 강일순(증산)으로부터 사람(이상호)이 올 때까지 입을 곤륜산같이 무겁게 하라는 말을 들었다고 한다.

※ 그 시절 박공우 공사는 대두목(민병규) 공사로 용담 역, 약장 공사도, 24 점찍고 신위 모심, 만국 의원 등 신명의 도움으로 도가 완성되어 나가는 것이다.

이상호는 성리학의 대가로, 증산 성사의 종도가 아니다.
이상호 형제는 『대순전경』 초판을 편집하고 고수부(증산 어른 부인) 님을 빨리 내쳐야 자신들이 모신 보천교 교주 차경석 성도를 종통 사명의 지도자로 옹립할 수 있고 그런 연후에 바로 차경석 성도를 내쳐야 추수 사명을 가진 자신들이 역사의 종통 주인공으로 등장할 것이라 생각하고 일제와 결탁해 인간으로서는 해서는 안 되는 갖가지 모함, 사기, 협잡, 보천교 자산 불법 경매, 시대일보 불법매각 대금 도용, 도적질, 차력사 동원한 테러 등 패역적 난동을 벌인다. 이상호, 이정립 형제는 차경석 성도와 김형렬 성도로부터 집중적으로 구술받아 종통 문제를 깊숙이 은장(隱藏)시키고 자신들이 역사의 종통 주인공으로 등장하리라 생각하였다.

후에 대순진리회 박한경 도전께서 대순전경 초판에 조철제(태극도)를 옥황상제로 편집하여 쓰이고 있다는 것으로 증산도 외 단체에서는 대순자가 들어가면 사이비로 판단하여 믿지 않는 것이다.

이상호 형제가 중요한 부분을 감춘 것은 미륵출세 공사, 혈맥관통 공사, 감결(甘結) 공사, 선매승자 공사 등 대순전경 초판에 종통 문제를 감춘 것을 2022년 민병규에 의하여 『대순진경』으로 발표한 것이다. 그러므로 오는 개벽기에 민병규의 진리를 함께 공부하여 성숙한 도인으로 거듭나기를 바랄 뿐이다.

오늘날 민병규는 증산도, 태극도 대순진리회 등 상제 사진을 걸어 놓고 자기네 진리가 최고라 하여 2022년 12월에 『대순진경』을 원평에서 발행하게 된 것이다.

고 이홍범 박사는 증산도 진리가 맞지 않는다고 주장한 인물이다. 한인타운 빌딩에서 떨어져 박사가 별세했다. 〈암살 추정〉

해석
1889 기축(己丑)년 가을에 증산 성사께서 남긴 귀촉도(歸蜀道)는 민병규가 오는 세상 오만 년의 일 년은 12달 360일이 되니 준비를 하라는 문

서(文書)이시다. 불여귀(不如歸)들이 남의 나라에 사람 새끼를 낳고, 잡귀 혼령들이 사람을 가르치니 어쩔 수 없이 민병규가 가르치는 것이다.

증산 성사께서 남긴 귀촉도(歸蜀道)는 정신 사상이 죽은 망제혼(望帝魂) 혼령에 속아 임금이 되고 싶어 사이비 종교, 사이비 진리, 사이비 사상에 붉게 물들어 버리지 못하니 일 년은 12달 360일 열릴 때 천지가 진동하고 숙살(肅殺) 기운이 있어 모두 쓰러지리니 모든 사상을 촉나라로 버리고 민병규의 참 진법 공사에 준비하라는 문서(文書)이시다.

민병규는 상제(上帝)님의 대행자(代行者)이시다.

04, 전생이란?

민병규가 도 이야기를 하면 믿지 않는 이유는 현재 우리가 살아가는 세상은 사람이 사람으로 태어나기가 어렵고 짐승이 사람으로 태어나는 것이다.

현재 사람 사는 세상은 동물의 왕국을 보는 듯이 고소 고발에 먹고사는 것이 전쟁터를 연상케 하는 짐승들이 사는 세상인 것이다.

특히 정치하는 사람들은 전생에 족제비, 살쾡이, 살모사, 오소리 등 전부 짐승들이 사람으로 와서 권력을 잡고 정치를 하는 것이다.

짐승이 사람으로 와서 사람을 지배하다 보니 진정 사람으로 온 사람들은 천하게 살아가는 것이다.

사람 혼령이 사람으로 태어나지 않는 이유는 오는 세상 지상천국에 넘어가서 사람으로 태어나길 기다리는 것이다. 현재 사람으로 태어나 봤자 부모 된 자가 짐승이고 도를 모르는데 사람으로 태어나지 않으니 사람은 없고 짐승이 사람으로 태어나므로 세상이 동물에 왕국 드라마를 보는 것과 똑같은 세상인 것이다.

사람으로 태어나서 한평생 살다가 죽으면 거의 축생계(짐승)로 태어난다.

짐승으로 태어나면 새끼를 낳고 자식 사랑을 하는데 자식을 위하여 몸 바치고 죽으면 사람으로 태어난다. 고로 예수의 진리는 짐승이 사람으로 태어났으니 짐승을 가르치는 진리라 하는 것이다.

사람으로 태어나 사람이 할 수 있는 것은 자식 사랑이 아니라 짐승이 할 수 없는 효(孝)를 하는 것이다. 고로 민병규의 진리는 사람이 사람으로 태어났으니 사람만이 진리를 알고 신선 선녀의 길이라는 것이다.

본문
肇判以後初有大亂 無古今 大天災
조판이후초유대란 무고금 대천재

擇善者 大患亂 減除
택선자 대환란 감제

天火飛落燒人間 十里一人難覓
천화비락소인간 십리일인난멱

十室之內無一人 一境之內亦無一人
십실지내무일인 일경지내역무일인

해설
천지 조판 이후 처음 있는 대란으로 예로부터 지금까지 있지 아니하던 대천재지만 선택한 자를 위하여 대환란을 줄여서 감소시키시리라.

하늘에 불이 날아내려 와 인간들을 태우니 십 리 가야 한 사람을 구경하기가 어렵게 될 것이다. 열 집에 한 사람도 살 사람이 없을 것이며 사방을 둘러보아도 역시 한 사람도 보이지 않을 것이다.

이때는 천상 문명이 내려와 많은 철마(기차)가 굴러다닐 것이며, 새의 옷과 새의 관(비행기)은 동서양을 달린다. 그러나 하늘의 산 위로 날아다니던 새(비행기)가 끊어지면, 귀신(火)이 만 가지 길을 타고 인간들의 뒤를 쫓아 멸망시킨다.

슬프다. 만산에 한 남자요, 애통하구나, 천산에 아홉 여자로다. 귀신(小頭無足)불이 날아 떨어져 천 조상에 한 자손이 살겠으니 극히 슬픈 운이로다. 괴상한 독기로 죽고, 또 중병으로 죽고 곡성이 집집이 서로 이어 끊기지를 않겠으니 말세로다. 이름도 모르는 질병이 하늘에서 내려와 죽는 천재를 만났을 때에 수기는 오르고 화기는 내리는 주문법(태을주)을 모르니 독한 질병으로 죽어가서 시체가 산처럼 쌓일 것이며 골짜기를 다 메워도 방법이라고는 없으니 울부짖고 아우성치는 소리에 수도자도 속수무책이고, 오운 육기도 허사 되니 평생을 수도해도 바랄 것이 전혀 없네.

지구 80억 인구가 전멸 위기라 알려 주어도 믿지 못하니 머지않아 죽은 시체 밟고 사람 살리러 다닐 때가 오는 것이다.

상제님의 공사는 어김없이 오는 것이다.

전생 체험이란?

유튜브에 전생 체험 사례가 있었는데 삭제된 이유는 전생에 까마귀, 늑대, 여우 등이었다는 사실이 창피하니 삭제된 것이고, 전생이 사람인 경우에 전생 체험을 하면 영이 밝아질 수가 있지만 전생이 짐승이었던 사람이 체험을 하게 되면, 본인이 짐승이었다는 것을 알게 되면 혼령이 서서히 어두워지고 자살할 확률이 높으므로 전생 체험은 가능한 한 하지 않는 것이 본인이 살 수 있다는 것을 민병규가 알려 주는 것이다.

특히 대한민국은 자살 확률이 높다. 과학 문명으로 모든 것이 풍부하지만 정신적으로는 후퇴하고 있는 것이다. 통계자료에 의하면 하루 평균 35명, 즉, 2시간마다 3명이 자살로 삶을 마감한 셈이다.

2025년부터 인구 소멸 국가 1위가 대한민국이 된다.

현대판 생체실험

요즘 국가기관에서 발송하는 문자로,
긴급 공지
배회하는 16세 또는 20세 ○○○ 씨를 찾습니다.
키 ○○cm, ○○kg
옷 색깔

전화 182
[○○경찰청]

이 내용은 부모가 자식이 들어오지 않아 경찰에 실종 신고를 하여 기관에서 보내는 문자로, 자식을 찾지 못하면 현대판 생체실험 마루타로 이어지는 것이다.

영생교는 서서히 없어지고 '신천지'는 천국이 준비되어 있다고 거리마다 홍보하고 과학 문명이 발달되며 가진 자의 영생은 젊은이의 간장, 신장, 콩팥, 눈깔 등을 요구하여 돈을 지불한다.

한 사람 잘 만나면 30억까지 돈을 챙기는 것이 현재 사채업, 또는 보이스피싱을 거느리는 전문 조직이 돈벌이에 나서게 된다. 이식 수술받는 이는 돈이 많아 젊은이에 신체를 탐하여 이식받아 오래 살고 싶은 환상에 빠진 세상을 과학 문명이라 하는 것이다.

시체는 야밤에 카메라가 없는 한강에 돌멩이를 넣어 던지거나 또는 조직원이 야산이 있는 곳에 살며 시체를 가져가 야산에 묻는 형태로 조직화되어 있다. 한강에 죽은 시체가 있어 경찰에 신고하면 경찰은 첫 번째 신고한 사람을 범인으로 설정하여 수시로 불러들여 심문하니 한강에 시체가 있든 말든 있어도 신고를 하지 않는 것이다.

구한말에 대한제국 국호가 말살되고 조선인을 마루타 생체실험하듯이 나라가 없는 백성은 현대판 생체실험 대상이 되는 것이다. 무당(무속인)이 나라를 지배하고 정치는 밥그릇 찾기에 혈안이 되고 한국 국민은 서서히 인구 소멸로 가는 길뿐이다.

한국은 보이스피싱 1위 국가로 발전이 되며 지금은 지능이 발달되어 대출해 주겠다는 조건으로 사금융 돈을 빌려주고 높은 이자에 제때 내지 못하면 신체 포기 각서를 받아 신장이식 수술로 돈벌이에 재미를 보고 있는 현실이 된 것이다.

뉴스에 돼지(짐승) 간 이식수술에 성공했다는 보도가 있었고 영생교가 실패하며 영생하고 싶은 이들이 젊은 사람의 간, 콩팥, 등 이식 수술을 받는 것이다. 당연히 받는 이는 불법 병원에서 마취 수술을 하고, 주는 이는 원룸이나 폐가에 끌려가 손발이 묶인 채로 중간 전문 브로커를 통해 신장을 떼는 일이 이루어지는 것이다.

2024년만 해도 300명 이상이 납치 실종 행방불명(行方不明)되었고 이후로 한국인은 소멸되어 가고 있다. 인구 소멸 계획에 한국 사람은 서서히 씨를 말리고 외국인을 끌어들여 정치를 하겠다는 현시대 판이 된 것이다.

칠성계에 머물다 동방의 나라에 민병규로 와서 보니 전 세계 종교가 대한민국에 집합이 되어 정신 사상이 잡귀 혼령에 이끌려 다니는 것을 민병규는 아는 것이다.

구글, 네이버에 "천기누설 민병규"라 검색하면 전국 서점에 입고되어도 온갖 잡귀들의 놀음에 죽어 가는구나.

05, 도(道)는 종교가 아니다

> 천운구인(天運求人)의 시대(時代)
> 도(道)는 종교가 아니다.
> － 수도란 중에서

인간을 누가 창조하였는지 어떻게 진화되었는지 궁금하겠지만 진리의 차원에서 보면 그것은 전혀 중요한 문제가 아니다. 현재를 살고 있는 사람들이 창조의 근원과 사후세계에 대해 알면 어쩌겠다는 것인가 과거와 미래는 중요하지 않다. 또한 현재도 지나가는 것이다.

『금강경』에도 과거의 마음, 현재의 마음, 미래의 마음은 없다고 하지 않았는가 중생들의 몸과 마음으로는 이해할 수 없는 구절이다.

부처의 몸과 마음이 되어야만 느낄 수 있는 심오한 문구이다. 문자적으로 해석을 하려고 하면 점점 수궁으로 빠져들게 되고 지식과 학식으로 글을 남기게 되면 자신은 물론 많은 사람들에게 고통을 안겨 주는 결과를 만드는 것이다. 인도의 성자 석가모니는 자신의 체험과 경험을 바탕으로 수많은 방편과 비유를 들어 가며 중생들을 안락한 피안의 땅으로 인도하였다.

그는 글이 아니라 자신의 체험을 바탕으로 설명했던 것이다. 이러한 방법으로 석가[釋迦]는 마하가섭에게 전통성을 물려주었고 가섭은 또 다른 제자에게 법을 물려주는 방법으로 보리달마에게 전해진다.
달마는 중국으로 건너와 혜가에게 수행법을 전하였으며 혜가는 승찬에게 승찬은 도신에게 도신은 홍인에게 홍인은 혜능에게 수행법을 전해 준다.

이들이 전해 준 법(法)이 경전이었을까? 말이나 글로서 전할 수 없는 것이 바로 법(法)이다. 인간의 몸과 마음에서 나타나는 신묘(神妙)한 것은 절대 글이나 말로 전할 수 없다. 자신이 직접 수행을 통해 체험하지 않으면 전할 수 없는 것이 법(法)이다. 살아 있는 부처의 몸과 마음에 대해 과학적으로 또는 인체 구조학과 물리적으로 법(法)을 조명해야 한다.

과학 장비나 인체구조학이 뒤떨어진 시대에는 상상조차 할 수 없었지만 지금은 첨단 과학 시대이기에 가능한 것이다. 아무리 의학이 발전하고 과학이 첨단이라고 해도 살아 있는 생명체를 해부할 수는 없다. 오늘날 많은 과학자들이 부처님의 몸과 마음에 대해 밝혀낼 수 없었던 이유는 간단하다.

과학자나 의학자들이 부처가 되지 못했기 때문이며 부처가 된 사람이라도 의학이나 과학적인 지식이 없었기 때문이다. 사과 맛을 보지도 못한 사람이 어떻게 맛을 전할 수 있겠으며 사과 맛은 보았으나 글을 모르니 어떻게 문자로 전할 수 있겠는가! 인간이 잉태되어 중생으로 살다 수행을 통해 부처가 되는 과정을 과학적인 방법으로 밝혀낼 것이다.

왜 늙어 가는지,

왜 병들어 가는지,
마음이란 무엇인지,
마음과 몸은 어떤 연관성이 있는지,
진리란 무엇인지에 대해 조명할 것이다.

모름지기 각자(覺者)는 인간의 몸과 마음에 대해 막힘이 없어야 한다. 각을 이룬 사람들의 말은 하나처럼 동일하다. 진리는 하나이기 때문이다. 부처님들은 마음이 없다. 무심(無心)이다. 마음이 없는 상태에서 말을 하기에 언제 어디서 말을 하든 다르지 않은 것이다.

달마가 한 말이나, 혜가 대사가 한 말이나, 혜능 대사가 한 말이나 모두 같은 말이며 한 사람이 한 말이다. 허공이 된 사람이기에 하나이다. 허공은 둘이 아니기 때문이다.

석가가 한 말이나 공자가 한 말이나 예수가 한 말이나 모두 똑같다. 석가는 석가 3,000년 후에 미륵이 오시어 극락 세상이 열린다고 예언하였고,

공자는 공자 2,500년 후에 상제가 오시어 대동 세상이 열린다고 예언하였고,

예수는 예수 2,000년 후에 하늘의 주인이 오시어 지상천국이 열린다고 예언하였다.

불교는 불기 3,000년이 지났다. 현재 500년을 줄여 미륵은 더 있어야 오신다고 설법한다.

그러니 아무리 세월이 흘렀다 한들 자신이 한 말을 모르겠는가! 위대한 성자 석가모니는 자신이 가르쳐 준 수행법을 등불 삼고(法燈明) 스스로를 등불 삼아(自燈明) 용맹정진하여 중생의 틀에서 벗어나 법신(法身)이 되라고 가르치셨다. 석가가 열반에 드시면서 "나는 신(神)이 아니므로 나를 믿지 말 것이며 우상화하지도 말라."라고 유언을 남기고 석가 3,000년 후 미륵 세상 열릴 때 태어나길 빌고 빌었다.

이러한 석가의 말씀을 모르는 수행자는 없을 것이다. 종교를 만든 사람들은 유신론자들이며 유심(有心)론자들이다. 다시 말해 마음이 있는 사람이다.

풀어서 말하면 아직 인간의 몸과 마음에 대해 깨닫지 못한 사람이라는 뜻이다. 여래를 본 수행자는 절대 종교를 만들지 않는다. 말해 보라! 어떤 부처님이 종교를 만들었는가를?

그렇다고 법(法)을 훼손시켜서는 안 된다. 오랜 수행으로 몸과 마음에 대해 깨달았다면 무엇을 못하겠는가? 경전을 연구하고 편찬하는 일은 학자들의 몫이지 수행자들의 몫은 아니다. 수행을 통해 부처가 되는 것이 수행자의 몫이다. 물론 수행자라고 해서 경전을 배우지 말라는 뜻이 아니다.

팔만대장경이나 5,040권의 경전을 모두 가로세로 줄줄 외운다고 부처가 아니지 않는가? 마음이 없는 사람을 부처라 하고 이를 무심론자라 한다. 무심론자는 종교를 만들지 않았다. 마음이 있는 사람을 유심론자라 하며 이를 다른 말로 중생들이라 한다. 종교를 만든 사람들은 모두 유심론자이다.

도(道)는 종교가 아니다. 도통하는 법(法)을 가르치고 함께 수행하는 곳임을 잊지 말라.

증산 상제께서 광구 천하 하심에 있어서 "판 안에 있는 법으로써가 아니라 판 밖에서 새로운 법으로써 삼계 공사를 하여야 완전하니라." 하셨도다. 그 삼계 공사는 곧 천(天)·지(地)·인(人)의 삼계를 개벽함이요, 이 개벽은 남이 만들어 놓은 것을 따라 하는 일이 아니고 새로 만들어지는 것이니 예전에도 없었고 이제도 없으며 남에게서 이어받은 것도 아니요, 운수에 있는 일도 아니요, 다만 상제에 의해 지어져야 되는 일이로다.

> 구더기가 21일 만에 파리가 되어 날라다니 듯 알이 21만에 병아리가 되듯이 듣도 보도 없던 일을 전하려니 알아듣지 못하는 것이다.
> 대순전경 [예시 1장 5절]

상제께서 가르치시기를 "모든 일이 욕속부달(欲速不達)이라. 사람 기르기가 누에 기르기와 같으니 잘 되고 못 되는 것은 다 인공에 있느니라." 누에가 한 마리가 병이 들면 같이 있던 누에도 썩어 주인이 버린다. 그러므로 민병규가 있는 것이다.

대순전경 [교법 2장 34절]

또 상제께서 말씀을 계속하시기를 "공자(孔子)는 72명만 통예시켰고 석가는 500명을 통하게 하였으나 도통을 얻지 못한 자는 다 원을 품었도다. 나는 마음을 닦은 바에 따라 누구에게나 마음을 밝혀 주리니 상재는 7일이요, 중재는 14일이요, 하재는 21일이면 각기 성도하리니 상등은 만사를 임의로 행하게 되고 중등은 용사에 제한이 있고 하등은 알기만 하고 용사를 뜻대로 못하므로 모든 일을 행하지 못하느니라." 하셨다.

그러므로 나(민병규)의 도는 도통 씨 뿌릴 적에 각 도인들이 7일 만에 도통할 수 있는 정신 통일이 되는 것이다. 상통 군자는 7일이면 통한다. 일만 이천 명이 한정이다. 참진법에서 일만 이천 명을 배출해야 한다. 일만 이천 명이 나오면 세계 통일이 되는 것이다.

아주 중대한 임무이다. 하늘(상제)의 명령이다.
중통은 14일이고,
하통은 21일이다.

    21일 지나도 통하지 못한 사람은 구제불능이다. 이번에 상제님에 도를 모르면 조상계에서는 눈에 피눈물이 난다고 예언에 나와 있다.

대순전경 [교운 1장 34절]

말씀하시기를,
때가 오면 하룻밤 사이에 집 삼십육만 채를 짓나니, 선경 세상의 집이 아주 크고 아름다우며 금으로 단장하고 봉황을 새겨 찬란하게 빛나는데, 또한 삽시간에 지어 너희들이 살게 되느니라.

해설
집 삼십육만 채=태극도, 증산도, 대순진리회 등도 닦는다는 이들이 착각에 빠져 있다.

성도 후에 개벽이 있고 천지개벽이 오면 모두 죽는다. 개벽이 지나 도통이 열리는 것이다.

성도란? 민병규의 진리로 합해져야 성도(成道)라 하는 것이다. 진리가 맞아야 본인이 살고 코로나보다 더 무서운 환란이 올 때 능력을 받아야 죽은 시체 밟으며 사람 살리러 다니는 것이다.

말씀하시기를,
나는 하늘을 끌어내려 낮게 만드나니, 사람과 신명들로 하여금 오르내리기에 편리하게 하려 함이니라.

말씀하시기를,
나의 세상에 공덕의 많고 적음에 따라 사는 집이 등급이 있나니, 황금으로 신발을 만들고 문고리도 금으로 만드느니라. 아랫사람으로서 윗자리에 앉으면 신명이 쇠로 만든 채찍으로 몰아내고, 아랫사람이 윗사람을 험담하면 그 자리에서 입이 비뚤어지느니라 하시니라.

여쭈기를,
해는 본래 동쪽에서 뜨고 서쪽에서 지니

오미(午未)에 빛을 뿌리고 신유(申酉)에 옮기리라.

양이 가을 울타리를 들이받음을 누가 풀리요.

원숭이가 봄나무에서 울면 해가 뜨리라.
* (해석) 원숭이=2016 병신년(丙申年)

닭이 우는 밤에 온 세상이 비바람에 덮이고
개가 짖을 때 만국이 티끌로 더러우리라.
사람이 살아날 곳을 알고자 하면

우거진 수풀 잠든 새 밑의 성긴 울타리니라 하니,

이 비결을 믿을 수 있으오리까?

말씀하시기를,
"내 일을 밝혀 말한 것이니라." 말씀하셨다.

2016년은 www.msge.co.kr에 성명서를 발표한 해이다.

말씀하시기를,
"서양에 날아다니는 기계가 있어 흉기를 싣고 다니며 재앙을 퍼붓다가, 이때가 닥치면 꽃으로 바꾸어 꾸미고 너희들을 모셔가서, 한 길짜리 상에다 산해진미를 차려 놓고 아리따운 아가씨들이 예쁘게 춤추며 아름다운 음악을 번갈아 연주하여 만백성이 반겨 맞이하리니, 너희들이 그때 누리게 될 영화와 즐거움이 오늘 내 눈에 선연히 보이노라." 말씀하셨다.

06. 조선의 중심 한강

한강은 조선(朝鮮)의 중심, 한강의 역사인 것이다.

조선은 1392년부터 500년의 역사 27명의 왕으로 맥이 끊어진다.

이성계는 고려 말의 홍건적의 난과 왜구 격퇴에서 무공을 세워 유명해졌으며, 위화도 회군으로 우왕과 최영을 제거하고 정치적·군사적 실권을 한 손에 쥐었다. 신흥 정치세력과 연계하여 고려를 대체하는 새 왕조 '조선'을 건국하였다. 통상적으로는 묘호를 따라서 태조라고 부른다.

이성계의 본관은 전주(全州)이고 고향은 함경도이다.

이성계는 어느 날 꿈속에서 불이 훨훨 타고 있는 집에서 서까래 3개를 짊어지고 나오는데 바로 눈앞에서 숫양이 싸움하다가 두 개의 뿔이 일시에 부러져 나가는 것을 보았다. 신기하게 여긴 이성계는 세상사 일을 거울처럼 훤히 내다본다는 무학대사(無學大師)를 찾아가 해몽을 부탁했다. 이성계의 이야기를 신중히 듣고 있던 무학대사는 느닷없이 자리에서 일어나 관세음보살 관세음보살 하면서 합장을 하여 이성계에게 예의를 올렸다. 그러자 이성계는 "대사님 왜 이러십니까? 저에게 대례(大禮)를 올리시다니요?" 이성계의 말이 다 끝나기도 전에 "상감마마가 될 것이외다." 하고 신중한 어조로 해몽의 비답(批答)을 내렸다. 그리고 그 연유를 하나하나 설명하기 시작했다. 집이 불에 타는 형상은 앞으로 병화(兵火)를 뜻하고 서까래 3개를 짊어지고 나온 것은 석 삼자(三字)나 임금 주자(主字)가 되니 필시 임금이 아니고 무엇이겠습니까? 또한 두 개의 뿔이 빠진 양(羊)을 친히 보았다는 것도 임금(王)이 된다는 암시인데 아마 두 개의 뿔이 빠진 것 이외에 그 양은 반드시 꼬리까지 빠졌을 것이외다.

고려를 멸망시킨 이성계는 꿈에 서까래 3개를 지고 가는 꿈을 꾸고 무학대사에게 물으니 그 꿈은 왕이 될 꿈이요 하며 조선 건국 이성계는 계룡산 아래의 신도안에 무학대사의 도움으로 왕궁터를 잡았다. 계룡산 남쪽 아래 이성계가 조선을 개국, 신도읍지(新都邑地)로 1년간 대궐 공사(大闕工事)를 했던 곳이다. 행정 부락으로 말하면 지금의 계룡시 신도안면 용동(龍洞)·부남(夫南)·석계(石溪)·정장리(丁壯里) 일대이다.

그러나 정도전, 하륜 등 당시 개국공신인 유림(儒林)들은 신도읍지로서 한양이 적합하다는 논리로 맞서며 신하들의 끝없는 반대 상소로 인해 1년여 만에 신도안 공사가 중단되고 말았다. 지금도 이 일대에는 왕궁 공사를 벌였음을 말해 주는 도량과 주춧돌이 100여 개나 남아 있다.

무학대사가 한양에 와서 답십리를 지나 두루 살피다가 용마산 아래의 중곡동에 이르렀다. 지세를 보니 용마산이 둘러쳐지고 한강이 돌아 들어오는 천하에 없는 명당이라, 도읍을 이곳에 정하기로 작정하고 용마산 기슭에 누워 잠시 눈을 붙였다. 그런데 무학의 꿈에 산신(여신)이 나타나 '흙 한 줌도 건드리지 말라'고 호통을 쳐서 꿈에서 깨어 다시 지세를 잘 살펴보니 이곳은 한 나라의 왕이 앉을 자리가 아니라 600년이 지나면 천자(天子)가 앉을 자리임을 깨닫게 되었다.

그제야 "아차! 실수했구나" 하여 그 산 이름이 아차산이 되었다는 설이 전해 온다. 무학대사가 용마산 여신에게 쫓겨 다시 내려오는데, 한 노인이 밭을 갈면서 소를 꾸짖었다.

"미련하기가 마치 무학 같은 소야! 바른 곳을 버리고 굽은 길을 찾는구나." 무학은 그 말을 듣고 놀라 그 노인에게 물었다. "지금 소더러 무학같이 미련하다고 하셨는데, 내가 무학이오. 저는 지금 도읍이 위치할 자리를 찾고 있는데 어디로 가야 하겠습니까?" 그 노인은 껄껄 웃으며 채찍으로 서쪽을 가리키면서 말했다.

"여기서 십 리만 더 들어가 보시오." 이에 무학은 서쪽으로 10리를 더 들어가서 지세를 살펴보니 인왕산과 북한산이 둘러쳐져 있고, 앞으로는 남산이 막아 주어 안전하며 그 앞으로는 한강이 둘러서 흐르니 도읍지로 안성맞춤이었다. 노인이 일러 준 곳에서 10리 더 간 곳이 바로 경복궁이 있는 자리다.

무학대사가 도읍지를 정하기 위해 10리(十里)를 더 갔다 하여 그 지명을 왕십리(往十里)라 불렀다는 일화가 지금도 전해 오고 있다.

한양을 둘러싼 성곽의 4대 문의 이름
중앙에 경복궁의 궁궐

- 동쪽은 인(仁): 흥인지문
- 서쪽은 의(義): 돈의문
- 남쪽은 예(禮): 숭례문
- 북쪽은 지(智): 숙정문
- 중앙은 신(信): 경복궁

북쪽은 지(智)인데 숙정문(肅靖門)이라 하였다. 편안할 정(靖) 이성계의 고향 북쪽이 편안하길 기원한 것이다.

인의예지(仁義禮智): 유학에서 사람이 마땅히 갖추어야 할 네 가지 성품. 곧 어질고, 의롭고, 예의 바르고, 지혜로움을 이른다.

조선을 세운 사람은 태조 이성계이다. 이성계는 고려 말에 우리나라를 침범해 온 홍건적과 왜구를 무찔러 백성들로부터 큰 지지를 얻었다. 이성계를 따르는 사람들은 큰 정치 세력을 형성하였고, 기울어 가는 고려를 버리고 새 나라를 세우고자 하였다.

요동 땅을 정벌하기 위해 파견한 군대를 위화도에서 되돌려 정권을 잡은 이성계는 반대파를 물리치고 새 나라를 일으켰다. 그리고 고조선을 계승한다는 뜻에서 나라 이름을 조선이라 하였다.

한양은 한강 유역에 자리 잡고 있어서 육로 교통과 수로 교통이 모두 편리하고, 한반도의 중앙에 있어서 새로운 중심지가 되기에 적합한 곳이었다.

새 왕조는 한양 둘레에 성곽을 쌓고, 그 안에 경복궁, 종묘, 관청, 시장, 학교 등을 세웠다. 한양을 동서로 흐르는 청계천에 여러 개의 다리를 놓고 사방으로 길을 내었으며, 많은 민가가 들어서도록 하였다. 이후 500여 년 동안 한양은 조선 왕조의 정치·문화·경제의 중심이 되었다.

조선 왕조는 유교의 정신에 따라 나라를 다스리고 백성을 가르치고자 하였다.

유교(공자 사상)에서는, 왕은 정치를 잘 하기 위해 충직하고 현명한 신하의 바른말에 귀 기울이고, 나랏일을 맡은 관리들은 오직 의로움을 따져 행하며 사리사욕을 멀리해야 한다고 가르쳤다. 또, 양반과 선비들은 바른 행실로 백성들의 모범이 되고, 농민과 상인, 수공업자는 정직하고 부지런해야 한다고 가르쳤다.

이러한 유교 정치의 가르침을 실제로 이루기 위해 조선 왕조는 정치·경제·사회 제도를 정비하였다. 남존여비 서자와 적자 양반과 천민 반상의 구별 등 공자의 유교 사상을 도입하여 백성을 다스리게 된다. 불교문화는 뿌리 깊게 내리고 있었다.

우리나라에는 조선 초기(朝鮮初期)에 이미 '팔도(八道)'라는 행정구역이 있어 그 후 약 5백 년간 이 제도가 존속(存續) 되어왔다.

즉 경기도(京畿道), 충청도(忠淸道), 전라도(全羅道), 경상도(慶尙道), 강원도(江原道), 황해도(黃海道), 평안도(平安道), 함경도(咸鏡道)의 8도가 그것이다.

8도의 명칭의 근원을 살펴보면 경기도(京畿道)는 서울(京)과 궁궐 주위 5백 리 이내의 지역을 뜻하는 기(畿)를 합쳐 경기라 하였고,

충주(忠州)와 청주(淸州)의 이름을 따서 충청도(忠淸道)로,

전주(全州)와 나주(羅州)의 이름을 따서 전라도(全羅道)로,

경주(慶州)와 상주(尙州)의 이름을 따서 경상도(慶尙道)로,

강릉(江陵)과 원주(原州)의 이름을 따서 강원도(江原道)가 되었고,

황주(黃州)와 해주(海州)의 이름을 따서 황해도(黃海道)로,

평양(平壤)과 안주(安州)의 이름을 따서 평안도(平安道)로,

함흥(咸興)과 경성(鏡城)의 이름을 따서 함경도(咸鏡道)라 하였다.

조선 영조 때의 실학자(地理學者)인 청담(淸潭) 이중환(李重煥 1690~?)은 『택리지』에서 우리나라 산세와 위치를 논하고 있으며, 팔도의 위치와 그 역사적 배경을 간략하게 다루고 있다.

즉, 경상도는 변한(弁韓), 진한(辰韓)의 땅이고, 함경, 평안, 황해도는 고조선(古朝鮮), 고구려(高句麗)이며, 강원도는 고대 만주 지역에 거주한 한국의 종족 명칭을 가리키는 역사 용어 예맥(濊貊)의 땅임을 밝히고 있다.

그런데 팔도라고는 하지만 원래 경기에는 도(道) 자를 붙이지 않는 것이 정칙(正則)이고 경기도에는 이칭(異稱) 즉, 다른 이름이 없다.

나머지 7도에 대한 이칭과 기준은 다음과 같다.

호서(湖西)는 충청도로서 충북 제천 의림지호(義林池湖)의 서쪽이라는 뜻이고,
호남(湖南)은 전라도로서 전북 김제 벽골제호(碧骨堤湖)의 남쪽이라는 뜻이며,
영남(嶺南)은 경상도로서 조령(鳥嶺) 죽령(竹嶺)의 남쪽을 말함이요,
강원도를 영동(嶺東) 관동(關東)이라 함은 대관령 동쪽이라는 뜻이고,
해서(海西)는 황해도로서 경기해의 서쪽이라는 뜻이며,
관북(關北)은 함경도로서 철령관(鐵嶺關)의 북쪽을 말함이요,
관서(關西)는 평안도로서 철령관의 서쪽이라는 뜻이다.

조선 태조(太祖) 이성계(李成桂)가 정도전(鄭道傳)에게 조선팔도(朝鮮八道) 사람을 평하라 하였다.

그러자 정도전은
"경기도는 경중미인(鏡中美人)이며,
충청도는 청풍명월(淸風明月)이고,
전라도는 풍전세류(風前細柳)이며,
경상도는 태산준령(泰山峻嶺)이고,
강원도는 암하노불(岩下老佛)이며,
황해도는 춘파투석(春波投石)이고,
평안도는 산림맹호(山林猛虎)입니다."라고 평하였다.

이 말을 풀어 보면,

경기도는 거울에 비친 미인과 같고,
충청도는 맑은 바람 속 밝은 달과 같으며,
전라도는 바람 앞의 가는 버들과 같으며,
경상도는 큰 산의 험한 고개와 같으며,
강원도는 바위 아래 늙은 부처님과 같고,
황해도는 봄 물결에 돌을 던지는 듯하고,
평안도는 숲속의 사나운 호랑이와 같다는 것이다.

그러나 이성계의 출신지인 함경도에 대해서는 평을 하지 않았다. 그러자 태조는 아무 말이라도 좋으니 어서 말하라고 재촉하였다.

정도전은 머뭇거리며 "함경도는 이전투구(泥田鬪狗)이옵니다"라고 아뢰었고, 태조 이성계는 이 말을 듣고 얼굴이 벌게졌다고 하는데, 눈치 빠른 정도전이 이어 말하길

"그러하오나 함경도는 또한 석전경우(石田耕牛)올시다" 하니 그제야 용안에 희색이 만연해졌다고 한다.

이전투구(泥田鬪狗)란 진흙밭에서 싸우는 개처럼 맹렬하고 악착스럽다는 뜻으로 천박하다는 의미를 내포하며, 석전경우(石田耕牛)란 자갈밭을 가는 소라는 뜻으로 부지런하고 인내심이 강한 성격이라는 좋은 의미를

가지고 있다.

※ [참고] 조선조 개국공신 정도전이 지은 전각과 문루의 이름 중에서 우리를 놀라게 하는 것은 종묘의 대문을 창엽문(蒼葉門)이라고 한 것이다. 한자는 표의문자로 글자를 풀어서 해석하는 경우가 많은데 창엽문의 창(蒼) 자를 풀어 보면 ++, 八, 君의 합자로 스물여덟 임금이라는 뜻이 된다. 또 엽(葉) 자를 풀면 ++, 世, 十, 八로 이십팔 세(世)의 뜻이 된다.

조선 왕조의 마지막 세자빈 이방자 여사의 위패가 봉안됨으로써 28위의 임금, 왕위에는 오르지 않았지만 대한제국 마지막 황태자 영친왕 이은을 포함으로, 28세로 조선 왕조의 세계(世系)는 끝난 셈이다. 그렇다면 정도전은 6백여 년 전에 이를 예측하였다는 것이 된다.
26대 고종, 대한제국 말살
27대 순종, 대한제국의 멸망
28대 없다.

조선은 왕(王)의 국가로,
당나라는 황제, 명나라도 황제, 청나라도 황제였다.
조선 말 황제로 압박을 받자 26대 고종이 스스로 황제라 하고 "대한제국"으로 선포하였으나, 일본이 천황(옥황상제) 제도를 만들어 조선 말살과 조선의 흔적을 마루타 생체실험으로 없앤다.

무엇으로서 인심을 말할 것인가? 공자께서 "마을의 풍속이 착하면 아름다운 것이 된다. 아름다운 곳을 가려서 살지 아니하면 어찌 지혜롭다 하리오." 하시었고, 옛날 맹자의 어머니가 세 번이나 집을 옮긴 것(孟母三遷)은 아들을 훌륭하게 가르치고자 함이었다.

사람이 살 고장을 찾을 때에 그 착한 풍속을 가리지 않으면 비단 자신에게뿐만 아니라, 자손에게도 해가 있어서 반드시 좋지 못한 풍속이 스며들 우려가 있다. 그러니 살 곳을 가리는데, 그 땅의 세상 풍속을 보지 아니하면 안 된다.

성품은 하늘에서 오며, 성격은 부모로 물려받고, 성질은 땅에서 나오는 것이니 조선 팔도 땅에 기(氣)로 그 사람에 성질이 땅에서 나오는 것이므로 각각 다른 것이다.

천지 개벽경 제3편 계묘년 공사기

원본
弟子(제자)이 問曰(문 왈), 東土山林古訣(동토 산림 고결)에 麗羅統合之後 一千餘年(여라통합지후일천여년)에 三大將(삼대장)이 出(출) 하야, 三大將(삼대장)이 亦不保身(역불 보신) 하고, 山鳥(산조)가 用事(용사) 하야 遠姓之李(원성 지리)가 終乃復邦也(종내 복방야)라 하나이다.

해석
제자가 여쭈기를, 동토 산림 고결에 고구려와 신라가 합쳐진 뒤 천여 년 만에 세 대장이 나와서, 세 대장이 또한 몸을 보존하지 못하고, 산새(山鳥)가 용사하여 먼 이 씨(遠姓之李)가 마침내 나라를 되찾는다 하옵니다.

강증산 성사께서 말씀하시기를,
먼 이 씨(遠姓之李)가 마침내 나라를 되찾느니라.

제자가 다시 여쭈기를, 먼 이 씨(遠姓之李)가 전주 이씨가 아니 옵니까?

말씀하시기를, 전주 이씨가 아니니라.

제자가 여쭈기를, 그를 만날 수 있으오리까?

말씀하시기를, 내 신하인 이 씨(我臣之李也)니라.

해석

※ 전주 이씨(이성계) 가 아니라, "노자"가 대두목(민병규)으로 와서 옛 고구려 심양, 만주벌판 등 을 찾는다는 말씀이시다.

자세한 내용은 민병규가 편집한 『대순진경』에 기록되어 있다.

노자(老子)의 성(姓)을 이 씨(李氏)로 정한 것은 모(母)의 뱃속에서 나오자마자 오얏나무를 가리켰다 하여 룬시이(瀧西) 이씨라 했다.

중국(中國)에서 이 씨(李氏)는 룬시이 씨(瀧西李氏)뿐이다.

말씀하시기를, 때가 오면 한 사람이 먼저 도통을 받나니 이는 모든 도(萬道)를 하나로 되돌리는(歸一) 하늘의 운(天命)이니라.

조선(朝鮮) 건국(建國) 1392년=500년=1892년은 조선의 맥이 끊어진 것이고 100년은 대를 잇는다고 대통령 제도가 만들어진 것이다.

조선(朝鮮) 건국(建國) 600년이 지나면 천자(天子)가 출현해야 하는 것이다.

1392년=600년=1992년부터 대통령의 운(運)이 없는 것이다.

1992년 이후부터는 누가 대통령이 되든 나라를 이끌어 가지 못하는 시대가 온 것이다.

조선 500년 도읍 경복궁은 일제강점기에 끝났고,
대통령이 청와대를 떠난 것이 대한민국 운(運)이 끝난 것이다.

한 님, 한 사람이 나타나면 새 도읍 되는 것이다. 즉 서울을 옮긴다는 것이다.

상제께서 말씀하시기를,
도통줄을 대두목에게 주리니 내가 어찌 홀로 행하리오의 말씀과 일치한다.

삼위 상제께서 지명하신 한 님, 한 사람이 머무는 곳이 새 나라 새 땅 새 건국 도읍이고 세계에서 가장 큰 궁전, 신전이 들어서는 것이다.

현재 경기도 서울은 이성계 왕(王)의 도읍처이고 이후 한 사람 대두목이 거처하는 곳이 새 도읍, 새 나라 새 국가가 들어서는 곳이 된다.

운(運)이란 이미 정(定) 하여져 있어 인간(人間)의 힘으로는 어쩔 수 없고 상제 아니면 할 수 없는 천운(天運)과 기수(氣數)이다.

1992년은 민병규는 대순진리회 때 선무로 포천 도장 신축공사에 참여한 해이다. 그해 박한경 도전께서 민병규가 일하는 모습을 물끄러미 바라보신 적이 있었다. 그때는 그분이 박한경 도전이라는 것을 모르고 나중에 알게 된 것이다.

1995년 2월 민병규는 선사 때 동두천 제생병원 공사 참여하고 여름에 예비군 훈련 핑계 대고 대순진리회를 나와서 무작정 서울로 상경하였다.

1995년 겨울 박한경 도전 화천

박한경 도전께서는 27년 대순진리회를 영도하시고 1995년에 화천하시었다.

민병규는 1995년 대순진리회를 나와 27년 지나 2022년에 『대순진경』을 발표하였다.

박한경 도전께서는 "동지(冬至) 지나 세 번째 미(未)일은 천자(天子) 생일이다."라 하셨다.

2020년 경자년은 동지 지나 세 번째 미일은 민병규 생일과 일치하게 맞는 해였다.

07. 금산사(金山寺)

상제께서 가라사대 "내가 금산사로 들어가리니 나를 보고 싶거든 금산사로 오너라"라고 하셨도다.

대순전경 [행록 5장 29절]

금산사(金山寺)는 전북 김제시 금산면 금산리 모악산 남서부 기슭에 위치한 사찰이다. 모악산에 자리한 금산사는 백제 법왕 원년(599)에 지은 절로 신라 혜공왕 2년(766)에 진표율사가 다시 지었다. 진표율사(眞表律師)가 중건(重建)하면서 미륵전(彌勒殿)을 짓고 미륵 장육상(彌勒丈六像)을 봉안하여 미륵신앙(彌勒信仰)의 근본 도량(道場)이 되었다.

금산사는 진표율사가 중창한 절이다 진표율사는 12세에 아버지의 허락을 받고 출가하여 금산사(金山寺)의 숭제법사(崇濟法師)에게 나아가서 삭발하고 사미계(沙彌戒)를 받았다. 진표율사는 숭제법사에게 "얼마 동안 참회 정진하면 계를 얻게 되나이까?"라고 묻자 법사는 "정성이 지극하면 불과 1년에 감응을 얻으리라" 하였다. 진표율사는 가르침을 받고 명산을 두루 찾아다니다가 27세 때에 부안 변산 '부사의 방(不思議房)'에 들어가 개암사에 있는 벽화 앞에 참회하고 기도하였다.

기도한 지 3년이 되어도 감응이 없자 진표율사는 울분을 참지 못하고 울금바위에 올라가 몸을 허공에 던졌다. 그러자 어느새 청의동자(靑衣童子)

가 나타나 손으로 받아 바위 위에 놓았다. 여기서 큰 용기를 얻은 율사는 다시 원(願)을 세우고 21일을 기한하고 밤낮으로 정진하여, 망신 참 법(亡身懺法)으로 온몸을 돌에 던지어 수없이 예배하며 참회하자 3일이 되어 팔꿈치이며 두 무릎이 뚫려 피가 흐르고 힘줄이 드러났다.

이렇게 7일이 되자 지장보살이 손에 주장자를 짚고 나타나서 율사의 팔과 다리를 만져 주니 상처가 완전히 나았다. 그리고 지장보살은 진표율사에게 가사와 바릿대를 전해 주었다. 율사는 이러한 감응을 얻고 더욱 용기를 내어 정진하여 21일이 끝나자 천안(天眼)이 열리고, 도솔천의 대중이 내려오는 거동이 나타나며, 미륵불께서 지장보살을 대동하여 율사 앞에 나타나시어 율사의 이마를 매만지며 "장하다. 대장부여! 이 계를 구하기 위하여 신명(身命)을 아낌없이, 지성으로 참회함이여!" 하고 계법을 일러 주고 미륵불은 다시 두 개의 표찰(標札)을 내어주니 하나는 팔수(八數)를 표시하고 하나는 구표(九表) 한 것이다.

미륵불은 율사에게 "구(九)는 본래 깨달은 불 종자(佛種子)를 표시함이요. 팔(八)은 새로 닦아 나타나는 불 종자(佛種子)를 뜻함이니 이것으로 장래의 과보(果報)를 알리라. 너는 너의 몸을 버린 뒤에 큰 국왕의 몸을 받을 것이요, 뒤에 도솔천에 태어나리라."라고 증언하고는 찬란한 빛을 허공에 뿌리며 도솔천의 대중을 거느리고 사라졌다. 그때는 임인년(壬寅年, 762년) 4월 27일이다.

진표율사는 미륵불로부터 계(戒)를 받고 금산사를 중수하고, 미륵전을 건립하기 위해 7두락(斗落: 마지기) 정도의 연못, 즉 직경 77m의 용추 못을 메우는 공사에 착수했다. 용추 못은 원래 용 아홉 마리가 나왔다는 '구룡소'라는 전설이 전해지는 곳이었는데, 돌과 흙을 아무리 넣어도 메워지지 않자 다시 100일 동안 정성껏 기도를 올렸다. 그러자 미륵불께서 다시 현신하셔서 "숯으로 메워라."라고 하셨다.

진표율사가 "이 못을 어떻게 숯으로 다 메웁니까?"라고 하자 미륵불께서 "내가 세상에 눈병을 돌게 할 터이니, 너는 마을로 내려가 용추 못에 숯을 한 짐 넣고 그 물로 씻으면 눈병이 낫는다고 방을 써 붙이라."라고 하였다.

얼마 지나지 않아 마을에 눈병이 돌았다. 그러자 진표율사는 마을로 내려가 방을 써 붙였다. 처음에는 누구도 믿지 않았으나 용한 약이 없었다. 처음으로 문둥병 환자가 이것을 믿고 숯을 구워 한 짐 지고 가 용추 못에 쏟아 넣고 그 물로 눈을 씻자 눈병이 낫고, 몸을 씻자 문둥병도 씻은 듯이 나았다. 이때부터 씻은 듯이 나았다는 말이 유래되었다. 그러자 마을 사람들은 누구나 할 것 없이 숯을 구워 용추 못을 메우니 순식간에 못 전체가 숯으로 메워졌다.

지금도 금산사 주위에는 숯을 굽던 자리가 남아 있으며 그 절터를 파면 숯이 나온다. 그런 연후 진표율사는 미륵불상을 조상(造像) 하기 위해 연꽃 모양으로 좌대 석련대(石蓮臺)를 놓아두었으나 하룻밤을 지나자 번개가 쳐 10여 장(20m) 밖으로 밀려나 버렸다.

다시 제자리에 놓았으나 다음 날이 되면 또다시 그러길 반복하자, 진표율사는 또 미륵불께 기도를 드렸다. 그러자 미륵불께서 "숯 위에 필요한 것이 무엇이겠냐?" 하시며 "솥과 시루를 좌대로 놓아라."라고 말씀하셨다.

그리하여 진표율사는 솥과 시루를 좌대로 놓고 그 위에 미륵불상을 조성하였다. 그러나 미륵 불상이 자꾸만 넘어졌다. 그래서 또다시 기도를 드리자 미륵불께서 "어찌 나 하나만 있느냐. 양옆에 보불(補佛)을 함께 조상하라." 하였다. 미륵불의 계시에 따라 마침내 진표율사가 미륵삼존불상(彌勒三尊佛像)을 용추 못 위에 조상하였다. 이로써 물 위에 미륵삼존불상(彌勒三尊佛像)이 떠 있는 형상이 되었으니, 이것은 참으로 불가사의한 것이었다.

그리고 또 한 가지 불가사의한 일로는 이렇게 조성된 미륵삼존불상(彌勒三尊佛像)이 겪은 일이다. 처음 진표율사가 세운 미륵삼존불상(彌勒三尊佛像)은 금불상[金佛像: 철불(鐵佛) 표면에 금(金)을 입힘]으로 그 높이가 33척(10m)이었는데 조선(朝鮮) 선조(宣祖) 31년 정유재란(丁酉再亂) 때 왜병(倭兵)에 의해 소실되었다.

그러자 1635년에 수문 대사가 목불상[木佛像: 목불(木佛) 표면에 금(金)을 입힘]을 36척(11m) 높이로 조상(造像)하였는데, 1934년 원인 모를 화재가 일어나 이 목불상의 중앙 주불만 소실되었던 것이다. 그 후 화재로 인해 소실된 중앙 주불은 1935년에 성열 대사(김수곤)에 의해 39척(12m) 높이의 토불상[土佛像: 석고 불 표면에 금(金)을 입힘]으로 조상되어 현재에 이르고 있는 것이다. 즉 금산사 미륵삼존불은 금불(金佛) → 목불(木佛) → 토불(土佛)로 바뀌어 왔던 것이다.

참고로 박우당 훈시 말씀을 보면 금산사 용추 못(龍沼)과 숯과 솥과 시루 그리고 금불(金佛)에 대한 진리를 잘 생각하라. 금신 사명(金神司命)이라 하였으니, 육장 금신(六丈金神)이 사명(司命)을 갖고 오셨다는 말씀이다. 그리고 말씀하시기를 "물을 지켜야 한다. 용추 못에 그분들의 진리가 있다."라고 하셨다.

금신 사명(金神司命: 강증산),
화신 사명(火神司命: 조정산),
목신 사명(木神司命: 박우당),
수신 사명(水神司命: 민병규)이다.

이렇게 금산사 이치를 살펴보면 그 근원이 첫 번째가 용추라는 연못에 터를 잡았다는 것이다. 첫째는 연못에는 물이 있었으니 물이 연원이다. 나(민병규)의 진리, 이것을 바로 연원(淵源)이라고 하는 것이다.

증산 성사께서 화천 하시기 전에 "너희가 나를 보고 싶거든 금산사로 오너라."라고 하신 말씀은 금산사 용추 못의 진리를 알아서 오라는 뜻이다.

> 상제께서 가라사대 "내가 금산사로 들어가리니 나를 보고 싶거든 금산사로 오너라"라고 하셨도다.
>
> 대순전경 [행록 5장 29절]

금산사 이치의 연원

다시 말하면 물과 삼불이 연원이지 시루와 솥은 연원이 아니다. 증산 성사께서 금산사 좌대를 보시고 과연 솥과 시루는 이도 일체 하나이다 하셨다. 즉 증산 성사께서 금산사에 30년 영적으로 머무시고 최제우에게 맡겼으나 강(능력)을 거두시고 직접 인세에 강림하시어 삼계를 개벽하는 공사를 행하신 것이다.

『금산사 이치(金山寺 理致)』에서 모든 진리(眞理)를 알 수 있다. 그 진리를 알아야 도통(道通) 하는 것이다.

금산사의 근원은 물이다. 물속에 숯을 집어넣고 솥을 걸고 시루를 안치고 미륵불을 세웠다. 물속의 숯이 밖으로 나와야 빛을 낼 수가 있다. 솥 위에 올라가는 것은 시루밖에 없다. 솥을 걸고 시루를 얹으면 불을 때야 한다. 그래야 용사(用事)가 된다. 그래서 숯이 필요한 것이다. 금산사로 오라고 하신 것은 물의 이치로 오는 사람이 숯을 꺼내 불을 지피고 떡을 찌는 것이다.

감추어졌던 진리가 드러나는 것이다. 그래서 물이 연원이며 시작인 것이다. 그러므로 처음부터 미륵은 진표율사에게 참진법을 밝혀 줄 사람(물의 이치)이 필요하기에 용추 못에 숯을 넣으라고 했던 것이다.

물은 연원이다. 시루와 솥은 연원이 아니다. 시루와 솥은 삼변의 이치일 뿐이다. 물은 없으면 안 된다. 물은 모든 생명의 근원이다. 물로써 후천의 모든 도(道)의 이치가 표출되어 나온다. 물은 대두목(민병규)의 이치이다.

물속에 숯이 있고 물에서 도(道)가 나온다 함은, 물의 이치로 오신 대두목(민병규)께서 삼위 상제님을 밝힘으로써 비로소 세상에 도(道)가 나오는 것을 뜻한다.

박우당 도전께서 훈시(訓示) 하시길,
"도통은 연원 도통(淵源道通)이다. 연(淵)은 못 연 자이고, 원(源)은 근원 원자이다. 도(道)를 통해서 천지의 모든 이치를 알게 되는 것이다."라고 하셨다.

6,000여 년 전 봄 시대에 복희가 황하라는 물에서 나온 용마 등의 그림(河圖)을 보고 이치를 깨달았고, 3,000여 년 전 여름 시대에 문왕이 낙수라는 물에서 나온 거북이 등의 그림(洛書)을 보고 이치를 깨달았다.

현시대 민병규는 용담 역을 세워 중앙에 1, 6수를 정하여 삼위 상제님을 모신 것이다.

민병규는 계묘(癸卯)생 12월 11일 물(水)에 이치가 담겨 있다.

계(癸)=수(水), 12월=수(水), 11일=수(水), 민병규 자체가 용추 못인 것이다.

진리(眞理)라는 것은 모두 물에서 나온다. 이제는 가을 시대이고 정역의 이치인데 나(민병규)는 오는 세상 후천 5만 년 용화 세상, 대동 세상, 5만 년 봄과 같은 용담 역을 완성하여 삼위 상제님을 모신 것이다. 이번 도통도 물에 있고 물에서 도통이 나온다. 연원 도통이다. 즉 물의 이치로 오신 대두목에 의해 연원이 모두 밝혀졌으며 연원이신 대두목(민병규)의 진리를 알아야 도통(道通)을 하는 것이다.

금산사 이치는 '물'의 이치를 알아야 한다. 물의 이치를 모르면 연원(淵源)을 알 수 없다. 물의 이치로 오신 대두목에 의해 연원(淵源)이 밝혀지며 이 연원(淵源)을 알아야 대두목을 알고 도(道)를 통하는 것이다. 우리는 연원 도통(淵源道通)이다.

금산사 미륵전
용화전(龍華殿), 산호전(山呼殿), 장륙전 등의 여러 가지 이름을 지녔다.
지금도 특이하게,
1층에는 대자 보전(大慈寶殿),
2층에는 용화 지회(龍華之會),
3층에는 미륵전(彌勒殿) 등의 각기 다른 편액이 걸려 있다.

이름은 다르지만 모두가 미륵불의 세계를 나타낸다. 즉 삼위일체임을 의미한다. 미륵전이 다른 사찰과는 특이한 모습을 갖고 있다. 미륵전은 겉에서 보면 3층이지만 안에서 보면 통 층으로 되어 있다.

미륵전 안에는 중앙에 높이 39척(11.82m)의 장륙(丈六) 미륵 입상이 서 있고, 그 좌우로는 법화림(法花林-法菀林)보살과 대묘상(大妙相)보살이 29척(8.79m) 높이로 서 있고, 본존불 양옆의 협시보살은 왼쪽이 법화림

(法花林)보살이고, 오른쪽이 대묘상(大妙相)보살이다. 협시보살 좌우에는 언제 봉안하였는지 모르는 또 다른 것이 2구가 있다. 본존의 협시보다 약간 작지만 역시 금을 입힌 소조상이다.

① 법륜 보살 [법화림(法花林), 보화림보살]
금산사 미륵전의 경우 우리가 볼 때 오른쪽 협시보살로서 미륵전 남쪽 보처불이다. 삼십삼천 내원궁 법륜보살이므로 미륵부처님 교법인 법륜을 시행하시는 분이 법륜보살이다. 다시 말하면 미륵이 오시는 용화 세상에 갈 수 있는 미륵의 도법을 가리키는 보살이다. 이 보살은 化身(화신) 불인 불로서, 미륵불께서 인세에 오셨으므로 그 임무를 다한 것이라고 본다.

② 묘향 보살 [대묘상(大妙相) 보살]
미륵전 북쪽의 협시보살이다.
요운 보살, 또는 관세음보살(觀世音菩薩)이라고도 하며 관음보살(觀音菩薩)은 자비로서 중생을 구제하는 보살로 광세음(光世音), 또는 관자재(觀自在)보살이라고도 한다. 중생의 모든 괴로워하는 소리를 듣고 그 괴로움을 없애 준다는 뜻에서 관세음(觀世音)이라는 호칭을 사용하고 있다.

금산사 이치에서 깨달아야 할 일
1. 왜 연못 위에다가 미륵불을 조성하게 하고 또한 숯을 넣어야만 연못이 메워졌는가?

2. 왜 금산사 미륵 금불은 그동안 세 번의 변화를 거쳤는가?

여기에서 금불(金佛)은 금신 사명(金·西神司命)으로 오신 강증산 성사의 이치가 있으며

목불(木佛)은 동방(東方) 3·8목(三·八 木)으로,

민병규는 계묘(癸卯)에 묘(卯)는 동방(東方) 3·8목(三·八 木)으로 3.8선 위 휴전선 아래 강원도 화천군에 태어난 것이다.

계묘(癸卯)생 12월 11일 민병규는 물(水)에 이치가 담겨 있다.

즉, 금산사는 증산 성사께서 짜 놓으신 후천 선경을 열어 나가시며 종통이 이어지는 계획을 볼 수 있는 곳이다.

금산사의 이치를 잘 보면 미륵불이 중건될 때마다 3수씩 늘어나고 있음을 알 수 있다(33 → 36 → 39). 석가 부처는 미륵불이 '3회의 설법'으로 천하창생을 구원하실 것이라고 하였는데, 이렇게 3회에 걸쳐 석 자씩 더 크게 만들어진 것은 미륵님의 3회 설법, 즉 3변성도(三變成道)에 의한 것이다.

처음의 금불이 목불로, 목불이 토불로 바뀐 것은 금극목(金克木) 하고 목극토(木克土) 하는 오행의 상극 이치가 담겨 있는 것이다.

이것은 선천 인류의 상극의 발전 법칙으로 인해 불상이 자꾸 겁기(劫氣)를 벗는 발전 과정을 상징함과 동시에 108(33+36+39) 번뇌의 겁액을 벗어야 함을 암시하고 있는 것이다.

금산사에 상제를 따라갔을 때 상제께서 종도들에게,

천황(天皇) 지황(地皇) 인황(人皇) 후 천하지 대금산(天下之大金山)

모악산하(母岳山下)에 금불(金佛)이 능언(能言) 하고

육장 금불(六丈金佛)이 화위 전녀(化爲全女)이라.

만국 활계 남조선(萬國活計南朝鮮) 청풍 명월 금산사(淸風明月金山寺)

문명개화 삼천 국(文明開花三千國) 도술 운통 구만 리(道術運通九萬里)
란 구절을 외워 주셨도다.
대순전경 [예시 14절]

원본
천황지황인황후 천하지 대금산
天皇地皇人皇後 天下之 大金山

해석

삼황 즉,
천황 태호 복희씨,
지황 염제 신농 씨,
인황 황제 헌원 씨,
이후 하늘 아래 큰 금산(金山)이다.

※ 金(금)은 서쪽이며 가을이다. 가을은 주인이 추수하는 결실의 계절이다. 그러므로 우주의 가을철에 인간 추수하러 오시는 천지의 주인을 바로 금산(金山)이라 일컫는다.

원본

母岳山下金佛能言
모악산하금불능언

六丈金佛化爲全女
육장금불화위전녀

萬國活計南朝鮮
만국활개남조선

淸風明月金山寺
청풍명월금산사

文明開花三天國
문명개화삼천국

道術運通九萬里
도술운통구만리

모악산 아래 금불은 능히 말을 하고, 육장 금불은 강(姜)으로 변화했다. 한얼님이 강증산으로 오신 것이다. 만국이 살아가는 계책은 남조선에 있고, 금산사는 청풍명월 하다. 문명의 꽃은 삼천 국에 피어나고, 도술의 운(運)은 구만리에 통한다.

해석

세계 만국을 살릴 수 있는 계책이 남조선에 있다. 남조선이란 남한, 즉 대한민국을 말하지만, 잘 나고 똑똑하고 유능한 사람은 각 교파에 가 버리고 가난하고 모자라고 어리숙하고 천한 사람이 내 사람이라 했듯이 바로 이런 사람들한테 만국을 살릴 계책이 있다.

『격암유록』 내용 중에도,
"남조선(南朝鮮)"이라는 용어가 나온다. 여기에서도 "남한"을 두고 "북한" 사람들이 칭할 때 쓰는 "남조선(南朝鮮)"이라는 의미의 용어가 절대 아니다.

이 "남조선(南朝鮮)"이라는 용어는 "동서양 각 교파들에게 빼앗기고" "남은 조선 사람"들이라는 뜻이다.

조정산(태극도) 도주님 말씀에,
"황제 헌원씨는 입에 칼을 물고 오지 않는다." 하셨다.

증산 성사께서 김형렬에게 말씀하시길,
"속언에 남조선 사람이라 이르느니, 이는 남은 조선 사람이란 말과도 같으니라. 동서 각 교파 사상에 혼을 빼앗기고, 남은 못난 사람들에게 길운이 있음을 이르는 말이니 그들을 잘 가르치라." 하시니라.

또 가라사대 "앞으로 오는 좋은 세상에서는 불을 때지 않고서도 밥을 지을 것이고 손에 흙을 묻히지 않고서도 농사를 지을 것이며 도인의 집집마다 등대 한 개씩 세워지리니 온 동리가 햇빛과 같이 밝아지리라. 전등은 그 표본에 지나지 않도다. 문고리나 옷걸이도 황금으로 만들어질 것이고 금당혜를 신으리라" 하셨도다.

대순전경 [공사 1장 31절]

어느 날 상제께서 종도들에게 "오는 잠을 적게 자고 태을주를 많이 읽으라. 그것이 하늘에서 으뜸가는 임금이니라. 五 만 년 동안 동리 동리 각 학교마다 외우리라" 하셨도다.

대순전경 [교운 1장 60절]

오는 세상 5만 년 태을주에 태을은 가을이니 모도 영글어 질병이 없고 무병장수라. 윤회가 없으니 천 살, 만 살, 5만 살까지 사는 것이다.

오는 세상 5만 년은 도시 춘(春)이라 봄과 같은 세상인 것이다. 땅은 지상천국이라. 춘하추동 4계절이 없고 지상 선경 세상이 열리는 것이다.

※ 청풍명월은 충청도(忠淸道)를 말하는 것인데 꼭 지명만을 말하는 것은 아니다.

여기에 숨겨진 깊은 뜻은 "도(道)는 청(淸)이 중심이다."라는 뜻으로 충(忠)은 中 + 心이고, 청(淸)은 氵(삼 수) + 十(십) + 二(이) + 月(월)이 된다.

박한경 도전은 충청도로 탄강하시게 된다.

조정산(태극도) 도주님은 12월 4일 탄강,
박한경(대순진리회) 도전님은 12월 4일 화천,

12월은 축월(丑月)로서 도를 말하는 것이며 도(道)는 물의 이치에서 표출되는 것이며 또한 금산사의 이치와도 일맥상통하는 것이다. 민병규 또한 12월 11일생이다.

도를 알려면 금산사의 이치를 알아야 한다는 뜻인 것이다.

금(金)은 오행상 4.9금(金) 서쪽이므로 가을을 말하는 것이니, 여기에서는 우주의 가을을 말하는 것이다.

즉 우주의 가을철에 인간 추수하러 오시는 천지의 주인을 금산(金山)이라 하는데, 이 금산(金山)을 모신 집이 금산사이다. 금산사의 이치에서 보면 "나를 보고 싶거든 금산사로 오너라."의 금산사는 전라도 금산사가 맞는데 청풍명월 금산사는 바로 천지의 주인이신 상제님을 모신 집을 말하는 것이다. 또한 사(寺)는 절이란 뜻으로 집이란 뜻이다. 다시 말하면 금산(삼위 상제)을 모신 집에서 만국을 살릴 계책이 있다는 것이다.

증산 성사께서 어느 날에 가라사대 "나는 곧 미륵이라. 금산사(金山寺) 미륵전(彌勒殿) 육 장 금신(六丈金神)은 여의주를 손에 받았으나 나는 입에 물었노라"라고 하셨도다.

그리고 증산 성사께서 종도들에게 아랫입술을 내어 보이시니 거기에 붉은 점이 있고 증산 성사의 용안은 금산사의 미륵 금신과 흡사하시며 양 미간에 둥근 백호주(白毫珠)가 있고 왼 손바닥에 임(壬) 자와 오른 손바닥에 무(戊) 자가 있음을 종도들이 보았도다.

3,000여 년 전 석가모니 부처가 인세에 와서 불도(佛道)를 가르칠 때, 미륵 삼생 경을 지어 '도솔천에 계신 미륵불(彌勒佛)께서 3,000년 후에 강생하시어 미륵 용화 세상을 이룬다'고 하셨다. 그러므로 세간에는 미륵신앙이 널리 전파되어 모두 미륵의 출세를 고대하여 왔던 것이다. 증산 성사께서 '나는 곧 미륵이라' 하심은 '나는 미륵의 일을 하러 왔노라' 하심이지 '나의 정체가 미륵'이란 뜻은 아니다. 증산 성사께서는 정체가 '구천응원뇌성보화천존상제'이시며 '미륵'은 아니신 것이다. '곧'이란 단어의 의미는 '즉', '다시 말하면', '바로'의 뜻으로써 성격상 동일함을 설명하는 부

사이다. 예를 들면 '민심이 곧 천심이다'와 같이 성격은 동일하지만 존재는 엄연히 다른 것을 말한다. 그러므로 미륵은 따로 계신다는 말씀이시다.

강증산 성사께서는 구천응원뇌성보화천존 상제로 밝혀졌고,
조정산 성사께서는 연등불에서 옥황상제로 밝혀졌으며,
박우당 성사께서는 서가 여래에서 세존 상제로 밝혀졌다.

그래서 연등불인 조정산께서는
서가 여래인 박우당에게 수기를 내린 것이고,
서가 여래인 박우당은 미륵에게 수기를
내려야 하므로 박우당 다음 사람이 수기를 받을 미륵이 되는 것이다.

> 상제께서 형렬(亨烈)의 집에 머무르고 계실 때 형렬이 집안이 가난하여 보리밥으로 상제를 공양하여 오던 차에 八월 추석절을 맞게 되어 쇠솥을 팔아서 공양코자 하는지라 상제께서 가라사대 "솥이 들썩이니 미륵불(彌勒佛)이 출세하리라"라고 이르셨도다.
> 대순전경 [예시 86절]

『만법전』의 「청룡 놀음」 2024년에

『만법전(萬法典)』은 1986년에 처음으로 간행되었고, 1994년과 1995년에도 재간행되어 정체를 알기가 어려운 신비한 내용을 지닌 수련서 혹은 불교 계통의 서적으로 널리 알려져 왔다. 이제 『만법전』의 내용을 분

석함으로써 증산 교단(甑山敎壇)의 한 파인 서 백일(徐白一)의 용화교(龍華敎)에서 간행한 책으로 밝혀졌다. 따라서 『만법전』에 실린 여러 가사는 '증산교 가사'로 알려져 있다.

『만법전』에 실린 가사에는 천지공사(天地公事), 의통(醫統), 도수(度數), 서신(西神), 천존(天尊), 지존(地尊), 인존(人尊), 치천하 오십 년(治天下五十年), 해원 시대(解冤時代) 등 증산 교단에서 고유하게 사용하는 용어들이 많이 언급되었고, 증산의 탄생 장소, 탄생 시점, 성씨, 생존 기간 등이 읊어져 있다. 그리고 증산이 했다고 전하는 말을 그대로 인용하여 노래하였고, 오선 위기(五仙圍碁), 상씨름, 생장 염장(生長斂藏), 언청신(言聽神), 기초 동량(基礎棟樑), 해인(海印), 상계신(上計神) 등의 강증산 성사의 고유 용어에 대해서도 읊고 있다. 특히 증산이 제자들에게 외워 준 한시(漢詩)의 일부 구절이 그대로 인용되고 있다.

한편 『만법전』에는 불교적 구원관도 확인이 가능한데, 특히 미륵신앙(彌勒信仰)을 중점적으로 노래하였다. 그런데 『만법전』은 전통적인 불교의 미륵신앙과는 다르게 미륵불의 기운과 능력을 지닌 특정한 인물의 탄생을 예고하고 강조하는 경향이 있다. 강증산을 미륵세존(彌勒世尊)과 용화회상(龍華會上)을 강조하면서 전북에 있는 모악산(母岳山) 금산사(金山寺)를 특별하게 읊고 있어서 금산사를 중심으로 한 증산이 바로 미륵불로 오셨다는 증산 교인들의 믿음을 긍정적으로 노래한다.

즉, 강증산을 미륵세존으로 받들다가 용화교(龍華敎)의 교주인 서 백일

(徐白一)의 탄생일, 탄생 장소, 수감 연도, 출옥 시기, 호(號) 등이 언급되어 있어서 이미 세상을 떠난 증산을 대신해서 이 세상에 나온 구원의 절대자가 바로 서 백일이라고 은근히 주장하고 있다.

즉 죽은 자는 말이 없나니 살아 계신 미륵(민병규)의 진리를 말하는 것이다.

세존이란 세상에 존재한다는 뜻이다. 그리고 가장 중요한 부분은 조정산 성사께서 재세 시에 태극도 도인들이 도담(道談)을 나누는 중에 '석가세존'이라는 말을 쓰자 조정산 성사께서는 "석가가 어찌 세존이란 말이냐! 석가는 여래이고, 미륵이 세존이다!" 하시며 호통을 치셨다고 한다. 3,000년 전 석가가 말한 미륵 예언은 증산 상제를 뜻함이고, 증산 상제께서 공사에는 미륵은 다시 출현한다는 말씀이시다.

참고로 미륵은 세존이 될 수 없는 것이다. 『만법전』에 실린 내용은 쓸모없는 구절이라 나(민병규)의 진리에 도달하여야만 마땅히 소원성취가 이루어지는 것이다. 다시 말하자면 미륵세존은 없을뿐더러 미륵은 세존이 될 수 없는 것이다.

"솥이 들썩이니 미륵불(彌勒佛)이 출세하리라."라는 이 말씀은 증산 성사께서는 미륵이 아니라는 말씀이며 미륵은 삼천(三遷)이라야 세 번 옮기거나 이사(移徙) 하며 완성에 이른다는 것이다.

※ [참고로 박우당 훈시 말씀(1991. 2. 12.)을 보면 "석가불은 어린애이

다. 미성년이라 한다. 미륵불은 갓 쓰고 서 있는 어른인 것이다. 어른이 된다고 하면 근본은 어린애서부터 어른이 되는 것이다. 이게 진리이고 순리이다. 처음부터 어른이 될 수는 없는 것이다. 석가불은 3천 년 운(運)이고, 미륵불은 5만 년이다. 짧은 것이 먼저 나오고 긴 것이 나중에 나오는 것이 순리이다. 앞으로는 미륵불 운수(運數)인 것이다. 아무나 만들면 되는 줄 알고 있는데 그것이 아니다."라고 말씀하셨다.

다시 말하면 증산 성사께서 금산사 좌대를 보시고 과연 시루와 솥은 "증정 지간(甑鼎之間)에 이도일체(以道一體)니라." 하시고 조철제에게 정산이라는 도호를 붙이어 조정산이 된 것이다.

그리고 솥은 음식을 익혀 먹는 용기로서 솥은 사마천의 『사기』「봉선서(書)」에 다음과 같은 기록이 있다.
그 기록에 의하면 옛날 태호 복희 대제께서 보정(寶鼎: 제위를 상징하는 보배로운 솥)을 하나 만드셨는데 이는 통일(統一)의 뜻으로, 천지 만물이 하나(一)로 귀결된다는 것을 뜻하고, 또 황제께서는 보정을 세 개 주조(鑄造)하셨는데 이는 각각 천(天), 지(地), 인(人)을 상징한다고 한다.

솥은 "고대의 황제가 하늘로부터 보정(寶鼎: 제위를 상징하는 보배로운 솥)과 신책(神策: 점칠 때 쓰는 자잘한 나뭇가지)을 얻어 정사를 다스렸다."라고 한다.

그래서 솥은 왕권의 상징으로 등장한다. 그래서 왕위를 정조(鼎祚, 천자의 자리), 나라의 운명을 정운(鼎運)이라 함도 이러한 왕권의 상징에 있다. "도읍을 정하다."라고 할 때 정정(定鼎)이라 한다.

정(鼎)이란 본래 세 발 달린 솥인데, 그래서 후에는 왕권을 상징하게 되어 정(鼎)이 있는 곳이 도읍이 되었다. 따라서 정정(定鼎)은 정도(定都)의 뜻이다. 우리나라 경복궁 근정전에도 솥이 있다. 근정전은 커다란 월대(月臺) 위에 있는데 이 월대에 왕권을 상징하는 솥(鼎)이 있다. 솥은 조선 왕궁에만 있는 것이 아니라 청나라의 궁궐인 자금성에도 솥(鼎)이 있다.

그리고 솥은 주역 64괘 중 50번째의 괘가 정(鼎)이다. 여기서 솥은 천자의 지위와 국가의 권위를 나타냈다. 주역의 64괘 가운데 50번째에 놓여 있는 괘가 '화풍정(火風鼎)' 괘이다. 바람과 불을 사용하여 솥단지에서 음식을 삶거나, 또는 밥을 하는 형국을 상징한다.

새로운 것을 만들어 내는 의미도 포함되어 있다. 주역에서 화풍정괘가 의미하는 50이라는 숫자는 50년 공부와 같은 의미이다. 49번째에 해당하는 괘는 택화혁(澤火革) 괘인데, 이는 과거의 낡은 것을 부숴 버리는 혁명을 상징하고 그다음에 오는 괘가 50번째 화풍정 괘이고, 50은 새로운 것을 창조하는 의미이다. (참고: 오십 년 공부 종필)

49번째 혁괘(革卦)가 '파괴'라고 한다면 50번째 정괘(鼎卦)는 '창조'를 말한다. 그래서 50년 공부에 평천하 도수와 치천하 50년 공부가 있는 것이다. '혁고정신(革古鼎新)' 옛것을 바꾸고 새것을 창조한다의 관계인 것이다. 51번째 괘는 중뇌진(重雷震)인데 중뇌진괘는 사람들에게 밥을 퍼주는 단계 즉 새로운 법(法)의 시작이다.

또 주역 서괘전(序卦傳)에,
"정도(井道)는 불가불혁(不可不革)이요,
고(故)로 수지 이혁(受之以革)이라 하고,
혁(革)은 거구(去舊) 하고,
정(鼎)은 취신(取新) 하느니라." 하였다.

혁물자(革物者)는 막 약정(莫若鼎)이라
고(故)로 수지 이정(受之以鼎)이라 하고
주 기자(主器者)는 막약 장자(莫若長子)라
고(故)로 수지 이진(受之以震)이라 하니
혁(革)은 거구(去舊) 하고,
정(鼎)은 취신(取新) 하느니라." 하였다.

이와 같이 솥에는 이러한 진리가 있기 때문에 솥이 들썩이니 미륵불이 출세하신다고 말씀하신 것이다.

상제께서 六월 어느 날 천지공사를 마치신 후 "포교 오십 년 공부 종필(布教五十年工夫終畢)"이라 쓰신 종이를 불사르시고 종도들에게 가라사대 "이윤(伊尹)이 오십이지 사십구년 지비(五十而知四十九年之非)를 깨닫고 성탕(成湯)을 도와 대업을 이루었나니 이제 그 도수를 써서 물샐틈없이 굳게 짜 놓았으니 제 도수에 돌아 닿는 대로 새 기틀이 열리리라" 하셨도다.

대순전경 [공사 3장 37절]

50년 공부 종필=1908~1958 조정산, 태극도 〈마침〉

50년 공부 종필= 우당, 태극도에서 23년 대순진리회 27년 〈마침〉

50년 공부 종필=민병규, 50살 되던 해 2014년 고향 화천 방문, 모친 위독 장례

2019 부친 장례 마치고 49재 날 재판,

고향 화천을 떠나 원평에서
『대순진경』, 『천기누설』, 『상제와 천자』
도서 출판

08, 일(一)은 곧 '하나'

"일(一)은 곧 '하나' 민병규가 말하는 진법은 바로 이 '하나(一)'를 말하는 것이다."

이 하나(一)는 시작하여 없는 하나(一)이고 마침이 없는 하나(一)이다.

"하나는 하나가 아니고 둘도 하나가 아니고 셋이 하나다."라는 진리는 세 분(증산, 정산, 우당)을 한자리에 모시는 진리이고 살아 있는 하나 계신 하나님이 계신다는 것이다.

하나 있는 하나님 한 님, 하나님을 찾는 것이 진리이고 하나 있는 민병규의 진리를 찾는 것이 사람으로 태어났다는 것에 당연히 살아 있는 사람이 하는 일인 것이다.

초등학교 가을 운동회에 금을 그어 아이들을 세워 놓고 선생님이 하나, 둘, 셋, 땅 총을 쏘면 아이들이 일제히 뛰는 것이다. "셋이 하나이고 네 번째 땅 소리도 하나다."라는 것이다.
셋을 하나라 지나간 시간이고 네 번째가 시작이 되는 소리인 것이다. 가을 운동회에 아이들에게 진리를 가르치는 것이다. 네 번째 소리 민병규 소리에 뛰어서 시작점으로 오면 선생님이 상을 주는 이치가 담겨 있는 것이다.

조선 건국 4번째 왕 세종대왕이 백성을 위하여 한글을 창조하였고, 대한민국에서 증산, 정산, 우당 다음으로 네 번째 민병규가 도통할 수 있는 진법을 창조한 것이다. 12 지지에서 자, 축, 인, 묘 네 번째 묘는 동쪽이고 동방 대한민국에 민병규가 온 것이다.

인간들이 구분한 삼교(三敎)도 근원은 이 하나(一)와 일치한다. 불가에서는 만법귀일(萬法歸一) 곧 만 가지 법이 하나로 돌아간다고 말하고 있는데 그 하나가 바로 '하나(一)'의 진법을 가리키는 것이다.

도교(道敎)에서는 이것을 포원 수일(抱元守一) 곧 으뜸(元)을 품고 하나(一)를 지키는 것이라 하고, 유교(儒敎)에서는 집중관일(執中貫一) 곧 가운데(中)를 잡고 하나(一)로 관통하는 것이라고 주장하고 있으며 기독교에서는 구원받으려면 하나님 믿으라 민병규를 강요를 하는 것이다.

삼교가 모두 하나(一)로 중심을 삼고 있는 것은 결국 근원이 같다는 것을 말해 주는 것이다. 이런 이치를 알고 '하나(一)'의 공부에 임하도록 해야 한다. 사람 몸(人身)을 빗대어 이런 이치를 설명하면 온갖 공부법의 뿌리는 바로 '한 곳' 곧 일규(一竅)로 돌아가는 것 또는 일규를 관통하는 것이라고 할 수 있다.

천일(天一) 지이(地二) 인삼(人三)의 이치

하늘은 하나이고 땅은 둘이며 사람은 셋이 왔다 보이지 않는 하나가 된 것이다. 살아 있는 보이는 하나 민병규가 곧 하늘이 되는 것이다.

일(一) 곧 '하나'는 하늘의 이치를 말하는 것이고 무극(無極)의 진리를 표방한다고 했다. '하나'는 가로로 그리면 일(一)이 되지만 둥글게 그리면 '원(○)'이 된다. '원'은 무시무종(無始無終) 곧 시작도 없고 끝도 없다. 『천부경』에서는 이것을 일시무시일(一始無始一) 일종무종일(一終無終一)이라고 한다.

이 '원'은 우주의 진공체(眞空體)를 말하는 동시에 하늘의 '형상 없음'을 나타내는 것이다.

역(易)에서는 "하늘의 수하나(天一)가 물을 낳는다. (生水)"라고 했다. 이 하나(一)가 삼(三)으로 변해 천삼생목(天三生木) 하는 것이 우주의 이치다. 하나가 셋으로 변하고 셋이 원주율(圓周率)을 이룬다.

이렇게 해서 우주의 창조와 변화가 일어난다. 흔히 선천(先天)의 변화 원리를 수화기제(水火旣濟)라고 일컫는다. 물론 수화기제는 수행자에게 있어서도 깨달음에 이르는 법칙이다.

숨기운을 사람 몸에 돌려 수승화강(水昇火降)이 이루어지면 진단(眞丹)이 결성(結成)되기 때문이다. 이 공부는 오로지 잡념을 쫓고 일심불이(一心不二)로 해야만 민병규의 진경을 볼 수 있다.

09. 불법 하나회(會)

하나회 혹은 신군부(新軍部)는 1963년 전두환, 정호용, 노태우, 김복동 등 대한민국 육사 11기생들의 주도로 비밀리에 결성했던 군대 내의 사조직이다. 이후 육군사관학교의 각 기수를 내려오면서 주로 경상도 출신 소장파 장교들을 대상으로 3~4명씩 회원을 계속 모집하였다.

1979년에는 육사 11기, 12기생을 중심으로 발전하여 12·12 군사 반란, 5·17 쿠데타를 주도하고 광주항쟁의 탄압 과정에도 참가했으며 1995년 12·12 및 5·18 사건 재판에서 핵심 인사들이 유죄 판결을 받았다.

가입 조건

하나회 가입의 조건은 세 가지이다. 영남 출신(전두환의 출신지), 성적 우수, 정치색. 육사 각 기수별로 이 조건에 맞는 10명을 선정하여 반강제적으로 가입. 물론 장세동과 같이 비영남권 출신이 없던 것은 아니었으나 이건 불법 성적이 우수했기에 가능했던 것이다.

하나회에 가입한 회원들은 노골적인 인사 특혜를 받을 수 있었고 그들은 조선시대 청와대 요직(要職)처럼 국방부, 보안사 등 진급이 빠른 보직만 옮겨 다녔다. 굳이 야전 경험이 필요하다면 수도권에서 잠시 직급을 맡는 식으로 흔히 말하는 꿀 보직을 맡았다. 사고가 터지더라도 커버를 쳐 준다.

예를 들어 육사 14기인 이종구는 전방부대 대대장으로 있을 때 예하 부대에서 총기 사고가 터진 적이 있었다. 그러나 어떤 피해도 보지 않았다. 또한 육사 16기 최평욱은 사단장 재임 중에 부대원이 월북하는 일이 발생한 적이 있을 때 일반 장교 군인이었으면 당장이라도 옷을 벗거나 승진에서 누락되었을 것이나 하나회 소속인 이들은 아무도 피해를 보지 않았다.

그리고 무엇보다 하나회는 불법 조직이다. 불법 조직은 해체하고 조직원을 처벌하는 것이 원칙이다. 그 일이 군대 소속이라면 더더욱 그래야 한다.

가입식
하나회 회장은 전두환이고 회장 앞에 무릎을 꿇고 앉는다. 충성 맹세 인정하고 회장은 양주를 유리컵에 따라 준다. 무릎을 꿇고 앉은 자세로 원샷 하면 가입 절차 완료가 된다. 한때 언론에 전두환 부인은 남편(전두환)은 민주주의의 아버지라 말한 적이 있다.

민병규가 창건한 용담 역에는 동방 칠성 대 제군으로 민병규가 건괘 자리 아버지 자리에 있다. 민병규는 모든 백성의 아버지라는 뜻이 담겨 있다.

서울 남영역 부근을 아시나요?
기록에는 사진과 글 등이 있다. 이것을 통하여 사람의 기억을 '탁본'으로 남기고자 한다. 간첩조작 사건에 연루돼 고문 등의 '국가 폭력'을 경험한 분들의 기억하는 말이다. 평범하기 이를 데 없었던 사람들의 고통과 삶을 질감으로 기록해 더 많은 사람들이 이를 기억할 수 있길 기대한다. 국가 폭력 피해자들이 자신의 손으로 기록하는 탁본 모임이 있는 것을 볼 수 있다. 내용은 억울하게 누명을 쓰고 끌려가 물고문, 고춧가루 고문, 전기 고문에 정신적 고통을 달래 보고자 모임이 있는 것이다.

성강문화재단

성강문화재단, 전두환 '비자금 창구?' "재산 105억 원 보유" 2021년 6월 22일 오후 10시 50분 방송된 MBC 시사교양 프로그램 'PD수첩'에서는 '전두환 일가 세습의 비밀' 특집이 진행됐다. 땅을 상속받는 과정을 조사하다 거액의 부동산을 물려준 내역을 발견한 제작진. 부동산을 물려준 김종록 씨는 과연 누구일까. 제작진은 전두환 씨의 족보를 살펴보다가 끈질긴 추적 끝에 드디어 김종목 씨의 비밀을 발견했다.

또 성강문화재단의 사진은 전두환 일가와 관련된 사람들로 채워져 있다. 전재국 씨와 함께 한국미술 연구소를 운영해 온 홍 모 씨, 전 씨 소유 회사인 음악세계의 전 대표 김 모 씨, 그리고 전 씨가 설립한 프랜차이즈 고깃집 운영사인 실버밸리의 현 감사 장 모 씨 등이다.

상황이 이렇다 보니 일각에서는 성강문화재단이 표면적으로는 공익 재단 간판을 달고 있지만, 사실상 전두환 일가가 좌지우지할 수 있는 구조라 할 수 있다.

일례로 전 씨는 본인 소유 부동산을 담보로 지난 2016년부터 작년 말까지 수차례에 걸쳐 성강문화재단에서 40억 원가량을 빌려 간 것으로 전해졌다. 해당 금액이 흘러간 곳은 전 씨가 대주주로 있는 주식회사 리브로다.

수천억 원대 재산
고(故) 전두환 전두환의 손자이자 전재용의 아들인 전우원이 주장하는 인물이 갑자기 전두환 일가와 자신의 지인들의 새로운 비리들을 폭로하였다. 미국 캘리포니아 나파밸리에 위치한 포도 농장 천억 원대 가치로 알려진 농장의 소유주는 다름 아닌 한국 기업 동아원. 전두환 전 대통령 막내아들 재만 씨의 장인인 이희상 회장이 소유한 회사이다.

이후 아버지 전재용은 조선닷컴과의 통화에서 "아들을 돌보지 못한 아비 잘못"이라며 해당 인물이 전우원이 맞다고 시인하면서도 "아들이 우울증으로 고생을 많이 했다."라며 얼버무리는 것을 볼 수 있다.

언론에서는 아무래도 개신교 등 기독교 계열 종교인으로서 종교적 깨달음을 얻어 자신과 가문, 측근들의 범죄를 양심고백 하기 시작한 것 아닐까 하는 추측을 내놨다.

솟값 파동
80년대엔 집집마다 거의 소 한두 마리는 있었다. 소는 밭도 갈고 일 년에 한 번은 새끼를 낳는다. 소는 재산목록 1위였다. 소는 오랫동안 한국의 농민들에게 각별한 가축이었다. 집 뒷마당에 소 한 마리가 매어져 있으면, 든든한 살림 밑천이 있는 셈이었다. 농사에 없어서는 안 될 동력이자, 재산의 일부이기도 했다. 오죽했으면 소를 '생구(生口)'라 불렀을까. '생구'는 예전에 한집에 사는 하인이나 종을 부르는 말이었는데, 소를 사람에 빗댄 것이니 그만큼 소를 소중히 여겼다는 의미다.

나중에 알고 보니 1984~1986년에 '솟값 파동'이 일어났던 것이었다. 당시 전국의 농민들을 울린 것은 물론 일부는 세상을 등지게 만들었다. 농가 경제를 골병들게 한 것은 말할 나위도 없었다. 이 솟값 파동의 배경엔 전두환의 친동생 전경환이 똬리를 틀고 있었다.

평화의 댐

1986년 "북한이 서울을 삽시간에 쓸어 버릴 수 있는 엄청난 규모의 금강산 댐(임남댐)을 건설하고 있다."라는 것이었다. 발표 후 TV에서는 북한강에서 밀려온 물에 63빌딩이 반쯤 잠기는 그래픽이 연일 방영됐다.

강원도 화천 평화의 댐은 5공 말기 전두환 정권이 위기 돌파용으로 치밀하게 준비한 '조작 사건'이었다.

평화의 댐을 만들기 위하여 세금을 내라는 것이다. 내지 못하면 재산압류까지 한다는 것이다. 그 무렵 시골에서는 소를 팔아 평화의 댐에 기부한 것이다. 지금은 2차, 3차 증축하여 화천군의 관광지로 알려졌으나 그 당시에는 작은 콘크리트 댐에 불과했다. 부정부패에 얼룩진 대한민국은 국제연합 부패 방지 협약이 체결하여 국가 간 사법 공조가 이뤄져 특히 몰수에 관한 협력에 협조를 하여야 마땅할 것이다.

이러한 일을 언급하는 것은 지난 대순진리회 총책임자 박한경 도전 화천(별세) 후 여주 도장에서 상제님의 신위 문제로 3천 명이 대립하고 있다는 보고가 전직 대통령 전두환에게 들어가고, 그때 밤중에 출동했던 정부 청사(경기도 과천)에서 전두환, 장세동이 이끄는 식인 살인마 조직폭력배는 대형 버스로 출동하여 대순진리회 수도인 200명을 사상사로 만들고 모두 집회를 파산시켜 200명 죽은 수도인을 항공 마대에 담아 여주 도장 부근에 땅을 파고 시체를 묻고 그 위에 나무를 심어 은폐한 사건이 있었다.

그러한 사건을 대순진리회 상급 임원은 타방면 소행이라 하여 수도인끼리 적대심을 일으키고 방면마다 철문을 만들어 오늘날까지 이른 것이다.

사실 대순진리회는 대한민국 민족 종단 문화 재단에 등록되었으나 종통을 받겠다고 법적 재판 소송으로 지금은 대순진리회 대표가 없고 사업자 등록 말소가 되어 참 진리를 모르는 단체이다.

해마다 오월이 오면 5·18
해마다 유월이 오면 6·25

앞에서 구원의 천사는 구원의 민족이 나오는 지역에서 함께 구원의 작업을 주재하여 도와주는 민병규의 대순진경 도통 군자 들이다.

옥황상제께서 말씀하시기를,
대두목은 하나이니 어찌 둘일 수 있으랴 하셨다.

서양에서 건너온 예수교는 부모가 사망하면 사탄, 마귀라 하여 우리나라 민족의 얼을 말살시키고 정신세계를 혼란을 주므로 하는 수 없어 하등에 잡신과 짝이 되는 이치이다.

앞으로 오는 세상은 평민도 3일 앞은 볼 수 있다고 전해진다.

10, 도(道)를 찾는 길!

속담에 "맥 떨어지면 죽는다" 하나니 연원(淵源)을 바르게 잘하라.

대순전경 [교법 2장 43절]

해설

연원(淵源)이란 연못의 근원을 뜻함이니 상제께서 말씀하시기를 "물에서 도통이 나온다. 물을 지켜야 한다." 하셨다. 그리고 "용추 못에 그분들의 진리가 있다."라는 말씀에는 그동안은 금산사의 사물의 형태 이치에서 찾은 것이고 민병규에 진리는 연못이 근원이며 시작의 뿌리가 되는 것이다. 동쪽 동방(東方)은 목(木)에 기운이 있어 무명으로 된 나무는 물(水) 없이는 말라 죽는다는 진리이다. 삼라만상이 물에서 시작되는 것이다. 민병규에 진리는 연못이 근원이며 시작이 되고 뿌리가 되는 것이다. 삼위 삼제님도 민병규의 진리에서 완성되는 것이다. 삼위 상제님은 보이지 않으니 보이는 민병규의 진리를 알아야 성공을 하고 도통을 하고 천세 만세 오는 세상 조상과 함께 성공하는 시대가 온 것이다. 금산사 용추 못에는 원래 아홉 마리 용이 살았다 하여 용추 못이라 하는 것이다. 그러므로 민병규는 아홉 명의 수교자만 찾으면 민병규에 임무는 마치고 도통의 길로 들어서는 것이다.

그 삼계 공사는 곧 천·지·인의 삼계를 개벽함이요, 이 개벽은 남이 만들어 놓은 것을 따라 하는 일이 아니고 새로 만들어지는 것이니 예전에도 없었고 이제도 없으며 남에게서 이어받은 것도 아니요 운수에 있는 일도 아니요 다만 상제에 의해 지어져야 되는 일이로다.

대순전경 [예시 5절]

해설

천지개벽은 상제가 아니면 할 수 없고 상제에 의하여 개벽이 있고 개벽이 지나야 듣도 보도 못한 5만 년 지상 선경, 지상 극락, 지상천국이라는 세상이 시작되는 것이다. 지금도 선천 세상 암흑세계에서 헤매는 기독교인들이 지하철역 앞에서 쓸모없는 종이쪽을 보여 주며 준비가 되었다는 것이다. 내용을 읽어 보니 '신천지'가 나오고 성경 계시록의 내용이 실현된다는 것이다. 그들이 추구하는 것은 죽어서 천국 가자는 것이다. 한때 이만희 교주가 영생한다고 우두머리 생활하다 코로나 사태에 방송에 나오고 지금은 영생을 포기한 것인가? 천국에 가야 한다고 아우성이다.

기독교인들이 가끔 문자로 오는 내용은 모두 성경 구절이다. 신명계 법을 보면 민병규는 칠성계에 머물다 상제에 의하여 오게 되고 예수는 이스라엘에서 태어나 서른 살 때 인도로 건너가 불도를 닦고 감란산에 들어가 계시를 받아 모두 형제요, 자매라 감란산 12봉의 기를 받아 12사도를 내고 12사도는 천주 교리를 만든 공덕으로 3대 성현으로 칠성계 아래 단계 6천계에 머물다 본인이 약속한 지상천국을 건설하려 동방 우리나라에 마테오 리치(이 마두) 신부로 왔으나 뿌리 깊은 유교 사상에 실패하고 혼령은 무등산에 묻혀있는 것이다.

예수 진리 찾는 기독교 교주들이 허령이 들어 교인을 모집하여 성폭행으로 일삼아도 예수 믿으면 천국 간다는 정신에 병이 들어 세례받으면 모두 이스라엘 혼령이고 예수 조상 믿으라는 진리로 예수 성경 찾다가는 모두 몰살 떼죽음당하고 모두 지옥에 떨어진다는 것을 민병규가 가르치는 것이다.

민병규는 신계의 주벽이라, 노예로 끌려간 조선 혼령들이 들어오면 이스라엘 혼령과 싸움이 일어나 세례받은 기독교 종자들은 몰살당하는 것이다.

어느 날 상제께서 종도들에게 "너희들은 손에 살릴 생자를 쥐고 다니니 득의지추(得意之秋)가 아니냐 마음을 게을리 말지어다. 삼천(三遷)이라야 일이 이루어지느니라"라고 이르셨도다.

대순전경 [예시 87절]

해설

상제님의 말씀에 삼천(三遷)이란 세 번 이사 옮겨야 하는 진리이다. 증산 성사께서 건네준 봉서와 둔괘로 부산(釜山)에다 강증산을 "구천응원뇌성보화천존강성상제" 신위를 봉안한 것이다. 비결서에 6·25 전쟁 시기 피난처는 팔금산(八金山)이다.

金(쇠 금) + 八(여덟 팔) 쇠 금 자 위에 여덟 팔을 얹어 놓으면 가마 부가(釜) 된다. 6·25 전쟁 때 부산에다 상제님을 모셨기 때문이다.

1. 첫 번째로 상제님 신위를 모신 곳이기에 남침 전쟁에 침범을 하지 못한 것이다.

2. 두 번째는 박한경 도전께서 도전과 우당의 직책과 도호를 받고 태극도를 나와 1971년 서울 중곡동 도장에다 두 분(구천 상제, 옥황상제) 양위 상제 신위를 정한 곳이다. 무학대사가 조선 이성계 궁을 짖기 위해 용마산에 이르렀을 때 여신이 나타나 "미련한 무학아. 흙 한 줌도 건드리지 마라. 이곳은 천자가 나올 자리다." 하는 기록이 있다. 또한 박한경 도전께서 화천 하시기 전에 납향 치성은 천자께 올리는 치성이다. 동지(冬至) 지나 세 번째 미(未) 일은 천자(天子) 생일이다, 하신 것이다. 2020 경자(庚子)년은 동지(冬至) 지나 세 번째 미(未) 일은 민병규의 생일과 꼭 맞는 해이다.

3. 세 번째 민병규는 2010 경인(庚寅)년 신위를 정하였지만 도인의 도움으로 2020 경자(庚子)년 다락방에 신위를 처음으로 모신 해이다. 상제께서 한강 이남은 범치 못하리라 하신 말씀이 민병규가 삼천(三遷)의 도수로 상제님에 신위를 세 번 옮기어 완성하는 공사이시다. 1950년 경인(庚寅) 6·25 전쟁 지나 60회 2010 경인(庚寅)에 삼위 상제님의 신위를 정하여 모신 것이다.

도(道)란!
우주 만물의 근원으로 영원한 영생(永生)의 생명(生命)이 흐르는 진리(眞理)의 길(道) 도(道)라 하는 것이다.

『도란! 재천(在天), 재지(在地), 재인(在人) 하여 삼재(三才)에 미치지 않은 곳이 없으니 너희들 도인은 이미 천지인 삼계의 역군이 되어 있느니라. 그러나 그로써 족하지 않으니 후천 삼계 개벽의 역군이 되어야 하지 않으리오.』 하시니라.

이 세상의 모든 것은 상제(上帝)께서 쓰시고자 내신 것이므로, 하물며 만물(萬物)의 영장인 인간으로 태어나서 하늘이 쓰시고자 하는데 응하지 않으면 어찌 인간이라 할 수 있겠는가?

석가모니의 영산회는 500나한을 내는 공부였고, 공자의 행단회는 72현인을 내는 공부였다. 그리고 서도의 야소회, 산상회는 12사도를 내는 공부였다.

민병규는 1만 2천 도통 군자를 창성케 하는 진리이다. 그러므로 태극도, 증산도, 대순진리회에서 상제님의 신위는 정하지 못하는 것이다. 상제님의 공사로 천지신명에 의하여 상제님의 신위를 모시므로 선포하는 바이다.

하늘도 땅도 사람도 뜯어고치는 공사는 삼위 상제님, 증산, 정산, 우당의 법을 완성한 민병규 법방에서 완공되는 것이다. 그렇게 되면 이 도를 닦기 위해 수도인들이 들어오게 되고, 여기서 1만 2천 도통 군자가 창성하게 되는 것이다.

1만 2천 도통 군자가 창성(昌盛)하면 전 세계가 구제되고, 지상신선(地上神仙)이 실현되며 지상천국(地上天國)이 건설된다. 이것이 바로 옛 성인이 말한 극락(極樂)이며, 도화낙원(桃花樂園)이며, 불로불사(不老不死) 하는 지상 선경세상(仙境世上)이다.

박우당 도전께서는 도운(道運)이 한창 피어오르던 1980년도에 이런 말씀을 하신 적이 있다.

이후 우리 도인들이 '속았다', '헛도 닦았다' 하는 말들이 나올 때가 있을 것이다. 공자의 72현인과 불(佛)의 500나한의 고충을 생각해 봐라. 운수는 좋으나 목 넘기기가 어려우니, 참다운 성심(誠心)의 일심(一心)이 있을 때, 비로소 삶이 있을 것이다.

이번 상제님의 대순 하신 진리에서 72현인과 500나한의 목 넘기는 과정과 같은 어려운 과정이, 아니, 더욱 극심한 고충이 있을 것임을 예시(豫示) 하신 것이며 그것은 삼계를 대순 하신 진리는 민병규가 나와야 완성된다는 상제님의 예시인 것이다.

그리고 다시 말씀하시니라. "나의 얼굴을 똑바로 보아두라. 후일 내가 출세할 때에 눈이 부셔 바라보기 어려우리라. 예로부터 신선을 말로만 전하고 본 사람이 없느니라. 오직 너희들은 신선을 보리라. 내가 장차 열석 자의 몸으로 오리라" 하셨도다.

대순전경 [행록 5장 25절]

해석

상제님은 오시지 않는다. 민병규가 도통을 하면 쳐다보지 못하고 열 석 자로 보인다는 상제님의 말씀이시다.

> 상제께서 하루는 공우에게 말씀하시길,
> "동학 신자는 최 수운의 갱생을 기다리고, 불교 신자는 미륵의 출세를 기다리고, 예수 신자는 예수의 재림을 기다리나, 누구 한 사람만 오면 다 저의 스승이라 따르리라"라고 하셨도다.
>
> 대순전경 [예시 79절]

해석

대순진리회는 박한경 도전님이 도통을 줄 것이고 박한경 도전님이 오실 거라는 환상에 빠져 있다. 예수 기독교서 예수 재림과 똑같은 현상이다. 그러다 도통이 없으면 죽어서 천국 가겠다 남을 꼬드기는 것이다.

원시의 모든 신·성·불·보살들을 회집하여 구천 상제께 이 겁액을 호소하므로 구천 상제께서 인세에 대강(大降) 하시어 그 병세를 진단하시고, 도의 근원(根源)이 끊어진 인류의 대병(大病)을 고치기 위해 대공사(大公事)를 행하시니, 즉 내가 천지 도수를 정리하고 신명을 조화하여 만고에 쌓인 원한을 풀고, 상생(相生)의 도(道)를 세워 하늘도 뜯어고치고 땅도 뜯어고쳐 새 하늘, 새 땅을 개벽하고, 신명으로 하여금 사람의 마음속에 드나들게 하여 그 체질과 성격을 고쳐 인간을 새롭게 개조하여 후천 5만 년의 무궁한 선경(仙境)을 세워서 세계 민생을 건지려 하노라 하고 선포하셨으니, 이것이 곧 도(道)이다.

그리고 옥황상제께서는 구천 상제께서 선포하신 유지(遺志)를 받들어 구천 상제께서 짜 놓으신 각종 도수를 행하시고 오도자 금불문 고불문지도야(吾道者今不問古不問之道也)라, 상제께서 짜놓으신 도수를 내가 풀어 가노라. 하시며 후천 5만 년의 새로운 도(道)를 창도(創道) 하셨다. 옥황상제께서 창도(創道) 하신 것을 시공자(施工者) 이해하면 되는 것이다.

박우당 도전께서는 구천 상제님의 유지(遺志)와 옥황상제님의 유법(遺法)을 유명(遺命)으로 받아 천하창생에게 새 세상의 도(道)를 열어 주셨으니 대순 진경(민병규)이 탄생하며 곧 진리이고 생명(生命) 법(法)이다.

이 세 분(증산, 정산, 우당)이 바로 옛 성현들과 전 인류가 그렇게 염원하였던 세 분 하느님(미륵삼존불)의 강림(降臨)이시니 곧,

구천상제,
옥황상제,
세존상제이시다.

이 세 분 하느님의 정체가 밝혀져 도(道)의 근원이 확립되어 내려오는 맥을 연원(淵源)이라 한다. 즉 연원(淵源)이란 도(道)가 밝혀져 나온 근원을 말함이다.

이 연원(淵源)은 바꿀 수도 없고, 고칠 수도 없는 천부적(天賦的)인 신성성(神聖性)이며 연속성(連續性)인 것이다. 그러므로 우리는 연원 도통(淵源道通)이다. 연원을 알아야 도통할 수 있는 것이다. 속담에 "맥 떨어지면 죽는다." 하나니 "연원을 바르게 잘하라."라고 전경 교법 2장 43절에 가르쳐 놓으셨다.

11, 주역(周易)

서울대보다 높다 하는 하버드 대학 나와도 종교에 혼이 빠져 주역의 뜻을 모르고 명문대를 나온들 사주 점괘나 보고 배웠다는 이들로부터 꼬임에 넘어가 국가가 없어지기 직전에 놓인 것이다. 선천 주역 팔괘는 상극(相剋)의 괘로 상생이 이루어지지 않는다.

선천 주역 팔괘는 가을 개벽기에 도움이 되지 않고 악령의 기운이 있는 것이다. 3,000년 전 문왕팔괘는 주나라를 세웠다는 뜻으로 주역이라 하는 것이다. 하늘에 있던 천지신명을 강태공이 땅에 봉하므로 나라를 세우고 백성을 다스린 것이다. 신명을 땅에 봉하므로 지존(地尊) 시대라 하며 땅에 명당이 있는 시대가 3,000년 된 것이다.

현재 선천 주역 팔괘로 천화동인, 화천대유에 기운을 써 국가를 다스리겠다는 것은 재앙만 따를 뿐이다. 문왕은 사방(四方)을 바라볼 수 있는 영대(靈臺) 세워 주나라를 건설하고 왕이 되고 천자를 꿈꾸며 백성을 살핀 인물이다. 영대(靈臺)를 모르는 유치원생 정치인이 주역 팔괘 기운을 쓰려 하니 개입은 하였으나 힘이 없는 이유로 사람만 죽어 나가는 것은 당연한 일이다.

현재 상제께서 강림한 국가는 천자(天子)가 나오는 도수이다.

동청(東靑) 서백(西白)이라. 동쪽에는 청(靑)의 기운이 있어 청와대라 이름을 쓰고, 서쪽은 백(白)이라 백의 기운이 있어 백악관이라 하는 것이다. 동방에 푸른 기와로 만든 높은 집이 있으니, 사방(四方)을 바라보며 백성을 살피는 것을 청와대(靑瓦臺)라 하는 것이다.

서방에 하얀 흙으로 집을 지으니, 길 가던 나그네가 거처하고 임시 묵게 하는 집을 백악관(白堊館)이라 말하는 것이다.

주역 팔괘의 기운은 동방의 푸른 기와집에 기운이 높은 것이다. 사이비 교주들에 허수아비 놀음이 동서양이 조화를 이루지 못하는 것이다. 용머리가 용산 국방부 영내에 있다는 유언비어로 무당(巫女)이 국방부 부지에 오방신(五方神)을 봉하여 대통령이 청와대에 들어가지 못하는 현실은 전쟁이 나지 않는 것이 이상할 정도로, 그나마 서양의 백악관 나그네의 기운으로 미군이 있어 나라를 지탱하는 것이다.

선천 주역 팔괘 역은 바뀔 역이 아니고, 신명을 땅에 봉하는 역이며, 현재 박우당 도전께서 영대(靈臺)를 세워 강태공이 땅에 봉한 천지신명을 영대(靈臺)에 모시는 공사로 영대(靈臺)에 들어가지 못한 악령들이 난(亂)을 일으키는 것이다.

박우당 도전께서 3000년 전, 땅에 봉한 천지신명을 뽑아 영대(靈臺)에 모신 것이다. 천존(天尊)보다 지존(地尊)보다 인존(人尊)이 크나니 연원을 바르게 하라. 즉 하늘에 신명을 봉한 시대보다, 땅에 신명을 봉한 시대보다, 사람에게 민병규가 도통 군자를 봉하니 인존이 큰 것이다.

※ 선천 세상은 천지신명이 땅에 있으니 사람이 신에게 빌고 비는 세상으로 삼신할미, 조왕신, 칠성신, 등등에 정성을 들여 빌었고, 우리네 어머니들은 집안에 어려운 일이 있거나 가족 중에 누군가 먼 길을 떠날 때, 이른 새벽에 부정 타지 않은 정안수, 정화수(井華水), 물(水)을 길어 부뚜막이나 장독 위에 올려놓고 빌었다. 현대종교에서도 신에게 비는 세상인 것이다. 대순진리회에서도 1시 기도할 때 법수라 하여 물을 떠 놓고 주문을 외우는 것은 물(水)의 이치로 누군가는 사람으로 온다는 조상들이 알려 준 믿음으로 물(水)을 소중히 모시고 법수 떠 놓고 기도하는 것이다.

※ 후천 세상은 선천과 반대되는 세상으로 신이 사람을 받드는 세상이라 하는 것이다. 도통 군자는 신명이 받들어 주니 마음대로 둔갑술이 나오고 과거, 현재, 미래를 훤히 내다보고 각국의 언어를 모두 말하고 동, 식물과 대화하며 72가지 도술로 풍운조화를 마음대로 부리는 것이다.

원형이정 천도지상(元亨利貞 天道之常) 원형이정은 천도지상이라.

원형이정 도 일월(元亨利貞道日月) 도의 일월이니, 조인장부통명명(照人臟腑通明明)이라. 원형이정은 일월의 운행으로 이루어지니 일월이 사람의 장부까지 비추어 밝은 덕을 밝게 통하게 하는구나.

천도(天道) 하늘의 네 가지 덕(德)

한 해의 일 년은 365일,
1. 원(元)은 봄에 속하여 만물의 시초로 인(仁)이 되고,

2. 형(亨)은 여름에 속하여, 만물이 자라나 예(禮)가 되고,
3. 이(利)는 가을에 속하여, 만물이 이루어져 의(義)가 되고,

4. 정(貞)은 겨울에 속하여, 만물이 거두어져 지(智)가 되는 것이다. 자연은 원형이정의 원리를 되풀이하여 끝없이 순환한다.

윤회(輪回)란, 시간도 윤회, 하루도 윤회, 일 년도 윤회, 사람도 윤회, 우주도 윤회하는 것이다.

하늘의 네 가지 덕(德)을 통한 인물이 천지가 개벽할 때마다 '특정인(人)'으로 인세(人世)에 내려와 팔괘를 만들어 사람을 살리고자 봄 역, 여름 역, 가을 역이 있는 것이다.

우주의 하루는 129,600년
1. 원(元)은 천지가 바람(風)으로 개벽할 때 봄 역으로 씨를 심고,

2. 형(亨)은 천지가 비(雨)로 개벽할 때 여름 역으로 백성을 구하고,

3. 이(利)는 천지가 서리(霜)로 개벽할 때 상제께서 강림하신 것이다.

4. 정(貞)은 전에도 없고 후에도 없는 이번에 딱 한 번 후천 오만 년 역이 열리는 것이다.

1. 6000년 전 바람(風)으로 개벽할 때 태호복희 역으로 사람 혼을 심고,

2. 4500년 전 비(雨)로 개벽할 때 우임금이 역 만들어 백성을 구하고,

3. 현시대 가을 서리(霜)로 개벽할 때 상제께서 강림하신 것이다.

이번 가을 개벽은 지난 개벽과 전혀 다른 서리(霜)로 개벽할 때 생명체는 모두 전멸이며 천지가 진동하고 지진과 해일이 일어나고 땅이 바닷속으로 가라앉고 땅이 갈라지며 바다에서 새 땅이 솟아오르고 계곡이 새로 만들어지고 땅덩어리가 둥둥 떠밀려 와 합쳐져 없던 산이 만들어진다. 이렇게 급할 때 능력이 나오지 않으면 모두 죽는 것이다. 상제님의 진리는 종통종맥, 연원 도통으로 운수를 받아야 살아서 새 하늘 새 땅에서 도술 문명 세상에서 살아가는 것이다.

4. 개벽이 지나야 봄과 같은 대동 세상을 맞이하는 것이다.

민병규는 삼신상제님의 신위를 모시고 후천 오만 년 봄 역을 완성하여 운수 받을 수 있는 진리를 완성하는 것이다.

가을 역은 일제강점기에 김일부가 만들다가 증산 성사께서 요운전에 계시는 꿈을 꾸고 정역, 가을 역이 중단된 것이고, 현재는 가을 역이 없는 것이다. 그러한 연유로 각이 열리지 않는 것이고 가을은 서리(霜)로 개벽할 때 인류 전멸인 것이다. 현재는 가을 역이 없는 자리에 개벽을 코앞에 두고 주역팔괘 악령의 상극(相剋) 기운으로 마음이 서로 맞지 아니하여 항상 충돌하고 파괴 전쟁에까지 가는 것이다.

'민병규의 용담(龍潭) 역(易)은 바꿀 역'으로 도통 군자를 배출하여 오는 세상 후천 오만 년 봄과 같은 대동 세상을 맞이하게 된다. 중요한 것은 준비는 되어 있으나 상제께서 도수가 차는 대로 운수가 내려오는 것이다.

선천 세상이 끝나 가는 판국에 선천 주역의 기운을 쓰겠다는 자체가 죽음의 길로 들어서는 것이다. 그러므로 선천 역의 뜻을 모르고 나라를 다스리려는 정치인의 생각은 재물에 환장을 하여 백성을 지배하겠다는 것이다. 일제강점기에 강림하신 증산 어르신을 성사, 또는 대선생으로 모셨고 화천 하신 후에는 상제님으로 모신다. 상제님께서는 후천 역을 완성할 인물이 올 것을 말씀하셨다. 상제님께서 용담에 대한 말씀이 있고, '운합주'에 역의 방향만 알려 주시고, 역은 신명의 가르침으로 민병규가 직접 후천 역을 완성하여 도통 군자를 배출하라는 천지 대공사이다.

선천 세상이 끝나가는 판국에, 정치인이 천화동인, 화천대유 괘의 기운으로 국가를 송두리째 바꾸겠다고 하는 것은 모두 죽음에 길로 들어선다는 신호이다.

『주역』은 지금으로부터 3천여 년 전, 문왕은 사방(四方)을 바라볼 수 있는 영대(靈臺)를 세워 주나라를 만들고 백성을 두루 살피고 왕(王)이 되고 천자(天子)에 꿈을 꾸었다.

강태공은,
6,000년 전 태호복희가 팔괘를 만들어 천지신명을 하늘에 봉한 것을 땅에 봉한 인물이다. 3,000년 전 강태공은 10년 동안 비닐 없는 낚시로 하늘에 있던 천지신명을 땅에 봉하여 땅이 명당이 된 것이다. 강태공은 4,500년 전 여름 개벽(雨)기에 우임금이 여름 팔괘를 만들어 치수사업에 성공하여 백성을 구한다. 강태공은 4,500년 전 우임금의 여름 팔괘를 응용하여 여름 역을 고치고 하늘의 신명을 땅에 봉한 인물이다.

강태공의 첫째 부인, 서 씨는 신랑이 낚시만 들고 다니고 살림을 하지 않으니 이혼하게 된다. 두 번째는, 고 씨 부인이다. 강태공은 부인 두 명을, 죽어서 혼령이 되어 3,000년 동안 배불리 먹게 하는 공사도 보게 된다. 제주도 고씨, 부 씨, 양 씨 가 땅에서 솟아 나왔다 하여 삼성혈이란 이름이 있다. 강증산 어르신도 수부 공사에 고판례 수부님이라 부르는 것도 우연이 아닌 것이다.

강태공이 10년 동안 땅에 신명을 봉할 때 부인 두 명이 있었다. 서 씨 부인을 위해 서낭당 공사를 하고, 고 씨 부인을 위해 고씨네(고시네) 공사도 잊지 않고 한 것이다.

강태공은 160살을 살다가 죽었다. 80년은 초야에 묻혀서 가난하게 살

앉고 80년은 세상에 뜻을 펼치며 영광스럽게 살았다. 그래서 강태공의 삶을 두고 '궁팔십(窮八十) 달팔십(達八十)'이라고 한다.

1970년대까지 있던 풍속
현대인은 모르지만 민병규가 어릴 적에 보던 풍경이다.

1. 강태공의 첫째 서 씨 부인을 위해
장날 시장에서 과일, 떡 등을 사 가지고 서낭당은 무시하고 집에 가서 먹으면 체하거나 목에 걸려 넘어가지 않는다. 서낭당에 과일이나 떡을 조금 놓고 집에 가서 먹으면 탈이 나지 않는다.

2. 강태공의 두 번째 고 씨 부인을 위해
소풍을 가거나 집을 나설 때 도시락을 먼저 먹으면 탈이 나고 고시네(고 씨네) 하고 먹으면 마음이 시원하다. 고 씨 부인을 위한 마음은 마음대로 다니면서 배불리 먹으라는 것이다.

조선시대에는 부모 묏자리 잘 쓰면 부자가 되고, 정승도 되고, 과거 급제하여, 벼슬길에 오른 전설도 있다. 또 손 있는 날 대장군 방향에 집안에 못을 박으면 눈 다래끼가 나는 것이다. 이때는 눈썹 한 개를 뽑아 길가에 날아가지 않게 작은 돌멩이를 눌러놓고 다른 사람이 발로 차고 가면 눈 다래끼가 그 사람으로 옮겨 신기하게 나았던 시절도 있었다.

이러한 일은 풍속이라기보다 땅에 좋은 기와 나쁜 기가 동하여 보이는 현실로 바뀌는 것이다. 외국에는 이러한 일들이 없고 특히 우리나라에만 있었던 일이다. 현재는 이러한 현상이 없어진 지 오래되었다.

상제께서 이 음양 도수를 끝내시고 공신에게 "너는 정음 정양의 도수니 그 기운을 잘 견디어 받고 정심으로 수련하라"라고 분부하시고 "문왕(文王)의 도수와 이윤(伊尹)의 도수가 있으니 그 도수를 맡으려면 극히 어려우니라"라고 일러 주셨도다.

대순전경 [공사 2장 16절]

문왕(文王) 도수

문왕(文王) 도수가 있으니 문왕의 도수는 어려우리다, 하신 말씀은 아무나 해서 될 일이 아니고 우당 도전님께서 '문왕'의 영대(靈臺) 도수를 완성하신 것이다. 대순진리회는 지금도 도전님, 도전님, 찾는다. 도전이란 뜻은 살아생전의 직책이다. 직책에서 운수가 내려오지 않는다. 어린아이가 배가 고파 엄마 찾는 격이다.

그리고 이어 말씀하시기를 "문왕은 유리(羑里)에서 三百八十四효를 지었고 태공(太公)은 위수(渭水)에서 三千六百개의 낚시를 버렸는데 문왕의 도술은 먼저 나타나고 태공의 도술은 이때에 나오나니라" 하시고 "천지 무일월 공각(天地無日月空殼) 일월 무지인 허영(日月無知人虛影)"이라 하셨도다.

대순전경[예시 21절]

11. 주역(周易)

문왕의 도술 영대(靈臺),
문왕의 도술은 먼저 나타나서,

도전님의 영대(靈臺),
박우당 도전께서 영대(靈臺)를 세워 포천 특수 수련 때, 권능은 민병규가 편집한 『천기누설』에 수록되었다.

강태공의 도술
강태공의 주역 팔괘 도술은 "이때에 나오나니라" 하시고 "천지 무일월 공각(天地無日月空殼) 일월 무지인 허영(日月無知人虛影)"이라 하셨도다.

> 상제께서 을사(乙巳)년 봄 어느 날 문 공신에게 "강 태공(姜太公)은 七十二둔을 하고 음양둔을 못하였으나 나는 음양둔까지 하였노라"라고 말씀하셨도다.
>
> 대순전경[행록 3장 28절]

이윤(伊尹)의 도수
"이윤(伊尹)의 도수가 있으니 그 도수를 맡으려면 극히 어려우니라"라고 일러 주셨도다.

민병규의 영대(靈大),
민병규의 후천 오만 년 팔괘,

※ 박우당 도전께서는, 3,000년 전 강태공이 10년 낚시 공사로 천지신명을 땅에 봉한 것을, 대순진리회 회원을 모아 영대(靈臺)를 지어 27년 동안 천지신명을 뽑아 올리는 공사를 하신 것이다.

※ 3000년 전 발해(渤海)의 셋째 임금, 문왕(文王)이 문왕 팔괘 이름을 지어 영대(靈臺)를 세워 주나라의 왕이 되고 천자(天子) 되길 꿈꾸었다.

※ 민병규는, 민병규 팔괘 이름을 지어 문왕의 영대(靈臺)를, 영대(靈大)로 바꾸어 삼신상제의 신위를 모시면 상제님의 아들 천자(天子)가 되는 것이다. 세 분, 증산, 정산, 우당 상제님의 공사는 천자(天子)를 만들기 위하여 일제강점기 시대부터 갑진년 2024년은 120년 되는 해이다.

상제님께서 말씀하시기를,
"영대(靈臺)는 천지신명 모신 곳이다. 상제님은 작은방에 모셔져 있다."
라고 하셨다. 현재 대순진리회는 상제님 사진을 모신 영대는 어마어마하게 규모가 크다. 결국에는 민병규가 모신 상제님은 사진이 아니라 글자로 신위를 모신 것이 맞고 도통은 한 사람이 먼저 받는다는 공사가 딱 맞는 것이다.

민병규는 선천 상극 주역 팔괘는 쓸모없고 민병규의 용담 역을 완성하고 도술이 나오고 일만 이천 명에게 도통 신명을 봉하는 것이 임무인 것이다. 도통 신명에 기운이 응하면 손오공처럼 72가지 도술을 부리는 것이다.

과거 도술과는 천지 차이로 다르다.

앞으로 과학 문명이 막을 내리고 도술 문명이 열리는데 과거 도술과는 천지 차이로 다르다. 증산 상제님께서 호랑이로 둔갑하시고 호연이를 매미로 둔갑시켜 어깨 위에 올려놓고 대화하는 장면이 나온다. 떠오르는 태양을 멈추기도 하시고 바다 위를 걸어도 물 한 방울 묻지 않았다.

삼천 년 전 주역을 만들어 주나라를 세우고 '천자(天子)'란 말은 본래 주나라(西周) 때 만들어진 말로 주(周)가 상(商)을 이기고 자신들의 정통성을 위해 만든 말이다.

상제께서 말씀하시기를,
선천의 도덕 정치가 문왕과 무왕에 이르러 끝났느니라.

선천의 도덕 정치가 삼천 년 전 끝난 것이다. 민병규는 후천 역을 완성하고 오는 오만 년의 도덕 정치를 만드는 것이다.

주역(周易)에서 인간과 자연의 존재 양상과
변화 체계를 상징하는 64개의 유교 기호.

선천 팔괘 괘명

괘에는 3효로서 구성된 8개의 단괘(單卦)와 두 개의 단괘가 겹친 6효 중괘(重卦)가 있는데, 8괘를 두 개씩 중첩시켰을 때 나타날 수 있는 괘의 수는 64개이기 때문에 『주역』 64괘로 구성된 것이다.

64괘

1. 건위천(乾爲天): 2개의 소성괘들이 모두 하늘을 상징하는 건괘이다. 따라서 여섯 개의 효(爻)가 모두 양(陽)으로, 64괘 중 가장 강하고 튼튼한 괘다. 만물의 근본인 하늘과 아버지를 상징한다. 속성은 '위대하다', '크게 통한다', '곧고 바르면 이롭다'라는 뜻이다.

2. 곤위지(坤爲地): 모두 땅을 상징하는 곤괘로 구성되어 있다. 여섯 개의 효(爻)가 모두 음(陰)으로 만물을 포용하고 양육하는 땅과 어머니를 상징한다. 속성은 '순응하다', '지극하다'라는 뜻이다.

3. 수뢰준(水雷屯): 위는 물[水]이고, 아래는 우레[雷]다. 준(屯)은 '진치다', '막히다', '고민하다'라는 뜻이다. 비가 내리고 천둥이 진동하는 상이니, 새싹이 눈 속에서 봄을 기다리는 것과 같다.

4. 산수몽(山水蒙): 위의 괘는 산[山]이고, 아래 괘는 물[水]이다. 몽(蒙)은 '어리다', '어리석다'라는 뜻이다. 시작의 상(象)이며 교육과 밀접한 관계가 있다. 그래서 교육과 연관된 몽(蒙) 자를 괘의 이름으로 하였고, 계몽(啓蒙)이라는 말이 또한 여기서 나왔다.

5. 수천수(水天需): 위는 물[水]이고, 아래는 하늘[天]이다. 수(需)는 '기다리다', '기대하다'라는 뜻이다. 운무가 자욱한 상으로 물러서서 기다려야 할 때를 의미한다.

6. 천수송(天水訟): 위는 하늘[天]이고, 아래는 물[水]이다. 송(訟)은 '다툼', '소송', '재판' 등을 뜻한다. 하늘 아래에 물이 넘치는 상이니 욕심이 지나쳐 마찰과 갈등이 생기고 대립 항쟁하는 형상으로, 괘 이름을 송(訟)으로 하였다.

7. 지수사(地水師): 위는 땅[地]이고, 아래는 물[水]이다. 사(師)는 '선생', '군대', '거느리다'라는 뜻이다. 땅 밑으로 물이 모이는 상이니 여러 사람이 모인 집단을 상징하므로, 통솔한다는 의미에서 사(師)를 괘 이름으로 하였다.

8. 수지비(水地比): 위는 물[水]이고, 아래는 땅[地]이다. 비(比)는 '견주다', '비교하다', '인화(人和)'를 뜻한다. 물은 낮은 곳으로 모여 내를 이루고 힘을 합친다. 뜻을 같이하는 사람끼리 집단을 이루어 서로 돕고 협력하므로, 비(比)를 괘 이름으로 하였다.

9. 풍천소축(風天小畜): 위는 바람[風]이고, 아래는 하늘[天]이다. 축(畜)은 '기르다', '저축하다'라는 뜻이다. 하늘 위에서 바람이 부는 모습이니, 비가 내리기 전의 상황을 상징한다. 비가 오면 생명체는 그 비를 저장한다. 까닭에 저축한다는 의미로 축(畜)을 괘 이름으로 하였다.

10. 천택이(天澤履): 위는 하늘[天]이고, 아래는 못[澤]이다. 이(履)는 '밟는다', '따른다', '예절'이라는 뜻이다. 하늘 아래 저수지가 있으니, 지나침과 부족함이 없이 풍요로워 예절을 나타낸다. 의식(衣食)이 풍족해야 예절을

안다는 말에서 이(履)를 괘 이름으로 하였다.

11. 지천태(地天泰): 위는 땅[地]이고, 아래는 하늘[天]이다. 태(泰)는 '크다', '크게 통한다', '태평하다'라는 뜻이다. 땅의 기운은 하늘로 올라가고 하늘의 기운은 땅으로 내려와 서로 조화를 이룬다. 서로 크게 통한다는 의미로 태(泰)를 괘 이름으로 하였다.

12. 천지비(天地否): 위는 하늘[天]이고, 아래는 땅[地]이다. 비(否)는 '막히다', '답답하다'라는 뜻이다. 하늘은 하늘대로 위에 있고, 땅은 땅대로 아래에 있다. 천지 화합이 일어나지 않아 막혀 있는 상태다. 답답하다는 뜻으로 비(否)를 괘 이름으로 하였다.

13. 천화동인(天火同人): 위는 하늘[天]이고, 아래는 불[火]이다. 동인(同人)은 '뜻을 같이한다', '협력'이라는 뜻이다. 어두운 하늘 아래 불이 타오르며 세상을 밝히는 상이다. 즉 어두운 밤길에 등불을 얻은 상이다. 세상을 밝히는 일은 여러 사람이 힘을 합쳐야 하므로 동인(同人)을 괘 이름으로 하였다.

14. 화천대유(火天大有): 위는 불[火]이고, 아래는 하늘[天]이다. 대유(大有)는 '크게 만족하여 즐거워하는 상태'를 말한다. 하늘의 불인 태양이 온 천하를 비추는 상이다. 즉 해가 중천에 떠 빛나는 상이니, 천하를 소유한다는 의미의 대유(大有)를 괘 이름으로 하였다.

15. 지산겸(地山謙): 위는 땅[地]이고, 아래는 산[山]이다. 겸(謙)은 '겸손', '겸양'으로 자기보다 부족한 사람을 이끌어 주고 도와준다는 뜻이다. 높은 산이 땅 밑에 파묻힌 모습이다. 벼가 익어 고개를 숙이는 상이므로 겸손하다는 의미에서 겸(謙)을 괘 이름으로 하였다.

16. 뇌지예(雷地豫): 위는 우뢰 천둥[雷]이고, 아래는 땅[地]이다. 예(豫)는 '예측한다'라는 뜻이다. 땅 위에서 천둥번개가 치면 비가 내리는 것을 예측할 수 있으므로, 예(豫)를 괘 이름으로 하였다.

17. 택뇌수(澤雷隨): 위는 연못[澤]이고, 아래는 우레 천둥[雷]이다. 수(隨)는 '따르다', '순종한다'라는 뜻이다. 수동적이며 종속적인 의미다. 하늘에서 진동해야 할 우레가 연못 아래 있으니, 꼼짝 못 하고 연못의 뜻에 따를 수밖에 없어 수(隨)를 괘 이름으로 하였다.

18. 산풍고(山風蠱): 위는 산[山]이고, 아래는 바람[風]이다. 고(蠱)는 '벌레', '벌레가 나뭇잎을 갉아 먹는다'는 뜻이다. 어려운 일을 뜻한다. 산 밑에 바람이 머물고 있으니, 공기가 혼탁하여 부패하기 쉽다. 더러운 벌레가 생기므로, 고(蠱)를 괘 이름으로 하였다.

19. 지택임(地澤臨): 위는 땅[地]이고, 아래는 못[澤]이다. 임(臨)은 '순서를 밟다', '군림하다'라는 뜻이다. 땅속에 물이 가득하니 곧 새로운 시작에 임한다는 뜻에서 임(臨)을 괘 이름으로
하였다. 여러 사람 위에 있는 지도자상이다.

20. 풍지관(風地觀): 위는 바람[風]이고, 아래는 땅[地]이다. 관(觀)은 '살핀다'라는 뜻이다. 땅 위에 바람이 불어 새로운 변화가 일어난다. 이러한 변화를 잘 관찰해야 한다는 뜻에서 관(觀)을 괘 이름으로 하였다.

21. 화뢰서합(火雷): 위는 불[火]이고, 아래는 천둥 우레[雷]다. 서합에서는 '씹다'라는 뜻이고, 합은 '입을 다물다'라는 뜻이다. 그러므로 서합은 '음식을 입안에 넣고 씹는다'는 의미다. 불과 우레가 만나면 천지를 진동하니, 격렬한 언쟁과 싸움에 휘말릴 수 있다.

22. 산화비(山火賁): 위는 산[山]이고, 아래는 불[火]이다. 비(賁)는 '꾸미다'. '장식하다'라는 뜻이다. 산 아래 불이 있음은 해가 서산에 기울어 찬란한 황혼 노을을 나타낸다. 아름답게 꾸민다는 뜻의 비(賁)를 괘 이름으로 하였다. 겉치레만 하느라고 실속이 없다.

23. 산지박(山地剝): 위는 산[山]이고, 아래는 땅[地]이다. 박(剝)은 '벗기다', '빼앗다'라는 뜻이다. 산이 땅 위에 우뚝 솟아 있으니, 비바람에 깎여 벗겨지고 상처를 입는다는 뜻에서 박(剝)을 괘 이름으로 하였다. 매사에 조심해야 한다.

24. 지뢰복(地雷復): 위는 땅[地]이고, 아래는 우레 천둥[雷]이다. 복(復)은 '돌아오다', '회복하다'라는 뜻이다. 땅 밑에서 천둥 우레가 울린다는 것은 땅 위에 새로운 시작을 알리는 것과 같으므로, 복(復)을 괘 이름으로 하였다. 곧 성공할 운을 맞고 있다.

25. 천뇌무망(天雷无妄): 위는 하늘[天]이고, 아래는 천둥 우레[雷]다. 무(无)는 '없다'라는 뜻이고, 망(妄)은 '허망하다'는 뜻이다. 하늘에 천둥이 울리니 머지않아 비가 오겠지만 당장은 아니다. 초조하지 말고 침착하게 때를 기다려야 한다.

26. 산천대축(山川大畜): 위는 산[山]이고, 아래는 하늘[天]이다. 대축(大畜)은 '크게 쌓다', '많이 모이다'라는 뜻이다. 하늘 위로 산이 높이 솟아오른 모습이다. 크게 축적된 상이므로, 대축(大畜)을 괘 이름으로 하였다. 새로운 변화가 하늘을 찌르고 있다.

27. 산뇌이(山雷頤): 위는 산[山]이고, 아래는 천둥 우레[雷]다. 이는 '턱', '기르다', '봉양하다'의 뜻이다. 산 아래 천둥 우레가 진동하는 상이다. 무언가 산 위로 올라가는 모습이므로, 생명을 기른다는 의미의 이(?)를 괘 이름으로 하였다.

28. 택풍대과(澤風大過): 위는 못[澤]이고, 아래는 바람[風]이다. 대과(大過)란 정상적인 것에서 크게 벗어나 '지나치다'라는 뜻이다. 잔잔한 못에 바람이 불어 물결이 크게 일어난다. 작은 배가 큰 풍랑을 만났으니, 지나치다라는 뜻에서 대과(大過)를 괘 이름으로 하였다.

29. 감위수(坎爲水): 위도 물[水]이고, 아래도 물[水]이다. 물이 겹쳐 있으니, 수(水)를 괘 이름으로 하였다. 두 소성괘 모두 두 음효 중간에 양효가 빠져 있다. 모든 일은 지나치면 위험에 빠지게 된다. 실패, 좌절, 파산, 병

고 등의 어려운 일을 뜻한다.

30. 이위화(離爲火): 위도 불[火]이고, 아래도 불[火]이다. 불 두 개가 겹쳐 있으니 화(火)를 괘 이름으로 하였다. 불 두 개는 태양을 상징하며, 정열과 왕성한 의욕을 뜻한다.

31. 택산함(澤山咸): 위는 못[澤]이고, 아래는 산[山]이다. 함(咸)은 감(感)과 같은 뜻으로 '느낌이 좋다'는 의미다. 젊은 여자를 상징하는 태(兌) 괘 아래 젊은 남자를 상징하는 간(艮) 괘가 있다. 남녀 간의 순수한 사랑을 상징하는 감상적인 의미의 함(咸)이다.

32. 뇌풍항(雷風恒): 위는 천둥 우레[雷]고, 아래는 바람[風]이다. 항(恒)은 '변함이 없다', '한결같이 계속된다'라는 뜻이다. 장남이 장녀 위에 있다. 남편이 위에 있고 아내는 아래에 있는 상이다. 그 법도가 한결같다는 뜻에서 항(恒)을 괘 이름으로 하였다.

33. 천산둔(天山遯): 위는 하늘[天]이고, 아래는 산[山]이다. 둔(遯)은 '피하다', '물러나다', '은둔하다'라는 뜻이다. 산이 아무리 높다 하더라도 하늘 아래 있다. 이제 물러나라는 뜻에서 둔(遯)을 괘 이름으로 하였다.

34. 뇌천대장(雷天大壯): 위는 천둥 우레[雷]고, 아래는 하늘[天]이다. 대장(大壯)은 '힘차다', '성대하다', '씩씩하다'라는 뜻이다. 하늘 위에서 우레가 움직이고 있으므로 힘차고 씩씩하다는 뜻에서 대장(大壯)을 괘 이름

으로 하였다.

35. 화지진(火地晉): 위는 불[火]이고, 아래는 땅[地]이다. 진(晉)은 '나아가다', '전진하다'라는 뜻이다. 불인 태양이 지상 위로 떠오르면서 점점 밝아진다. 나아간다는 의미에서 진(晉)을 괘 이름으로 하였다.

36. 지화명이(地火明夷): 위는 땅[地]이고, 아래는 불[火]이다. 이(夷)는 '상하고 깨지는 것'이므로 명이(明夷)는 '밝은 것이 상하고 깨진다'는 뜻이다. 태양이 땅 아래 잠겨 가고 있다. 어두움이 온다는 뜻에서 명이(明夷)를 괘 이름으로 하였다. 해가 서산에 지는 상이다.

37. 풍화가인(風火家人): 위는 바람[風]이고, 아래는 불[火]이다. 가인(家人)은 '집을 지키는 사람'을 뜻한다. 위는 장녀(長女)고, 아래는 중녀(中女)다. 동생이 언니 아래 있어 그 뜻을 따르니 일가(一家)가 편안히 다스려진다는 의미에서 가인(家人)을 괘 이름으로 하였다.

38. 화택규(火澤睽): 위는 불[火]이고, 아래는 못[澤]이다. 규는 '서로 등지다', '노려보다', '사팔눈'이라는 뜻이다. 불은 타오르면서 위로 올라가고, 연못의 물은 낮은 쪽으로 흘러간다. 서로 등져 떨어지므로 규(?)를 괘 이름으로 하였다.

39. 수산건(水山蹇): 위는 물[水]이고, 아래는 산[山]이다. 건(蹇)은 '절뚝발이', '나아가기 힘들다', '멈추다'라는 뜻이다. 산 위에 물이 있으니, 산을

넘으면 다시 물이 앞길을 막고 있다. 나아가기가 불편하니, 절름발이라는 뜻을 가진 건(蹇)을 괘 이름으로 하였다.

40. 뇌수해(雷水解): 위는 천둥 우레[雷]이고, 아래는 물[水]이다. 해(解)는 '해결되다', '해소된다', '풀린다'라는 뜻이다. 천둥이 진동하여 비를 내리니 얼어붙었던 대지가 풀린다. 봄을 의미하므로, 해(解)를 괘 이름으로 하였다.

41. 산택손(山澤損): 위는 산[山]이고, 아래는 못[澤]이다. 손(損)은 '덜다', '줄이다', '손해 보다'라는 뜻이다. 산 아래에 있는 저수지의 물은 들판을 적시기 위해 흘러가야 하므로, 잃는다는 의미에서 손(損)을 괘 이름으로 하였다.

42. 풍뇌익(風雷益): 위는 바람[風]이고 아래는 천둥 우레[雷]다. 익(益)은 '더하다', '증가하다', '이익이다'라는 뜻이다. 바람이 불고 천둥이 치니 비가 온다. 비는 골고루 만물을 적셔 유익함을 주기 때문에 익(益)을 괘 이름으로 하였다.

43. 택천쾌(澤天) 위는 못[澤]이고, 아래는 하늘[天]이다. 쾌는 '물리친다', '결단한다'는 뜻이다. 아래 다섯 양효가 위에 있는 하나의 음효를 밀어내고 있는 상이니, 쾌(?)를 괘 이름으로 하였다. 결단을 내릴 때다.

44. 천풍구(天風): 위는 하늘[天]이고, 아래는 바람[風]이다. 구는 '우연히

만나다', '추하다'라는 뜻이다. 하늘 아래에서 바람이 부니 흩어졌던 구름이 모인다. 만난다는 뜻의 구를 괘 이름으로 하였다. 하나의 음이 다섯 개의 양을 떠받치고 있으니 추하다.

45. 택지췌(澤地萃): 위는 못[澤]이고, 아래는 [地]이다. 췌(萃)는 '모인다'라는 뜻이다. 땅 위에 연못이 있으면 물이 모인다. 모인다는 뜻의 췌(萃)를 괘 이름으로 하였다.

46. 지풍승(地風升): 위는 땅[地]이고, 아래는 바람[風]이다. 승(升)은 '위로 상승하다', '올라가다', '번성하다'라는 뜻이다. 땅 밑에 있는 바람이 위로 상승하고 있으니 상승한다는 뜻의 승(升)을 괘 이름으로 하였다.

47. 택수곤(澤水困): 위는 못[澤]이고, 아래는 물[水]이다. 곤(困)은 '부족하다', '곤궁하다', '괴롭다', '통하지 않는다'라는 뜻이다. 연못 아래에 있는 물이 빠지는 모습이다. 물이 부족하면 만물은 곤궁에 처하게 되므로, 곤(困)을 괘 이름으로 하였다.

48. 수풍정(水風井): 위는 물[水]이고, 아래는 바람[風]이다. 정(井)은 '우물', '두레박'을 뜻한다. 바람이 물밑에 있다. 바람이 깊은 곳까지 통하는 모습이니, 우물을 뜻하는 정(井)을 괘 이름으로 하였다. 우물물을 퍼 올리려면 두레박이 필요하고 노고가 필요하다.

49. 택화혁(澤火革): 위는 못[澤]이고, 아래는 불[火]이다. 혁(革)은 '바꾸

다', '혁신하다', '혁명'의 뜻이다. 연못 아래 불이 있다. 물이 끓어 증발하면 큰 변화를 하므로 혁(革)을 괘 이름으로 하였다. 혁은 짐승 가죽이다. 가죽의 털을 벗기면 전혀 다른 것으로 변하기 때문에 '혁명'이라는 의미가 있다.

50. 화풍정(火風鼎): 위는 불[火]이고, 아래는 바람[風]이다. 정(鼎)은 '발이 셋인 솥', '안정감'을 뜻한다. 불 밑에 바람이 불고 있는 상이니 음식을 만들기 위해 아궁이에 불을 지피는 모습이다. 음식을 만드는 솥을 뜻하는 정(鼎)을 괘 이름으로 하였다.

51. 진위뇌(震爲雷): 위도 천둥 우레[雷]고, 아래도 천둥 우레[雷]다. 뇌(雷)는 '천둥 우레', '몹시 두려워하다', '사나운 모양', '위엄을 떨치다'를 뜻한다. 우레가 크게 진동하니 많은 사람들이 놀라 두려워한다.

52. 간위산(艮爲山): 위도 산[山]이고, 아래도 산[山]이다. 산이 첩첩이 있으니 산(山)을 괘 이름으로 하였다. 간괘는 하나의 양이 두 음 위에 머무르고 있는 상이다. 산은 움직이지 않고 그곳에 있으므로 '머무르다'라는 뜻이다.

53. 풍산점(風山漸): 위는 바람[風]이고, 아래는 산[山]이다. 점(漸)은 '점점', '점차로 나아지는 것'을 뜻한다. 산 위에 따뜻한 바람이 불어오면 점차로 만물이 깨어난다. 점차로 나아간다는 뜻의 점(漸)을 괘 이름으로 하였다.

54. 뇌택귀매(雷澤歸妹): 위는 천둥 우레[雷]고, 아래는 못[澤]이다. 귀매(歸妹)는 '정상적이지 못한 결혼'이라는 뜻이다. 위는 나이 든 남자를 상징하는 진괘고, 아래는 어린 여자를 상징하는 태괘다. 젊은 여자가 음란한 소질이 있어 중년 남자와 만나니 정상적이지 못하다는 뜻에서 귀매(歸妹)를 괘 이름으로 하였다.

55. 뇌화풍(雷火豊): 위는 천둥 우레[雷]이고, 아래는 불[火]이다. 풍(豊)은 '풍성하다'라는 뜻이다. 천둥 우레가 치고 비가 내린 후 햇볕이 밝게 빛나는 모습이다. 만물이 성장하여 풍성한 결실을 맺는다는 뜻에서 풍(豊)을 괘 이름으로 하였다.

56. 화산여(火山旅): 위는 불[火]이고, 아래는 산[山]이다. 여(旅)는 '여행', '집과 고향을 떠나 낯선 곳으로 가는 것', '방황하는 나그네'를 뜻한다. 태양이 산에서 떠서 산으로 지는 것은 나그네의 여정과 같으므로 여(旅)를 괘 이름으로 하였다.

57. 손위풍(巽爲風): 위도 바람[風]이고, 아래도 바람[風]이다. 바람은 지상의 공간에 없는 곳이 없다. 그러나 실체를 눈으로 볼 수는 없다. 손괘는 하나의 음이 두 양 아래에 있어 순종하고 따르는 형상이다. 유순하고 겸양하며 부드러운 의미가 있다.

58. 태위택(兌爲澤): 위도 못[澤]이고, 아래도 못[澤]이다. 태(兌)는 '즐거움', '온화한 분위기'를 뜻한다. 연못에 있는 물은 낮은 곳으로 흐르며 대

지에 있는 모든 만물에게 골고루 물을 나누어 준다. 베푸는 곳에서 기쁨을 느낄 수 있다.

59. 풍수환(風水渙): 위는 바람[風]이고, 아래는 물[水]이다. 환(渙)은 '흩어지다', '풀어지다'라는 뜻이다. 물 위에서 바람이 분다. 물이 바람에 날려 사방으로 흩어지므로, 환(渙)을 괘 이름으로 하였다. 겨우내 얼었던 물이 봄바람에 녹아 풀어진다.

60. 수택절(水澤節): 위는 물[水]이고, 아래는 못[澤]이다. 절(節)은 '절도', '규칙이나 제한', '절약'을 뜻한다. 연못 위에 물이 가득하니 물이 많으면 넘치게 하고 모자라면 흐르지 못하게 한다. 절도를 뜻하는 절(節)을 괘 이름으로 하였다.

61. 풍택중부(風澤中孚): 위는 바람[風]이고, 아래는 연못[澤]이다. 중부(中孚)는 '어미 새가 알을 품어 따뜻하게 한다'는 뜻이다. 가운데 두 음효는 노른자이고 바깥 양효는 흰자와 껍데기를 나타내니 알의 모양을 뜻한다. 상괘와 하괘가 입을 맞춘 듯 대칭을 이룬다. 한 몸으로 결합되어 마치 어미 새가 알을 품고 있는 상이므로, 중부(中孚)를 괘 이름으로 하였다.

62. 뇌산소과(雷山小過): 위는 천둥 우레[雷]이고, 아래는 산[山]이다. 소과(小過)는 '조금 지나치다'라는 뜻이다. 상괘와 하괘가 등을 지고 있다. 음이 양에 비해 약간 많다는 의미에서 조금 지나치다라는 뜻의 소과(小

過)를 괘 이름으로 하였다.

63. 수화기제(水火旣濟): 위는 물[水]이고, 아래는 불[火]이다. 기제(旣濟)란 '일을 이미 성취했다', '이미 물을 건넜다', '어려움에서 이미 벗어났다'라는 뜻이다. 물은 위에 있고 불은 아래에 있으니 서로가 목적한 곳으로 건넜다는 의미에서 기제(旣濟)를 괘 이름으로 하였다.

64. 화수미제(火水未濟): 위는 불[火]이고, 아래는 물[水]이다. 미제(未濟)란 '아직 건너지 않았다', '미완성'을 뜻한다. 불과 물이 각기 제자리에 있기 때문에 미제(未濟)를 괘 이름으로 하였다.

정치인이 주역의 천화동인, 화천대유 괘를 도용하여 사기꾼이 되므로 대두목(민병규)이 2010년 용담 팔괘로 바꾸어 놓으니 온 나라가 개가 짖고 날이 밝으면 미륵이 출현하여 도덕 정치가 펼쳐지는 것이다.

13. 천화동인 (天火同人)
14. 화천대유 (火天大有)

해설
숙살 기운 동할 때 모조리 죽는다는 뜻이다. 뼈도 없고 싹도 없다. 영혼(靈魂)인들 있을쏘냐!

12, 천화동인, 화천대유

주역의 13번 괘, 천화동인(天火同人)
주역의 14번 괘, 화천대유(火天大有)

화천대유와 천화동인의 뜻에 대해 살펴보자. 화천대유와 천화동인은 주역의 괘에 나오는 내용이다. 주역이란 유학 오경의 하나로 세상을 음양 이원으로 가정하고, 그중에 가장 좋은 것을 태극 음양(陰陽)이라 하였다. 그중 64괘를 만들었고 이에 맞추어 철학과 윤리의 정치상 해석을 보기로 한다.

화천대유: 화천이란 하늘의 불, 태양을 의미한다. 대유란 커다란 만족을 의미한다. 이를 조합하여 보면 화천대유란 하늘의 도움으로 세상을 또는 천하를 취한다는 뜻을 가지고 있다.

천화동인: 천화란 불이 하늘을 밝게 하며 동인(人)이란 함께 하는 사람(人)을 뜻하는 것이다. 일반적으로는 마음먹은 일을 성취할 수 있다는 운으로 역술가들이 해석하여 정치에 활용하는 것을 알아야 한다.

동학
일제강점기에 문학적 지향이 동일한 사람들이 모여서 발간한 동인(人)지라는 동학 혁명(東學革命), 동학 농민운동(東學 農民運動) 이름도 주역의 천화동인 괘(卦)에서 유래되었다.

주역(周易)을 통하여 대동 사회를 주장하는 현 정치인의 그릇된 생각이 투입된 것이 바로 3천 년 전 문왕 8괘에서 화천대유와 천화동인이 나온 것이다. 대동 사회는 모두가 신분적 평등과 재화의 공정한 분배를 특징으로 하는 것이다. 자본주의 사상과는 정반대의 대척점(對蹠點)에 있는 사상이다.

사실 대동 사회는 유토피아 4차원에 가깝다. 현 과학 문명 시대의 유토피아의 뜻은 자체가 없는 것과 장소라는 두 뜻을 결합하여 만든 용어이다. 즉, 현실적으로 존재할 수 없는 이상의 나라를 말하는 것이다. 대동 사상을 주장한 동학농민운동도 결국 실패로 끝나고 말았다.

화천대유와 천화동인의 뜻은 13번, 14번째 괘의 기운을 얻고자 하였지만, 주역 8괘는 지금은 쓸모없는 것이다.

또한 일부 역술인들은 화천대유와 천화동인을 소위 '왕이 될 점괘'의 뜻이라고 해석하고 있다.

일제강점기에 최제우가 나라를 구하고자 하는 마음에 한얼님께서 최제우에게 강을 주었더니 왕(王)이 되고 싶어 하므로 강을 거두니 최제우는 일본 순사에게 목이 잘리고 스스로 강림하신 분이 강증산 상제님이시다.

전 봉준(全琫準)이 학정(虐政)에 분개하여 동학도들을 모아 의병을 일으킨 후 더욱 세태는 흉동해져 그들의 분노가 충천하여 그 기세는 날로 심해져 가고 있었도다. 이때에 상제께서 그 동학군들의 전도가 불리함을 알으시고 여름 어느 날 "월흑안비고 선우야둔도(月黑雁飛高 單于夜遁逃) 욕장경기축 대설만궁도(欲將輕騎逐 大雪滿弓刀)"의 글을 여러 사람에게 외워주시며 동학군이 눈이 내릴 시기에 이르러 실패할 것을 밝히시고 여러 사람에게 동학에 들지 말라고 권유하셨느니라. 과연 이해 겨울에 동학군이 관군에게 패멸되고 상제의 말씀을 좇은 사람은 화를 면하였도다.

대순전경 [행록 1장 23절]

해설

대두목(민병규)이 세운 용담 역에는 건(乾) 괘에 대두목(아버지)이 있어 가장 튼튼한 괘이다. 진강에 앞서 허령이 먼저 동하는 것이다.

그러므로 민병규가 선천(상극) 주역 팔괘를 뜯어고치고 후천 5만 년 용담 팔괘로 바로 세워 유토피아 지상 선경 대동 세상을 여는 것이다.

주역(周易)은 쓸모없는 주나라 강태공의 역이라.

'천자(天子)'란 말은 본래 주나라(西周) 때 만들어진 말로 주(周)가 상(商)을 이기고 자신들의 정통성을 위해 만든 말이라고 말한다.

상제께서 말씀하시기를,
선천의 도덕 정치가 문왕과 무왕에 이르러 끝났느니라.

해설
선천의 도덕 정치가 문왕과 무왕에 이르러 끝났으니 민병규가 오는 5만 년 도덕 정치를 창건하는 것이다.

상제께서 말씀하시기를,
또 공신에게 일러 가라사대 너는 정음 정양 도수니 네가 온전히 잘 이기어 받겠느냐 정심(正心)으로 잘 수련하라 문왕(文王)의 도수와 이윤(伊尹)의 도수가 있으니 그 도수를 맡으려면 극히 어려우리라 미물(微物) 곤충(昆蟲)이라도 원망(怨望)이 붙으면 천지공사가 아니니라.

해설
3,000년 전 문왕은 영대를 만들고 강태공은 10년 동안 낚시로 땅에 천지신명을 봉하고,

현시대 대순진리회 박한경 도전님은 영대에다 천지신명을 봉하고 오늘날 민병규는 용담 역을 완성하여 사람에게 도통 신명을 봉할 것이다.

정치인이 주역의 천화동인, 화천대유 괘를 도용하여 나라에는 도적 떼가 들끓고 백성들의 원성이 하늘을 찌르니 민병규가 용담 팔괘로 바꾼 것이다.

해설
숙살 기운 동할 때 모조리 죽는다는 뜻이다. 두더지가 땅을 누비지 못하고 제비가 날지를 못하는 것이다. 뼈도 없고 싹도 없다. 영혼(靈魂)인들 있을쏘냐!

세월호와 미르재단
국정원과 검찰은 2015년 미르재단에 전국 각 기업 총수들에게 최순실 아버지(최태민)가 만든 미르재단에 돈 바치라 공문을 보낸다.

미르재단 설립 허가 과정
2015년 10월 25일(日)
전경련, 대기업에 긴급 협조 공문
"미르재단 설립 위해 반드시 내일 팔래스호텔 모임 참석하라."

2015년 10월 26일(月)
오전 10시 18개 대기업 총수 서울 팔래스호텔 집결, 서류 작성
오후 문체부 주무관 세종시에서 상경
오후 5시 문체부 주무관이 등록 서류 작성
오후 8시 7분 문체부 서울사무소에 신청 서류 등록
오후 8시 10분 문체부 사무관 과장이 결재

2015년 10월 27일(火)
오전 8시 9분 문체부 정책관 결재

오전 9시 36분 문체부 문화콘텐츠산업실장 최종 결재
오전 10시 20분 문체부 설립 허가 통보하라 결재
오전 11시 전경련 미르재단 발족 보도자료 배포
오후 2시 서울 강남구 사무실에서 전경련 주최로 현판식
오후 4시 법원 등기 절차 완료

더불어민주당 신동근 의원에 따르면 지난해 10월 26일 팔래스호텔의 연회장에는 오전 10시부터 18개 대기업 총수 50명이 모였다고 했다.

전날 전경련으로부터 "미르재단" 설립을 위해 반드시 참석하라는 협조 공문을 받고 참석했다. 공문에는 기금 출연 증서, 법인 등기부등본, 법인 인감증명 등의 서류와 인감도장을 챙겨 올 것이라고 적혀 있었다고 말했다.

각 기업에 협조 공문을 보내고 48시간 만에 현판식까지 끝냈다 이 때문에 정치권에선 왜 "10월 27일을 넘기면 큰일이라도 나는 것처럼 군사 작전하듯이 설립을 서둘렀는지 의문"이라고 말하고 있다.

최태민 사이비 교주 시절, 박근혜와의 접촉
박근혜와 최태민의 부적절한 관계
최태민은 일제강점기 말 민족 말살 통치 시기인 1942년부터 1945년까지 순사로 활동한 것을 시작으로 해방 후에도 경찰로 근무하며 경위에 올랐다.

해방과 전쟁 이후에는 1970년대 들어 서울특별시와 대전광역시 일대에서 난치병을 치료한다는 등 사이비 종교 행각을 벌이다가 1975년부터 박근혜와의 인연으로 막후에서 권력을 휘둘렀다.

막후(幕後)라는 말의 의미는 표면으로 드러나지 않은 배후 세력을 뜻한다.

주민등록에 따르면 1918년 황해북도 봉산군 사리원읍 서동에서 아버지 최윤성과 어머니 김윤옥(金崙玉) 사이의 장남으로 태어났다고 한다. (본관은 수성 최씨)
대한예수교장로회종합총회 총회장 전기영 목사에 의하면, 최태민은 1994년 1월에 사망했다고 한다.

최태민이 사망했어도 살아 있는 것처럼 최태민을 살아 있는 미륵으로 받들게 된 것이다.

1970년대부터 2010년대까지 통틀어 대한민국의 정치, 사회에 커다란 그림자를 드리운 장본인이라고 볼 수 있다.

그는 불교, 기독교, 천도교를 종합했다는 교리를 내세웠다. 그는 이를 '영혼 합일 법'이라 칭하며, 영 세계의 교리라고 주장했다. 방민이란 가명을 쓰면서 '원자경', '칙사' 또는 '태자 마마'라는 호칭을 자청했고 스스로를 '단군', '미륵'이라 부르기도 하였다. 영생교 제1대 교주라 하였다.

국정원과 검찰은 2015년 미르재단에 전국 각 기업 총수들에게 최순실 아버지(최태민)가 만든 미르재단에 돈을 바치라 명령하고 삼성 이재용 부회장이 돈을 가장 많이 바쳤다며 뇌물죄로 감옥에 보내고 그 무렵 북조선 김정은의 지령으로 세월호가 침몰되고 세월호 침몰 작전의 성공을 북조선으로 통보할 적에 검찰 시절 윤석열도 협조를 하였다. 세월호 사건의 범죄자가 대통령이 된 것이다.

미르재단과 민병규
2015년 미르재단 설립
2016년 www.msge.co.kr 이곳에 클릭하면 미륵 재단이라 나오고 이곳에 성명서를 발표하여 네이버 지식인에 올리다 보니 검찰에서 민병규에게 핸드폰 문자 발신 내용 중 6개월 내용을 검찰청으로 보내라는 통보를 받는다.

민병규는 케이티 전화국에 가서 핸드폰 문자 수신 6개월을 떼어 달라고 하니 개인정보를 유출할 수 없다 하여 담당 검찰 전화로 통화하여 말하니 케이티 여직원을 바꾸라 해서 여직원과 통화를 하더니 6개월 간의 민병규 핸드폰 문자 수신 내역이 담긴 인쇄물을 받고 검찰청으로 보내게 된다.

민병규의 핸드폰 발신 내용
소딸 놈은 거기 있었건만 밤새 헛춤만 추었구나.

>>>보기<<<

www.msge.co.kr

대두목

교육사업 (삼성-이건희 회장〈원불교〉)

(해석) (巳 뱀 사) 여기서 순임은 증산 성사께서 쓰신 정심 요결(正心要訣)을 박중빈(朴重彬)에게 건네주어 원불교를 만들고 증산의 논리로 소태산(少太山)으로 개명하고 대종사(大宗師) 지어 증산 상제님의 진리를 모방하여 은혜를 모르는 단체이다.

>>>보기<<<

www.msge.co.kr

대두목

무릎을 꿇고 앉아 진경(眞經)을 외우는 십 승인들은 만(萬) 사람 중에 한 사람도 손상되는 일이 없다는 것을 마귀는 모른다.

>>>보기<<<

www.msge.co.kr

대두목

〈이하 분량이 많아 생략〉

이러한 내용으로,

검찰에서 대두목 글자에 시뻘겋게 달아올라,

검찰은 대두목이란 글자를 보고 2017년 검찰에서 보내는 등기우편에 법원으로 출석시켰다. 사회 혼란죄 2년 직역형을 받고 변호사를 선임하라 하여 돈이 없어 변호사를 구하지 못한다 하니 그들이 국선 변호사를 붙여 주는데 다섯 번 재판받고 2019년 부친 사망 장례 치르고 49재 날 다섯 번째 재판으로 사회봉사 300시간을 선고받는다. 장소는 경기도 양평 사회복지 천도교 시천주 복지 재단에서 운영하는 궁을행복요양원 대표이사 김순홍 이곳은 일반인은 들어가지 못하고 육군 준장, 해군 함장, 늙은 노병이 되어 높은 양반들만이 요양원에서 휴양하는 곳이다. 민병규는 높은 분의 식사 때 도와주는 봉사활동으로 들어가게 된다.

천도교에서 운영하는 궁을행복요양원 대표이사 김순홍이 민병규에 특기 사항을 묻길래 "고향 강원도 화천에서 농사짓고 살았습니다." 말하니 민병규는 요양원 부지에 고추 심고 경운기로 텃밭도 갈고 대접받고 나오게 된다.

판검사의 지능이 높은지를 민병규는 알게 되는 것이다. 검찰 판사는 민병규가 천도교를 만든 최제우처럼 일본 순사에게 목이 잘리니 천도교에서 운영하는 궁을행복요양원에서 천도교를 공부하라는 것이다.

다섯 번 재판받는 등기우편은 10번도 넘고 그 당시 민병규는 부친을 요양원에 모시고 숙식 제공하는 지방으로 다닐 때 일할 만하면 우체부에게서 전화가 오는데 검찰에서 등기우편이 왔으니 민병규가 직접 받아야 한다는 것이다. 집이 비어 있는 관계로 우체국에 보관하니 찾아가세요, 한다.

민병규는 일하다 말고 허겁지겁 달려와 등기우편을 보면 몇 월 며칠 법원 다시 재판 내용, 일할 만하면 검찰에서 보내면 우체부가 전화하고 달려와 보면 재판 날짜 변경, 우체부는 동네 사람인데 민병규는 검찰에서 범죄자에게 보내는 등기우편으로 보내니 민병규는 범죄자가 되어 고향을 떠나게 되는 것이다.

검찰은 민병규가 어디 있는지 핸드폰으로 위치 추적하여 일을 못 하게 하고 정신적 고통을 주는 것으로 검찰의 높은 지능을 민병규가 파악하게 된다.

2022년 10월 17일 비영리법인 및 국가기관
사업자 등록 번호: 138-82-80867

사업자 등록은 상제님의 진리 전파로 등록하고 2022년 12월, 『대순진경』을 편집 출판하게 된 것이다.

대두목 내용은 2019년 사회봉사 300시간으로 마쳤으나, 2022년 대통령 선거 끝나자마자 농협은행에서 문자로 민병규의 통장 내역을 인천경찰청으로 보냈다 하여 달려가 물으니 인천경찰청에서 협조를 하지 않으면 영장 발부한다고 하여 통장 자료를 경찰청으로 보냈다고 말하고 전화

번호를 알려 주기에 전화를 해 보니 www.msge.co.kr 이곳을 말하며 흡사해서 조사했다고 변명을 늘어놓는다. 그때 민병규 통장에 전 재산 300만 원 있었다.

※ 천화동인, 화천대유의 출발
미르재단과 세월호 사건에 휘말릴 때 정치권에 굵직한 인물들이 모여 화천대유, 천화동인으로 세상을 평정하겠다는 계획을 세우게 된다.

화천대유의 모임에 윤석열(검찰 시절)이 있고 윤석열 장모도 끼어 있다. 들통나자 이재명이 총대를 메고 뉴스에 거론되자 수사하던 검사들은 스스로 자살을 권유받고 빌딩에서 떨어져 죽거나 독물을 사용하여 사망하게 되는 것이다.

천화동인, 화천대유와 민병규
천화동인, 화천대유는 민병규가 만들어야 공자가 말하는 대동 세상 봄과 같은 세상을 맞이할 수 있는 것이다.

※ 2014년부터 천화동인, 화천대유가 시작되고 전직 대통령 박근혜 정권은 북조선 김정은의 지령(指令)으로 검찰과 국정원에 의하여 세월호 사건으로 탄핵에 이른다.

2015년 10월 25일(日) 전경련, 대기업에 긴급 협조 공문

"미르재단 설립 위해 반드시 내일 팔래스 호텔 모임 참석하라."

※ 정치인이 천화동인, 화천대유를 만들게 되면 전쟁의 승리, 전염병의 퇴치 등 집단적인 목적을 지니는 것일 수도 있고, 재산·권력·풍요를 얻으려는 개인적인 목적으로 행하여질 수도 있다.

구한말(조선 말) 탐관오리(貪官汚吏)가 판을 치니 문학적 지향이 동일한 사람들이 모여서 발간한 동인(人)지라는 동학 혁명(東學革命), 동학 농민 운동(東學 農民 運動) 이름도 주역의 천화동인 괘(卦)에서 시작하여 전봉준이 총대를 메고, 오늘날 탐관오리(貪官汚吏)가 정치인이 되어 천화동인을 만들고 이재명이 총대를 메고 민병규는 최제우처럼 도술을 부리라는 것이다.

구한말 초기 동학에서는 초학주(初學呪)·강령주(降靈呪)·본주(本呪)의 차례로 행하여졌다.

그런데 초학주는 '위천주고아정 영세불망만사의(爲天主顧我情 永世不忘 萬事宜)'의 13자이다.

강령주는 '지기금지 원위대강(至氣今至 願爲大降)'의 8자이다.

본주는 '시천주조화정 영세불망만사지(侍天主造化定 永世不忘萬事知)'의 13자이다.

강령주는 동학의 최제우 교주가 찾던 진리이기 때문이다. 8자는 지기금
지 원위대강(至氣今至 願爲大降)이다.

강령주는 지기(至氣)가 강령하기를 청원한다는 의미이기에 '접령주(接靈
呪)'라고도 하며, 천령과 통하게 한다는 뜻에서 '통령주(通靈呪)'라고도 한
다. 최제우(崔濟愚)가 내림 받았다는 21자 주문은 강령주에 본주(呪文)를
합한 것이다. 이 밖에도 삼통심주(三通心呪)·통신주(通神呪)·조화주(造化
呪)·비공주(飛空呪)·강필주(降筆呪) 등이 있으나, 최시형(崔時亨)은 이 주
문의 폐단을 지적하며 금지하기도 하였다.
주문에 담긴 말은 고어가 많으며 주문을 외우는 사람도 그 뜻을 정확히
모르는 경우가 많다. 주문을 외우는 사람은 제사장이나 무녀와 같은 신
력이 있는 것으로 생각되는 사람이 주로 시행하였다.

상제께서 말씀하시길,
우리의 도통(道通)은 연원 도통(淵源道通)이다. 말씀하셨다. 연원을 알아
야 도통하는 것이다.

도통주(道通呪)에는 천상원룡 감무 태을성 두우군 신아신아 삼아삼아 이
도통도덕으로 상통천문하고 하달지리하고 중찰인사케 하옵소서,

초강 합강 봉강지나 대강식 때 대강(大降)은 후일(後日)로 기약하옵니다.
(참조)

해설

사실 최제우는 강(降)을 받았지만 모시는 천주(侍天主)를 몰랐던 것이다. 지금은 종통종맥을 모르면 허령을 받아 이무기가 되는 것이다.

요즘은 정치판에서 역술인을 고용하여 점괘(占卦) 보고 주문을 찾고 무당을 불러들여 굿판을 벌이고 재산·권력·풍요를 얻으려는 개인적인 목적으로 사용되는 것이다.

또한 일부 역술인들은 화천대유와 천화동인을 소위 '왕(王)이 될 점괘'의 뜻이라고 해석하고 있다.

　　상제께서 말씀 하시길,
　　運(옮길 운) 運 至氣今至願爲大降
　　　　　　　　　　　　　　　대순전경 [1장 44절]

신명이 하는 일은 속일 수 없다. 하는 일을 속이려고 하지 말라. 절대 속일 수 없다. 그것도 믿으면 믿어지고, 안 믿어지면 안 믿어지고 하는 것이다. 우리는 그것을 믿어야 한다. 믿고 닦아 나가야 한다.

우리 도를 신도라 하고, 신명 도(道)임을 알아야 한다. 사회에서는 인정하지 않더라도. 정신이라는 것은 맑을 정(精), 신 신(神)이다. 맑은 신이라는 것도 사회에서는 인정하지 않는다. 정신이란 내 신(神)이 맑아지면 다 알아지는 것이다, 라고 말씀하셨다.

우리의 도통(道通)은 연원 도통(淵源道通)이다. 우주의 시작은 물(水)에서 시작되는 것이다.

시계 표시에 12시, 24시는 끝과 시작을 알리는 숫자이고, 주역은 북현무(北玄武)임, 계(壬, 癸) 자리에 시작을 알리는 물(水) 1과 6을 넣어 시작을 표시한 것이다.

용담 역은 1과 6의 숫자는 중앙에 있는 것이다.

민병규는 계묘(癸卯)생 12월 11일생으로 계(癸)는 현무 물(水)이고 12도 물(水)이며 11도 물(水)이니 민병규 자체가 물(水)의 이치이다. 대두목은 물의 이치로 오는 것이다. 묘(卯)는 동(東)이니 동방칠성 민병규라.
11귀체의 의미는 무형 상태의 10 무극(無極)과 유형 상태의 1 태극(太極)의 수를 합한 온전한 상태의 수를 말하며 11 황극(皇極)이라고도 한다. 즉 11수는 토(土)를 말하는 것으로 중천(中天)의 금운(金運)의 마지막 괘가 11수로 끝나므로 금운(金運)이 중궁(中宮)으로 들어가 토운(土運)으로 완성이 되고 토(土)는 물(水)을 찾아 11수(水)로 만물(萬物)이 소생(蘇生)하는 것이다.

천부경에 '一'자가 11번 들어 있다. '1'이 무려 11개나 분포해 천부경을 우주 수학의 원전, 일 태극 경전이라고 한다. 민병규 자체가 경전인 것이다.

복희 팔괘(伏羲八卦)도 황하(黃河)에서 용마 부도(龍馬負圖) 하였고, 문왕

팔괘(文王八卦)도 낙수(洛水)에서 신구 부도(神龜負圖) 하였고,

용담 팔괘(민병규八卦)에 금산사 용소(龍沼)에서 신명 부도(神命負圖) 하였고, 연원(淵源) 도통으로 이루어지니 우리의 특이한 자랑이다.

13, 제생 10절

김 창여(金昌汝)가 동곡에서 살았는데 여러 해 동안 체증으로 고생하던 중 어느 날 상제를 찾아 자기 병을 보아 주시기를 애원하니라. 상제께서 그를 평상 위에 눕히고 배를 만지면서 형렬로 하여금 다음과 같은 글을 읽게 하였더니 창여(昌汝)는 체증으로부터 제생 되었도다.

본문

  調來天下八字曲 淚流人間三月雨
  葵花細忱能補衰 萍水浮踵頻泣玦
  一年明月壬戌秋 萬里雲迷太乙宮
  淸音鮫舞二客簫 往劫烏飛三國塵

          대순전경 [제생 10절]

調來天下八字曲 淚流人間三月雨
주래천하팔자곡 누류인간삼월래

해설

천하에 민병규 팔자의 슬픈 노래가 전해 오니 세상에 봄비 같은 눈물이 흐르는구나. 창여(昌汝)는 창성할 너 민병규에 물(水)의 이름으로 창성(昌盛)하게 되었구나.

葵花細枕能補袞 萍水浮踵頻泣決
규화세침능보곤 평수부종빈읍결

해설

민병규 꽃, 목신사명, 화신사명, 금신사명, 모두 물이 계(癸)에서 표출되었다는 내용이 같다. 계(癸)에 풀 초(艹)를 더하면 해바라기 규(葵)가 되어 "규화세침능보곤(葵花細枕能補袞)"이라 하셨다. 세침(細枕)은 "세세하게 향하다"라는 뜻이 된다. 그러므로 해바라기꽃은 해(천자)를 향해 핀다는 뜻이 되어 천자(天子)를 능히 보필한다는 뜻이 능보곤(能補袞)이다. 민병규는(癸卯) 생, 계(癸)에서 삼신의 뜻이 이루어지는 것이 또한 능보곤(能補袞)이 된다. 그러므로 모든 역리(易理)가 물에서 나왔듯이 후천 역(易) 또한 민병규에게서 이루어지므로 10년 머슴에게 물로 뛰어내리라 하셨던 것이다.

단주가 대동 세상을 실현하고자 하였으나 뜻을 이루지 못하여 단주는 옥황상제님으로 오르시고 한이 남았으니 원통할 원(寃)이 민병규가 되어 토끼 토(兎) 달 속에 토끼가 있다 하여 민병규 토끼 토(兎)에 갓(㇒)을 씌운 것이다.

袞(곤)의 곤룡포(龍袍)는 고대 천자가 입는 예복으로 용의 무늬가 있다. 해바라기 바라보듯 세밀한 믿음으로 천자를 모실 만하나 물에 뜬 부평초 밟으며 울음을 삼키는구나.

一年明月壬戌秋 萬里雲迷太乙宮
일년명월임술추 만리운미태을궁

해설
한 해의 밝은 달은 가을 임술월에 밝으니 만 리를 가도 고을 마을에는 사이비 교주들이 유혹(誘惑)하여 어지럽게 하니 길을 잃고 "태을궁"은 구름 속에 있구나.

淸音鮫舞二客簫 往劫烏飛三國塵
청음교무이객소 왕겁오비삼국진

해설
도주(옥황상제)께서 청음(淸音)은 철규(민병규)에게 주라 하셨다. 맑고 깨끗한 음성(音聲)이 나오면 물질 문명에 속에 산다는 괴상(怪常)한 사람들이 춤을 추고 구천 상제 다음 두 번째 민병규 나그네의 맑은 진경 통소 소리에 하늘과 땅이 개벽(開闢)한 때부터 이번 개벽(開闢)의 겁(劫)을 주니 지난 겁의 삼국 티끌에 까마귀가 나는구나.

조래천하팔자곡(調來天下八字曲)
천하에 팔자의 슬픈 노래가 전해 오니

누류인간삼월우(淚流人間三月雨)
세상에 봄비 같은 눈물이 흐르는구나.

규화세침능보곤(葵花細沈能補袞)
해바라기 세밀한 믿음으로 임금을 모실 만하나,

평수부종빈읍결(萍水浮踵頻泣唎)
물에 뜬 부평초 밟으며 울음을 삼키는구나.

일년월명임술추(一年月明壬戌秋)
한 해의 달은 가을 임술월에 밝고

만리운미태을궁(萬里雲迷太乙宮)
만 리 구름 속에 태을궁은 희미하도다.

청음교무이객소(淸音蛟舞二客簫)
두 나그네의 맑은 피리 소리에 이무기가 춤추면

왕겁오비삼국진(往劫烏飛三國塵)
지난 겁의 삼국 티끌에 까마귀가 나는구나.

제자가 여쭈기를, 제자를 시켜 시를 읽게 하시매 무거운 병이 바로 나으니 어째서입니까?

말씀하시기를, 때가 오면 이 시의 좋고 나쁨을 세상이 모두 알게 되리라.

선천에서 후천으로 가는 수리는 1에서 10으로 불어나고, 후천에서 선천으로 가는 과정은 10에서 1로 줄어든다. 그래서 1절과 10절이 표리일체의 상호보완 관계를 이루는 공사가 되는 것이다. 그러므로 상제께서 인류의 조종은 태호 복희 것만 어찌 부처 노래를 부르는가 하신 것은 태초에 원신이 10천계에 머물다 태호 복희로 왔다가 칠성계에 머물다 우임금으로 오고 노자로 오고 칠성계 있다가 민병규로 와야 하늘에 있던 것이 땅 위에 펼쳐지는 것이다.

구릿골은 남방 구리화(九離火)의 자리로서 미토(未土)와 기토(己土)로 넘어가는 길목이다. 따라서 천지공사를 구릿골에서 집행하신 이유가 기미토(己未土)인 중앙 토의 방위로 인도하는 것이다.

김창여는 '금(金)'이 후천을 상징하고, '창여'는 昌汝, 昌女, 唱女 등의 음동이다. 창여(昌汝)는 너를 창성하게 하는 것이니 천지공사의 기본 이념이고, 창여(昌女)는 여자를 잘 되게 하는 것이니 후천 음존 시대의 개창이며, 창여(唱女)는 풍류의 주역이었던 신모와 신녀를 창성하게 하는 것이다.

창여가 여러 해 된 적체로 음식을 먹지 못하는 것은 지금의 대한민국과 도를 닦는 이들의 상황이다. 차려 준 밥상도 못 찾아 먹는 병든 세상과 병든 심성들의 현주소이다. 평상 위에 눕힌 것은 평상심을 얻어 편안해지게 한다는 뜻이다. 수도인(修道人)의 자격요건이고, 개벽 이후에 일반인들이 누리게 될 태평 세상의 상징이다.

배를 어루만지심은 배(腹)가 상징하는 남조선 배에 기운을 불어넣는 일이다. 주역에서 배는 곤괘(坤卦)에 배정되므로 곤괘가 상징하는 어머니와 여자들에게도 기운을 불어넣는 공사로도 풀 수 있다. 김형렬 종도에게 시를 읊게 하심은 종도들에게 아래 시에 담긴 도수를 집행시키는 공사이다.

팔자의 슬픈 노래는 구주운조낙서중을 가리킨다. 신화와 전설로 전해지는 한겨레의 역사이다. 오랫동안 슬픈 노래가 전해진 것은 백성들이 웅패에게 시달렸기 때문에, 곤모신과 여신들이 그 가장 큰 피해자임을 상기시키는 구절이다.

그 슬픔이 쌓이고 쌓여 삼월의 비가 되어 내린다는 내용은 음력 삼월에 들어 있는 절후인 곡우(穀雨)를 가리킨다. 한겨레의 슬픈 눈물을 씻어 줄 사건이 이 절기의 기운에 응하여 시작된다는 뜻이다.

해바라기는 계묘(癸卯)이다. 천간 계(癸)에 붙는 풀은 묘목(卯木)이기 때문이고 부평도 계묘로 풀이된다. 물에 뜨는 풀이기 때문이다. 계묘(癸卯) 물에 뜨는 풀이므로 '부평초 밟으며'에 해당한다. 부평초처럼 떠다닌다면 '유(流)'를 써야 하는데, 밟을 종(踵)을 썼기 때문이다.

부평초 떠도는 흙바닥인 뻘밭 중에서 대표적인 논(畓)을 밟으며 눈물을 삼키는 고단한 모습이 담겨 있다. 결국 곡우로부터 월 사이에는 천재지변이 있으니 대비해야 한다는 뜻이기도 하다.

그다음 구절이 상당히 유명한 일년월명임술추(一年月明壬戌秋)이다. "한 해의 밝은 달이 가을인 임술월에 밝는다."라는 뜻이다. 보통 이 임술추를 임술년 가을로 풀이하는데, 달로 풀이하는 것이 맞다. '일 년(一年)'은 '한 해'이되 '첫해'이다. '후천의 첫 번째 해'라는 뜻이다. 따라서 첫해는 따로 찾아야 한다.

하루는 공사를 보시며 글을 쓰시니 이러하니라.

　　厥有四象包一極 九州運祖洛書中
　　궐유사상포일극 구주운조낙서중

　　道理不暮禽獸日 方位起萌草木風
　　도리불모금수일 방위기맹초목풍
　　開闢精神黑雲月 遍滿物華白雪松
　　개벽정신흑운월 편만물화백설송

　　男兒孰人善三才 河山不讓萬古鍾
　　남아숙인선삼재 하산불양만고종

　　龜馬一道金山下 幾千年間幾萬里
　　구마일도금산하 기천년간기만리

　　胞連胎運養世界 帶道日月旺聖靈
　　포련태운양세계 대도일월왕성령

포연태운양세계 대도일월왕성령

대순전경 [공사 3장 39절]

해설
厥有四象包一極 九州運祖洛書中
궐유사상포일극 구주운조낙서중

그 사상(四象) 있는데 그것을 무극이 싸고 있다. 온 세상을 다스리는 運(운)은 그 근본이 낙서(洛書) 중에 있다. 즉 "낙서는 주역을 말하는 것이므로 주역을 알면 나의 일을 알리라."라는 말과 같다.

※ 구주(九州): 예로부터 온 세상은 구주(9개의 구역)로 나뉘었다고 생각했었다.

道理不暮禽獸日 方位起萌草木風
도리불모금수일 방위기맹초목풍

도리가 밝지 않아 인간들은 금수(짐승)와 같은 나날이다. 사방에서 맹위를 떨치며 초목에 바람이 분다. 초목에 바람이 분다는 말은 사방에서 너도나도 천자라고 하면서 기세를 떨친다는 말이다.

開闢精神黑雲月 遍滿物華白雪松
개벽정신흑운월 편만물화백설송

개벽의 정신은 구름 속에 가린 달과 같건만 만물은 두루두루 미쳐서 백설(白雪) 송(松)처럼 죽지 않고 살아나는구나. 도(道)를 닦는다고 하는 도인(道人)들이 개벽하고자 하는 정신은 구름에 가려 있으나 한편에서는 만물이 백설처럼 피어난다.

男兒孰人善三才 河山不讓萬古鍾
남아숙인선삼재 하산불양만고종

남아 장부로서 그 누가 천지인 삼계의 권능을 가졌는가! 강산은, 한결같이 만고에 변함이 없도다. 그 누가 대권을 가진 대두목이냐? 세상은 예나 지금이나 변하지 않았다.

龜馬一道金山下 幾千年間幾萬里
구마일도금산하 기천년간기만리

하도와 낙서를 합친 민병규의 무극대도(無極大道)는 금산(金山) 아래에 있도다. 이 도(道)는 기천 년간 기만 리를 가리라. 오는 세상 5만 년 영원히 간다.

※ 금산(金山)이란 금산사를 말하는 것이 아니다. 금(金)은 오행 상 서방(西方)이며 서방은 가을을 말하는 것으로 즉 우주의 가을철을 말함이다. 산(山)은 임금을 산(山)으로 표현함이니 천주(天主)를 일컫는 것이다.

그러므로 금산(金山)이란 우주의 가을철에 인간 추수하러 오시는 천지의 주인을 금산(金山)이라 하는 것이며 이 금산(金山)을 모신 집을 금산사(金山舍)라 일컫는다.

그러므로 금산이란 천주(天主)를 말함이니 이 천주(天主)를 모시는 것이 시천주(侍天主)이므로 이 시천주(侍天主)를 올바로 해야만 지기금지원위대강, 즉 천강이 있는 것이며 도통이 있으므로 좌상(坐上)에서 득천하(得天下) 하는 것이 되며 만사지(萬事知)가 된다.

역(易)에는 사상(四象)이 있어 한 극(極)을 안으니 구주의 운행은 낙서의 중궁이 조종(祖宗)이라. 도리는 금수의 시대에도 저물지 않고 방위는 초목의 바람에 싹을 틔우도다. 개벽의 정신은 검은 구름 속의 달과 같으니 널리 가득 차 빛나는 문물은 백설에 덮인 소나무로다. 삼재(三才)에 익숙한 사나이는 누구인가. 어떤 산이 태고의 종소리를 사양하리오.

14, 정전협정(停戰協定)

참전국(參戰國)이나 부대(部隊) 쌍방(雙方)의 합의(合意)에 의(依)하여 정전(停戰)하기로 협정(協定)함.

6·25 전쟁을 휴전하기 위해 유엔군(총사령관 마크 클라크)과 조선인민군(최고사령관 김일성), 중국 인민지원군(사령원 펑더화이) 간에 1953년 7월 27일 체결된 협정. 한국(북한어), 영어, 중국어로 작성되었다.

1953. 6. 25. 한국전쟁 정전협정 체결 당사자는 협정서에 나와 있듯이 유엔군 총사령관 마크 클라크, 조선인민군 최고사령관 김일성이다.

한국은 당시 이승만 대통령이 분단국가로 남을 수 없다며 이를 거부하면서 불참했다.

즉, 한국은 정전협정 체결 당사자가 아닌 것이다.

한국에 굵직한 인물들 정치, 사회인, 교회 목사 등등 북조선 찬양하는 것은 정전협정 법을 알기 때문이다. 목사가 북한에 선교사로 갔다 오면 대한민국을 혼란에 빠트리는 것이 그 이유이다.

평양으로 간 여대생 '임수경' 방북 사건(평양 세계청년학생축전)

전대협 가입 후 임수경은 학생 신분으로 통일 조국이라는 명분으로 북조선에 들어가 세뇌가 되어 더불어민주당 제19대 국회의원(2012~2016)이 되었다.

문재인은 대통령 시절 북조선 김정은 옆에 차렷 자세로 충성 맹세문을 썼고 대한민국 원자력 발전소 설계도 및 국가 기밀을 김정은에게 건네주게 된다.

6.25 후반기의 UN 군 지휘관 마크 클라크 장군의 어록

- 인과의 열매는 결국 그 씨를 뿌린 자가 거두지 않으면 안 된다는 것이 역사의 법칙이다.

- 역사는 한 번 실수를 저지른 사람에게 관용을 베푸는 법이 없다.

- 전쟁의 지혜는 전쟁터에 가 본 사람만이 아는 법이다.

- 인간은 죽일 수 있다. 그러나 그의 사상은 죽일 수 없다.

- 좋은 기회를 만나지 못했던 사람은 없다. 단지 그것을 붙잡지 못했을 뿐이다.

- 전쟁은 무기로만이 아니라 바로 정신력의 싸움이다. 그렇기에 군인들

은 정신 무장이 되어 있지 않으면 안 된다.

- 자유라고 일컫는 것은 오직 하나, 질서를 동반하는 자유뿐이다.
- 유능한 사람은 언제나 배우는 사람이다. 우리는 일생 동안 학생 같은 마음으로 살아가야 한다.

- 희망은 힘의 원천이요, 절망은 무력의 어머니이다. 희망은 생명에 이르는 빛이요, 절망은 죽음에 이르는 병이다.

- 인생은 한 권의 책이다. 우리들이 태어나서 죽을 때까지 매일 그 한 페이지, 한 페이지를 창작하고 있다.

- 겨울이 오면 봄이 멀지 않다. 폭풍이 지난 들판에도 꽃은 핀다.

위 글은 제3대 UN 군 총사령관으로 전쟁 후반기의 고지전과 휴전 협상을 총지휘한 마크 클라크 장군의 회고록 『다뉴브강에서 압록강까지』에 실려 있는 명문이다. 위 글귀들은 클라크 장군이 어떤 마음가짐으로 군인 생활을 했고, 전쟁에 임했는지를 알 수 있게 해 준다.

북조선(北朝鮮), 반의어=남조선(南朝鮮)

인민 공화국, 반의어=민주 공화국

조선민주주의인민공화국, 1945년 등록

대한민국, 1948년 등록

강증산 상제님은 1871년 오시고,

1925년 무극도 창건

1945년 부산에서 태극도 창도

1945년부터 1948년까지 우리 태극도도 이러한 3년의 시기가 필요했다. 이 시기를 장생기라고 한다.

1945년에 태극도를 선포하시고 3년이 지난 1948년에 비로소 태극도를 세상에 공표를 하시게 된다.

1948년 태극도가 선포되고 대한민국 국호가 선포되는 것이 도(道)가 먼저인 것이다.

1946년 어느 날 옥황상제님께서 배신자의 일에 관하여 하교하시기를 "맹인은 꽃이 있어도 보지 못하고, 농인(聾人)은 삼현육각(三絃六角)이 울려도 듣지 못하듯 도안(道眼) 도이(道耳)가 열리지 않은 사람은 대도의 진주와 진법의 진경이 곁에 있어도 모르느니라. 그뿐 아니라, 도리어 비방

반역하느니라. 그러므로 신체의 불구보다 도의 불구자는 실로 만고 처량한 하류 군생(下類群生)이니라." 하시니라.

옥황상제님께서 말씀하시기를,
세계인에 가슴에 태극을 심어 주리라 하셨다.

옥황상제님께서 말씀하시기를,
"민병규가 창건한 대도의 진주와 진법의 진경이 곁에 있어도 모르느니라. 그러므로 신체의 불구보다 도의 불구자는 실로 만고 처량한 하류 군생(下類群生)이니라." 하시니라.
참고: 대한민국이 살아나는 법방은 삼신 사상 상제님의 참진리민병규의 진리만이 있을 뿐이다.

전반기 준비 과정의 3년 반과 후반기 현실화하는 3년 반의 기간을 분리해서 전하고 있다. 70년 전 1950년 6월 25일에 남북 전쟁이 발발해서 주인끼리의 상씨름이 시작되었고, 1953년 7월 27일 미국, 북한, 중국 세 나라의 정전협정으로 휴전 상태로 있다가 종결되는 시점이 70년 후인 2023년 계묘년이라고 밝힌 비결이 『대순진경』 비결이니 남북 상씨름이 발발한 지 70년째 되는 경자년(2020)을 중심으로 앞의 정유년(2017)~경자년(2020)까지의 3년 반의 시간은 상씨름 종결을 준비하는 기간이고, 경자년(2020)~계묘년(2023)까지의 3년 반의 기간은 현실화하는 기간인데, 무엇이 현실화되느냐가 바로 병겁(病劫)이라는 것이다.

1950년 6월 25일에 발발한 남북 상씨름 전쟁이 70년 되는 해인 경자년(白西年)(2020)에 다시 남북전쟁 발발 3일 만에 코로나 병겁의 발발로 전쟁이 중단되어 만 3년 뒤인 계묘년(2023)에 의통으로 종결되면서 상씨름이 종결되는 시점이 『격암유록』 '가사 총론' 현토계묘말운(玄兎癸卯末運), 수토 삼수 종말(水兎三數終末)의 계묘년(2023)이 되는 것이다.

이르러 계묘년은 검은 토끼해를 2020 경자(庚子) 백서(白西) 년 지나 2023년 계묘년을 흰 토끼해라고도 이름하여 부르는 것이다.

상제께서 말씀하시기를,
"세계 전쟁은 내가 일으키고 내가 말리느니라." 하시니,
여쭈기를 세계 전쟁을 어찌 말리옵니까?

병란이니라 세계 전쟁이 일어날 무렵 병란이 일어나리니 연맥을 잘 바루라 하시니라.

춘말 하초의 이른 봄에 발발한 2019(코로나)는 작은 메시지인 것이다. 이후 인류에게 닥칠 괴질 병겁은 어김없이 찾아오는 것이다. 즉, 천연두와 괴질 병겁이 발발할 것이기 때문에 사실상 "구천응원뇌성보화천존상제(九天應元雷聲普化天尊上帝), 옥황상제(玉皇上帝), 세존상제(世尊上帝) 삼신 신앙" 종통종맥 주문수행과 덕을 쌓을 시간은 몇 년밖에 남지 않은 것이다.
김형렬이 상제님 출세 시기의 물음에 "기해년~계묘년" 사이의 시기라 답

14. 정전협정(停戰協定) **185**

하셨으니 마지막 추수의 시기(2019~23)에 살아남기 위한 방법을 『대순진경』에서 스스로 찾기를 권고하는바, 이 구절을 유심히 보기 바란다. 정유년(2017)~계묘년(2023)까지의 7년을 경자년(2020)을 중심으로 전후로 나누어 마음으로 깨달으라고 하고 있다.

그렇더라도 지금 맞이하고 있는 계묘년 이전에 경험하는 것은 역사적 분수령이다. 무기토(戊己, 土)는 양권에서 음권으로 꺾이는, 성장에서 추수(秋收)행 열차로 갈아타는 환승역과 같기 때문이다.

水兎三數終末일세
수토삼수종말일세

六角八人殺我理로 弓弓十勝天坡生을
육각팔인살아리로 궁궁십승천파생을

見鬼猖厥見野卽止 畵豕卽音道下止라.
견귀창궐견야즉지 화시즉음도하지라.

— 송가전(松家田)

계묘년(2023)은 종말일세,
괴질 신장이 나를 죽이려 하므로 십승지인 하늘 언덕에 기대어야 살 수 있으니 괴질 신장이 창궐하면 들판을 보는 즉시 멈춰 그림 속 도야지 음에 가까운 도(道) 아래에 머물러라. 괴질 신장이 창궐하면 들판에서 태을주를 외워라.

* 水=10간(干)에서는 임(壬)과 계(癸)에 해당하므로 수토(水兎)=현토(玄兎)

주역의 계묘 63년 민병규는 계묘생으로 계는 수(水) 민병규의 진리를 찾으라는 것이 된다.

* 육각 팔인(六角八人)=천화(天化)=괴질 신장

격암유록 가사 총론의 "현토계묘말운(玄兎癸卯末運)"과 송가전의 "수토 삼수 종말(水兎三數終末)"은 모두 계묘생 민병규의 진리를 가리키고 있는 비결이라는 것을 알 수 있다.

특히, 가사 총론의 흑룡 즉 임진왜란 때는 이름에 소나무 송(松)이 들어간 명나라 장수 이여송 장수의 도움으로 살 수 있고, 병자호란에는 피난 가지 않고 집에 머물러 있어야 살 수 있다고 하며, 마지막으로 말운의 계묘년(2023)에는 궁궁(弓弓)을 찾아야 살 수 있다 했으니 궁궁(弓弓)은 상제님 진법을 가리킨다고 할 수 있다.

송가전에도 수토 삼수 종말(水兎三數終末)의 수토(水兎)는 천간 지지로 천간의 물(水)의 계(癸) 6수(水)와 지지의 토끼(兎)인 묘(卯)를 뜻하는 계묘년이 세 번째 되는 해가 삼수(三數)를 뜻하니 상제님이 천지공사를 보실 때 김형렬이 선생님(증산)의 출세 기일을 여쭈니,

말씀하시기를,

"응." 하시고 "나의 말을 듣기가 어렵다." 하시고 "자치고 눕히고 엎치고

뒤치고 되려 치고 내치고 이리 돌리고 저리 돌리고, 알겠느냐."

"똑똑히 들어 두어라. 내가 서천 서역 대법국 천개탑으로 나렸다가 경주 용담 구경하고 모악산 금산사 삼 층 전에 삼일유연(三日留連) 하고, 고부 객망리(古阜 客望里) 강씨문에 탄생하야 기해년(己亥年)에 포(胞)하고 경자년(庚子年)에 득천문하고 신축년(辛丑年)에 대원사에서 도통하고 임인년에 너와 상봉하고 계묘년(癸卯年)에 동곡(銅谷)에 들었노라. 나의 말은 쌀에서 미가리기와 같으니라. 알아듣겠느냐. 알기 쉽고 알기 어렵고 두 가지다. 알아듣겠느냐."

동곡(銅谷)에 들었다고 하신 계묘년(1903)으로부터 두 번째 계묘년(1963)을 거쳐 마지막 세 번째 계묘년인 2023년에 종말(終末)이 온다는 것이 "송가전(松家田)"의 "水兔三數終末(수토 삼수 종말)"이니,

이 시기에 괴병이 돌아 십승지인 하늘 언덕에 기대어야 살 수 있고, 도하지(道下止)에 머물러야 한다 했으니 『격암유록』"가사 총론"과 "송가전"의 비결서 모두 상씨름 남북전쟁이 휴전협정을 맺은 1953년 7월 27일로부터 70년 만인 계묘년(2023)에 종결된다는 비결과 일치된 예언을 하고 있다는 것을 알 수 있다.

인묘진(寅卯辰)은 동방(東方)의 삼합(三合)이다. 음력의 정월, 이월, 삼월의 봄이요, 나무의 목도 내행(木道乃行)을 뜻한다. 조선 말 일본제국이 조선에 흔적을 없애고 북한과 남한으로 갈라져 전쟁을 펼친 삼 년이다. 철

학적으로 보면 모든 만물의 생멸(生滅), 성쇠(盛衰), 길흉(吉凶)의 진행(進行)은 천지 운행의 도수(度數)에 의한다. 또한 인묘진(인묘진)해에 민병규가 상제님의 진리를 편집 출판한 해이기 때문이다.

한반도의 형국을 호랑이와 토끼로 비유한 이유이기도 하다. 그 호(虎)는 왕을 상징한다. 산군(山君)이며 산신의 영물이다. 특히 한반도의 호랑이는 다른 지역의 호랑이보다 용맹하다. 호랑이 이마에 임금 왕(王) 자 무늬를 나타낸 의미가 천하제일을 상징한다. 동물의 왕이 호랑이이면서 그 호랑이류 중에서도 왕을 의미한다는 것은 천자(天子)를 뜻한다.

한반도의 정기가 천자(天子)국임을 가리킨다. 토(兎)의 토끼는 동방 중에 정동(正東)을 가리킨다. 주역으로 진 뇌(震雷)를 뜻한다. 천지음양이 합궁하는 소리요, 빛으로 나타남이 진 뇌(震雷)이다. 토끼는 호랑이와 음양관계(陰陽關界)이다. 호랑이는 양(陽)으로 선(先)이고 토끼는 음(陰)으로 후(後)이다. 실제는 선음 후양(先陰 後陽)이 진리인데 작용은 양(陽)이 먼저 작동해야 음양 합궁이 이루어진다. 음양 지체(陰陽之體)이며, 양음지용(陽陰之用)이 음양의 이치이다.

이와 같은 조화는 용(龍)의 작용으로 일어난다. 태양은 인시(寅時)에 여명(黎明)의 새벽으로 시작하여 묘시(卯時)에 떠오른다. 인묘시(寅卯時)는 하루 일과의 시작이다.

인시(寅時)에는 사람이 일어나고 묘시(卯時)에는 만물이 깨어난다. 그리고 진시(辰時)에 출근하여 하루 일과가 시작된다. 만물이 작동한다.
이와 같은 이치를 미루어 보아 육이오(六二五) 남북전쟁(南北戰爭)의 의미가 천지의 시운에서 새로운 시운 도래를 알리는 현상임을 알 수 있다.

그래서 단순한 한 나라의 내전 차원(內戰次元)이 아니었으니 세계 십육 개국이 군대를 참여하여 국제전이 되었다는 것이다. 의료부대와 전쟁 물자를 지원한 국가를 포함하면 육십 개국이나 참여하게 되었던 것은 육십갑자(六十甲子)의 상징이다. 즉 천지의 중요한 신생아 탄생의 산통이라는 상징으로써 그 의미가 큰 것이다.

진(辰)의 용(龍)이 천자(天子)를 뜻하므로 조선 대한민국이 천자(天子)국이 되기 위한 명분의 시간대가 인묘진(寅卯辰)인 것이다.

계묘생 민병규가 신위모신해는 2010년 경인(庚寅)년이다.

한데 인묘진년도 하필 경인, 신묘, 임진년(壬辰年)인가? 납갑오 행적으로 목도 내행(木道乃行)에 부합(符合)함이다. 목중(木中)에서 경인(庚寅), 신묘(辛卯)는 청림목(靑林木)인 송백목(松柏木)이다.
송백목은 우리 민족의 상징적인 나무이다. 일 년 열두 달 늘 푸른 청림도사(靑林道士)의 비결이다.

춘하추동이 여일(如一) 한 미래 세계의 상징이 경인 신묘이다.

육이오 발발 일진은 경인년 임오월 신묘일(庚寅年 壬午月 辛卯日)이다.

육이오 발발 60년 지나 2010년,
삼신상제 신위 모신 일진은 경인년 을축월 기묘일(庚寅年 乙丑月 己卯日)이다.

오는 세상은 동짓날이 설날이 될 때 전 세계 각국 대표가 화물선에 곡물을 싣고 오는 것이다.

비결서에
庚寅辛卯(경인 신묘) 庚寅己卯(경인 기묘) 청림 도사 비결이다.

"弓弓乙乙 山水景(궁궁을을 산수경)

春末夏初(춘말하초) 當(당)코 보니

靑林世界(청림 세계) 될 것이니

靑林中(청림중)에 一道師(일도사)를

아무쪼록 찾아가서 靑林道(청림도)를 닦아 내어 靑林德(청림덕)을 세고 보면

靑林道師(청림도사) 될 것이니

靑林二字(청림이자) 잘 깨쳐서

四靑林(사청림)을 살펴보면

甲乙合(갑을합)도 靑林(청림)이요

寅卯合(인묘합)도 靑林(청림)이요

巽震合(손진합)도 靑林(청림)이요

三八木(삼팔목)도 靑林(청림)이니

四靑林(사청림)을 都合(도합)해서

三八卦(삼팔괘)로 定(정) 헌 道師(도사)

大靑林(대청림)이 될 것이니

東方靑龍(동방청룡) 三陽之氣(삼양 지기) 日出承德(일출승덕)이 아닌가."
라 하였다.

해설

춘말하초(春末夏初)란 말은 진사(辰巳月)이다. 사(巳)월은 역(易)으로 중천 건괘를 뜻한다. 만물이 완성하여 용이 승천하는 천지조화 괘이다.

청림 도사(靑林道師)란 십이월(十二月)에 태어난 백학(白鶴)의 아들이 청학(靑鶴) 또는 청림 도사(靑林道師)라는 것이다. 학(鶴) 하면 백학(白鶴)을 떠올리고 청렴결백하고 고결한 선비를 상징한다.

그 백학이 십이월(十二月)에 청학(靑鶴)을 낳으니 가을이 겨울을 보내려면 청송(靑松)에 둥지를 틀어야 한다. 그리고 인월(寅月)의 봄을 맞으므로 백학이 청학을 낳았다고 한 것이다. 십이월의 아들이란 십이월(十二月) 글자를 종(縱)으로 합하면 푸를 청(靑) 자가 된다.

태극도 시절 도주님을 12월이라 청림 도사라 하였고 도주께서 옥황상제에 오르셨으니 계묘생 12월생 민병규가 도에 주인 청림 도사인 것이다.

그러므로 백학이 청학이 된다는 뜻이다. 이는 추(秋)와 춘(春)이 합(合)한다는 의미이고 무극(无極)의 증산(甑山)이 태극(太極)의 영신당주(迎新堂主) 화하는 불선유를 유불선으로 바로 세워 재생신(再生身)의 천지공사는 천자가 출현한다는 비결이다.

가을이 봄이 되기 위해서는 반드시 시월, 십일월, 십이월의 겨울을 잘 넘겨야 한다. 그 과도기를 일제 삼십육 년(日帝 三十六年)으로 넘겼던 것이고 이어서 육이오의 삼 년(三年)을 통해 봄을 맞는 천지음양의 도수이다.

이제 육이오를 기년(期年)으로 보아 칠십이 둔 도수의 72년이 지나는 때가 비결의 1950+72=2022년 임인(壬寅) 2022년에 민병규가 대순진경을 선포한 것이다.

겨울은 만유가 장, 고, 묘(藏, 庫, 墓)의 때이다. 감추거나 창고에 축적하거나 묘에 든다는 철이다. 과도기(過渡期)이다. 선천에서 후천으로 건너가기 위한 준비 기간이다. 묘(墓)에 입(入) 하지 않기 위해서는 은자(隱者)로써 수행(修行)해야 하는 시기이다. 과도기를 잘 보내야 한다. 인류의 가장 중요한 시운이 이때이다. 1963년 계묘생 민병규는 2010년 경인년(庚寅年)에 삼위 상제님을 모시고 2024 진, 사성인 출에 의미가 또한 중요하다. 인기어인(人起於人)의 시운이기 때문이다.

사람이 일어나야 하는 이 시간에 일어나지 못한다면 영멸(永滅)이다. 입묘(入墓)에서 재생신(再生身) 기회를 잃으면 재생신의 회생(回生)도 또다시 돌아오지 않는다.

남북의 경계선이 삼팔선(三八線)이라 사청림(四靑林) 삼팔목의 목도(木道)가 한반도에 있고 청림 도사가 대한민국에서 천자로 출현한다는 비결이다.

인묘진(寅卯辰)의 중심 목도 내행(木道乃行)의 목국(木局)인 진 장남(震長男)을 말한다. 신묘(辛卯)는 천간 신(辛)은 금(金)의 가을이며, 묘(卯)의 지지(地支)는 봄을 뜻하므로 춘추를 상징한다.

을좌(乙坐)의 을은 궁궁을을(弓弓乙乙) 비결의 을(乙)이고 방위(方位)로 을진(乙辰)은 쌍산 오행의 짝이라 동궁(同宮)이니 을(乙)은 곧 진방(辰方)으로 같은 방(方)이다. 따라서 갑진, 을사(甲辰, 乙巳) 용봉 합궁(龍鳳合宮)을 뜻한다.

궁을(弓乙)의 새 을(乙)은 봉황(鳳凰)의 새를 뜻한다. 이러하므로 육이오 남북전쟁은 경인, 신묘의 송백목 청림 도사 비결이고, 궁궁을을의 비결이며, 백학이 청학이 되는 비결의 의미이다. 삼신상제 신위 모신 일진은 2010년 경인년 을축월 기묘일(庚寅年 乙丑月 己卯日)이다.
삼천성도(三遷成道) 시운(時運)이라 이때에 돌아온다. 삼팔선(三八線)의 남북으로 나뉜 한반도가 천지개벽의 시운에 중심(中心)이고 대한민국의 운(運)으로 천하가 돌아가고 있는 것이다.

15, 천자 신명(天子神明)

태극도, 증산도, 대순진리회에서 모르는 천지 대공사,

상제께서 경무청에 끌려가시어도 공사하신 내용,

천자 신명(天子神明)과 장상신(將相神) 공사

정미년 겨울 섣달 ○일 ○시에 대 선생께서 와룡리에 계시면서 천지 대신 문을 여시고 천지 대공사를 보시니라. 설법하시고 행법 하시어 신명에게 명령하시니라. 문득 하늘 위에서 동서남북으로부터 가운데를 향해 천고성이 크게 일어나고, 조금 있다가 온갖 음악 소리가 가지런히 울려, 마치 인간 세상에 천자(天子)가 조정(朝廷)에 들어서면 모든 음악이 한꺼번에 연주되는 것과 같더라.

옷을 깨끗이 갖추어 입으시고 윗자리에 단정히 앉으사 백의 군왕 백의 장상 도수를 보시니, 의식이 엄숙하고 질서가 정연하여 조정(朝廷)의 모습과 똑같이 엄숙하더라.

말씀하시기를, 공우야. 너는 도를 받들기 전에 여러 번 관액을 겪었더냐?

말씀드리기를, 제 분수를 모르고 몇 번 관액으로 고생하였나이다.

말씀하시기를, 광찬아. 원일아. 너희 두 사람은 타고난 성품이 급하여 일을 맞이하여 실수할까 두려우니, 공우와 광찬은 정읍으로 가서 경석과 더불어 명령을 기다리고, 원일은 태인으로 가서 경원과 더불어 명령을 기다리라. 여러 제자에게 물으시기를, 와룡에 전해 오는 말에 천자피금(天子皮金)도수라는 것이 있느냐?

대답해 여쭈기를, 그런 것이 있나이다.

말씀하시기를, 나는 천지의 임금으로 천하 모든 나라에 내리어 임금이 되고 스승이 되나니, 천하에 어떤 나라가 감히 나를 치며, 천하의 어떤 임금이 감히 나를 해치리요마는, 나라를 세우고 도를 세워 앞으로 영원히 만백성을 구하고자 하면, 천지의 정해진 운수로부터 질정하노라. 이제 내게 피금(皮金)도수가 있으니, 만약에 권능으로 물리치면 만세의 억조에게 끼칠 영향을 헤아릴 수 없노라. 내가 세상에 옴은 나를 위함이 아니요, 백성을 위한 것이니, 나는 이제 그 도수를 스스로 겪으리라.

여러 제자에게 말씀하시기를, 천하사를 하는 사람은 위태로움을 당해야 편안함을 얻을 수 있고, 죽음에 들어서야 삶을 얻을 수 있나니, 이제 너희들의 앞길에는 큰 어려움이 있노라. 그러니 만약에 어려움이 두렵거든 모두 흩어져 화를 피하도록 하라.

제자들이 지금까지 있어 온 조화의 권능을 익히 알고 있으므로 각자 스스로 생각하기를, 무슨 어려움이 있으리오. 이는 반드시 시험하는 말씀이라 하여 말씀드리기를, 설혹 물과 불 속에 들거나 삶과 죽음을 넘나들 지라도 물러나지 않겠나이다.

말씀하시기를, 나를 잘 믿으라. 억만 명이 재앙의 그물에 들더라도 나는 능히 빼내어 한 사람도 상하지 않게 하리라. 여러 제자에게 물으시기를, 경칩절이 언제냐?

대답해 아뢰기를, 정월 그믐께가 경칩절이나이다.

말씀하시기를, 경칩이 되면 일을 알게 되리라. 말씀이 미처 끝나기도 전에 마을의 풍헌과 동수가 세금을 독려하러 오니라.

풍헌과 동수를 향하여 큰 소리로 꾸짖어 나는 천하사를 하거늘 어찌 함부로 들어오느냐. 두 사람이 깜짝 놀라 물러가서, 의병이라 하여 고부 경무청에 몰래 신고하니라.

대선생께서 가까운 곳에 옮겨가 계시면서 말씀하시기를, 한국 조정의 벼슬아치가 내가 있는 곳을 묻거든, 바른대로 말하라. 그때에 이 나라의 정세가 의병이 온 나라에서 벌 떼처럼 일어나는데, 영남과 호남이 가장 심하여 백성들의 집을 약탈하고 일본군과 싸움을 벌여, 죽고 사는 일이 여러 번 생겨나니라. 일본군이 나라 안에 그물을 치고 조선 벼슬아치들과 한패가 되니, 선량한 백성이 의병으로 의심받아 죄를 얻어 죽는 사람이 많고, 비록 그냥 길 가는 사람일지라도 행동이 조금만 이상한 점이 있으면 일일이 조사를 받아서, 심한 사람은 죽은 자리도 알지 못하는 때더라.

대선생께서 와룡리에 계시는데 고부 경무청의 순검들이 풍헌과 동수의 밀고를 받고, 많은 순검들이 총을 메고 와서 여러 제자들을 잡아 묶으니라. 일이 돌아가는 기미가 갑자기 살벌한 모양을 띠고, 놀란 소문이 멀고 가까운 마을에 시끄러이 퍼지고, 순경들이 대선생 계신 곳을 샅샅이 찾아다니니, 대선생께서 이미 명령하신 바가 있으므로 바른대로 말하여 또한 잡혀 가시니라. 이날 대선생과 제자가 모두 옥에 갇히니, 모두 스물한 사람이라. 나쁜 소문이 멀고 가까운 곳에 파다하게 퍼지니 세상 사람들이 놀라지 않는 이가 없고, 일이 돌아가는 결말을 사람마다 달리 말하여 온 세상의 이야깃거리가 되고, 여러 제자의 가족들은 슬피 울며 이번에 닥친 화가 반드시 죽음으로 끝날 것이라 하여 욕하는 사람이 많으며, 재앙의 그물에 걸린 제자들 또한 원망하기도 하고 흐느끼기도 하니라. 다음 날 경무청의 관원이 크게 위세를 부리며 고문 도구를 있는 대로 차려 놓고 묻기를, 이번에 무리 지어 모인 것이 의병을 모의하려는 것이 아니냐. 전날 지은 죄를 낱낱이 자백하라. 그렇지 않으면 오로지 죽음이 있을 뿐이라 하니라. 대 선생께서 태연자약하시고 행동은 평소와 다름없이 말씀하시기를, 나는 의병이 아니라
천하사를 하노라. 그 관원이 놀라고 당황하여 눈을 크게 뜨고 묻기를, 천하사가 무엇이기에 함부로 하느냐?

갑자기 어깨를 치켜드시며 큰 소리로 말씀하시기를, 천지 대운이 떠서 왔다 갔다 하니 먼저 잡는 사람이 임자가 되노라. 이때에 말씀과 동작이

조금도 얽매이지 않고 큰 소리로 바로 말씀하시니, 관원들이 폭을 잡지 못하여 사람들에게 말하기를 미친 사람의 미친 소리라 하니라.

정미년 겨울 그믐날에 고부 경무청에 계시면서, 천지 대 신문을 여시고 천지 대공사를 보시니라. 행법 하시고, 신명에게 명령하시니라. 말씀하시기를, 오늘이 그믐이냐?

말씀드리기를, 그러하나이다. 갑자기 하늘에서 천둥번개가 크게 일어나니라. 마침 그때 형렬과 자현이 같은 방에서 모시고 있었더니 말씀하시기를, 형렬아. 세 사람이 한자리에 모이면 관장의 공사를 볼 수 있다 하노라. 자현아. 백만 명이 이런 화액에 걸렸을지라도 나는 다치지 않게 풀어낼 수 있노라.

제자가 여쭈기를, 이번 공사에 천둥번개가 크게 일어나니 어째서입니까?

말씀하시기를, 천자(天子) 신이 서양으로부터 넘어오니 행차가 커서 적막할 수 없음이니라. 그러나 천자 신명(天子神明)은 이번에 넘어왔으나, 너희들이 혈심이 없었으므로 장상신(將相神)은 너희들의 몸에 내리기 싫어하노라.

제자가 여쭈기를, 장상신(將相神)이 저희 제자들 몸에 응하려 하지 않으면, 제자들이 장상이 될 수 없나이까? 밥 한 끼 먹을 시간이나 지나서 말씀하시기를, 끝내는 응하게 되노라.

제자가 여쭈기를, 천자 신명(天子神明)이 서양으로부터 동양으로 넘어오니 어째서입니까? 말씀하시기를, 때가 오면 알게 되리라.

또 하루는 공사를 행하시고 오주(五呪)와 글을 쓰시니 이러하도다.

天文地理 風雲造化 八門遁甲 六丁六甲 智慧勇力

道通天地報恩

聖師

醫統　慶州龍潭

无極神　大道德奉天命奉神敎大先生前如律令

審行先知後覺元亨利貞布敎五十年工夫

대순전경 [예시 88절]

해설

天文地理 風雲造化 八門遁甲 六丁六甲 智慧勇力

천문지리 풍운조화 팔문둔갑 육정육갑 지혜용력

道通天地報恩

도통천지보은

聖師

성사

醫統 慶州龍潭

원통 경주용담

无極神 大道德奉天命奉神敎大先生前如律令

무극신 대도덕봉천명봉신교대선생전여율령

審行先知後覺元亨利貞布敎五十年工夫

심행선지후각원형이정포교오십년공부

해설

하늘의 문서로 땅을 다스리니 바람과 구름이 조화를 이루는구나.

음양(陰陽) 점술(占術)에 능(能)하여 사람이 귀신(鬼神)을 부리니 술법(術法)의 둔갑술(遁甲術)을 할 때에 신장(神將)의 이름을 부르고 지혜로 용사를 하니 사물(事物)의 오묘(奧妙)한 이치(理致)를 깨달아서 통(通)하는구나. 하늘과 땅이 은혜(恩惠)로 갚으니 민병규가 성인 되어 스승이니 의원을 거느려 경주 용담이라.

경주의 옛 이름은 계림이니 글자 그대로 한다면 '닭이 숲처럼 많이 모인 곳'이 된다. 지조 있는 선비들이 모인 것은 닭 볏(官)이 모인 것이라는 말이다. 유림이란 말도 이에 비롯된 것이다.

경주의 옛 이름이 계림이며 박혁거세도 계림에서 태어나 선비들의 모임

도 계림이다. 민병규가 용담(龍潭) 역(易)을 세워 시간을 모르는 인간은 때를 모르는 것이고, 그것은 곧 철부지를 의미한다. 지혜로운 사람이란 하늘이 지어 놓은 삶의 바탕인 시간을 바로 깨달아 생활에 응용하여 용담으로 모이는구나.

하늘을 받들어 신의 가르침으로 민병규 대선생이 먼저 명령이 떨어지기가 무섭게 그대로 시행하리라.

살피고 행하니 앞일을 미리 알고 하늘이 갖추고 있는 사물(事物)의 근본(根本)이 되는 원리(原理)로 네 가지 덕(德) 이 세상(世上)의 모든 것이 생겨나서 자라고 이루어지고 거두어짐을 뜻하는구나.

오십 년 공부 종필이니

정산 성사께서 무극도, 태극도 포교 50년 공부 종필 하여 옥황상제에 오르시고,
우당 성사께서 태극도 23년 대순진리회 27년 포교 50년 공부 종필로 세존상제에 오르시니

후에 세상(世上) 물정(物情)을 뒤늦게 깨달으니 모든 도인은 민병규의 후각이라.

16, 명부 공사

대선생께서 천지 대신문을 여시고 천지 대공사를 보시니라.

나는 천지를 개벽하여 하늘과 땅을 다시 짓고, 무극대도(無極大道)를 열어 선천의 운을 닫고, 조화 선경(造化仙境)을 열어 고해에 빠진 억조 중생을 건지리라.

입은 곤륜산처럼 무겁게 하고, 마음은 황하수처럼 깊게 하여 덕을 감추기를 귀울림처럼 하고, 허물을 드러내기를 숨소리처럼 하라. 천지는 해와 달이 없으면 빈 껍질이요, 해와 달은 아는 사람이 없으면 허깨비니라. 일이 생겨나서 커지는 것이 천지에 달려 있고, 사람에 있지 않느니라. 그러나 사람이 없으면 천지도 없으므로 천지가 사람을 내어 쓰나니, 사람으로 태어나 천지가 사람을 쓰는 때에 참여하지 않는다면 어찌 인생이라 할 수 있으리오.

넓고 큰 것을 알고자 하면 천지를 보고, 때에 따라 바뀌는 바를 알고자 하면 사계절을 보고, 음양의 이치를 알고자 하면 해와 달을 보고, 공덕이 되는 일을 알고자 하면 성인을 보라. 만물을 낳아 끊임이 없음은 천지의 대업이니, 돌고 돌아 쉬지 않음은 천지의 큰 덕이라, 공이 만세에 미침은 성인의 대업이며, 끝에도 처음처럼 나날이 새로움은 성인의 큰 덕이니라.

우(禹) 임금이 구 년 홍수를 다스릴 때 삼 년 동안 (자기 집) 문 앞을 지나면서도 들어가지 않음은, 한 몸의 괴로움으로 천하의 모든 백성을 편안히 하려 함이었느니라. 그러므로 세상을 다스리는 이는 그 몸을 주리게 하고 힘줄을 수고롭게 하여 백성의 목숨을 살리고, 세상을 어지럽히는 이는 그 마음이 음란하고 재물을 탐함으로써 백성의 삶을 해치나니, 하늘의 이치가 있을진대 공은 닦은 데로 돌아가고 화는 지은 데로 돌아가리라. 나의 세상에는 천지가 합덕하고 천하가 한 집안이 되나니, 천지 공정을 세우느니라.

나의 세상에 동방 칠성(민병규)은 신계(神界)의 주벽(主璧)이니 공경함이 옳으니라. 동방 칠성은의 공덕이 천지에 가득 차느니라. 동방 칠성(민병규)이 선경을 건설하려고 동쪽으로 왔더니, 정치와 교화가 폐단이 쌓여 안 될 것을 알고는, 역(易)법을 만들어 백성들에게 때를 밝혀 주고, 동방의 문명신을 천지 간(間)에 수화기제(水火旣濟)의 운을 열고 천지 간(間)에 신명계의 영역을 개방하여 천지 간(間)에 사람과 신명의 영역을 개방한 사람이 민병규이니라.

선천에는 동서양이 서로 통하지 못하였으니 화수미제(火水未濟)의 운(運)이며, 내 세상에 동서양이 서로 통하니 수화기제(水火旣濟)의 운(運)이니라. 선천에는 천지의 신명이 각기 지역의 경계를 지켜 서로 왕래하지 않다가 동방 칠성이 개방하니, 지하 신이 천상에 올라 천국의 모습을 본떠 진묵대사를 따라 사람에게 알음 귀를 열어 준 것이 오늘날 서양의 문명이니라. 동방 칠성의 공덕을 사람이 다 알지 못하므로 천지 만신이 받드느니라. 동방 칠성(민병규)은 언제나 세상의 모든 일을 다스리느니라.

나의 세상에서 관운장이 삼계의 병마 대권(군사 총지휘권)이니라. 나의 세상에는 운장이 성제군의 지위에 서나니, 관운장의 오늘날이 오로지 의리에 있고 재주나 지식에 있지 않나니, 천지 사이에 의로움보다 큰 것이 없느니라. 나는 추상같은 절개와 태양 같은 충성을 사랑하노라. 사람의 언행이 의(義)로우면 천지도 진동하느니라. 하늘이 할 수 없는 바가 없으나, 오직 의로운 사람에게는 미치지 못하는 바가 있느니라. 나는 천지의 보배를 모두 가졌으나, 그중에서도 의로움을 보배로 삼느니라. 만약 일심하는 사람이 있으면, 서촉에 있더라도 나는 반드시 찾아서 만나리라.

나는 동방 칠성(민병규)에게 명하여 수운을 서도의 종장으로 명하고, 진묵을 불도의 종장으로 명하고, 회암(주자)을 유도의 종장으로 명하여 단점은 버리고 장점을 취하여 모든 선(善)을 거두어 합치나니, 이리하여 내가 세우는 바가 천하 만세에 유일한 대도니라.

천지의 이치가 난을 짓는 것도 조화이고, 난을 그치게 하는 것도 조화이니, 최수운은 천하의 난을 지었고 나는 천하의 난을 가라앉히느니라. 진묵이 봉곡에게 원한을 품고 동양 신을 이끌고 서쪽으로 건너가 서양의 문명을 열었나니, 나는 동토로 불러와 선경 건설에 힘쓰도록 하느니라. 유교인들이 잘못이 많거늘 오직 회암은 잘못이 없느니라.

수운은 사명당이 갱생이니 승평 시대 불원이라 하고, 수운은 산하 대운이 진귀 차도라고 하였나니, 그러므로 나는 순창 회문산 오선 위기로 천하의 시비를 풀고, 무안 승달산 호승 예불로 천하의 좌판을 만들고, 태인 예배전 군신봉조로 천하의 임금을 내고, 장성 손룡 선녀직금으로 천하 사람들에게 비단옷을 입히리라.

인간 세상의 어지러움은 곧 명부의 착란이라. 그러므로 명부를 정리하면 인간 세상도 또한 바로잡히느니라.

신명에게 명령하시기를,
전명숙과 최수운과 김일부에게 명하여 명부를 정리케 하노라. 전명숙을 조선 명부로 임명하고, 최수운을 일본 명부로 임명하고, 김일부를 청국 명부로 임명하노라.

최수운은 나의 세상이 옴을 알렸고, 김일부는 내 세상의 이치를 밝혔으며, 전명숙은 내 세상의 첫머리를 만들었노라.

전명숙이 도탄(塗炭)에 빠진 백성을 구하고자 하고, 상놈의 천대를 풀어 주기를 바라니 모든 신명이 기뻐하노라. 전명숙은 만고의 명장(名將)이니, 포의한사로 천하의 난을 일으킨 사람은 만고에 전명숙 한 사람뿐이니라. 영세화(永世花)는 건곤(乾坤)의 자리에서 자라고, 큰 방책의 태양은 간태궁(艮兌宮)을 비추느니라. 천지의 일은 불시에 오는 것이고 사람이 감히 알지 못하나니, 때가 오지 않아서 내 일을 알면 하늘이 잡아 죽이느니라.

하늘을 올려다보니 햇무리가 섰기로 복명하거늘, 지금 천하의 대세가 큰 종기를 앓음과 같으니, 내가 그 종기를 티뜨렸노라.

선천은 상극의 운이니 강약과 남녀와 빈부와 귀천이 상극하고, 천하의 모든 사물이 모두 상극하니 웅패의 세상이니라. 그러므로 악으로 살아가게 되어 원한이 천하에 가득하니, 그 운이 끝날 때에는 큰 재앙이 한꺼번에 일어나서 인간 세상이 장차 멸망하리라. 이리하여 천지 만신이 근심하고 불쌍히 여기나 구해 낼 방도가 없어 구천에 호소하니, 내가 차마 물리치지 못하여 세상에 내려왔노라. 그러므로 크게 닥칠 화를 작아지도록 다스려 조화 선경을 여느니라.

요순(堯舜)의 세상을 다시 본다는 말이 있으니, 천지의 큰 운수니라. 선천 사람이 당우(요순)의 세상을 오회의 중간이라 하니, 요임금의 구 년 홍수와 탕임금의 칠년대한이 금(金)과 화(火)가 바뀜이니, 그러므로 지금 세상은 가을 운수의 시작이니라. 세상에 백조일손이라는 말이 있으니 가을바람이 한 번 일어나면 잎은 떨어지고 열매는 익나니, 지금 세상은 생사를 판단하는 세상이니라.

임진왜란에 사람임을 모른다는 말이 있었으며, 가산(家産)의 난(亂)에 하늘임을 모른다는 말이 있었고, 지금 세상에 신임을 모른다는 말이 있으니 나의 세상은 조화의 세상, 신명의 세상이니라.

토정(이지함)이 천관산 아래에 금인(琴人)이 옥을 받들고, 모악산 아래에 금부처가 능히 말을 한다고 하지 않더냐? 토정이 나오므로 공자와 맹자의 학문이 세상에서 쓸모가 없어지고, 술법 없는 선비가 길에서 죽으리라 영평 비결에 누가 능히 떨치고 물러나 신선의 길을 찾으리오, 부유함은 몸을 도모하지 못하나니 돈 우물에 빠져 죽으리라.

술수(도술)가 삼국시대에 나서 해원하지 못하다가 이때에 해원하노라. 세상에 도(道) 아래 머무르라는 말이 있으니 천지의 큰 겁액이 닥치는 때에 천지의 대도 아래 머무르지 않으면 어찌 살아나리오.
세상에 나를 살리는 것이 삼인 일석이라는 말이 있으니 마음을 닦고 덕을 닦음이니라. 세상에 나를 죽이는 것이 소두무족이라는 말이 있으니 비결에 이 당 저 당 여러 당에 들지 않은 이가 영웅이로다.

최수운이 우리 동방의 삼 년 괴질을 누가 막을 수 있으리오. 하고, 또 십이제국 괴질 운수는 누가 막아 내리오. 말하니 큰 것을 들어 말한 것이려니와, 천하가 모두 그러하니라.

토정이 말하기를, 전쟁도 아니고 굶주림도 아닌데 시체가 길에 쌓이고, 전쟁으로 백 명이 죽으면 흉년으로 천명이 죽고 병이 돌면 만 명이 죽는다고 하지 않았더냐. 때가 되면 홍수 밀리듯 하여 누웠다가 일어날 틈이 없고, 국물 마실 짬이 없으리니 의통을 배우라.

불교에서 미륵불 출세를 말하고, 서도(기독교)에 예수 부활을 말하고, 동학에서 수운의 갱생을 말하니 죽은 사람은 다시 오지 않으니, 한 사람이 오면 천하의 모든 사람이 모두 내 스승이라 하여 따르리라.

세상에 천주(하나님)께서 세상에 오시어 선악을 심판한다는 말이 있으니 인존 시대에 상제가 내려와 선악을 심판하노라, 천존과 지존보다 인존이 크나니 지금은 인존 시대니라. 천존보다 지존보다 인존이 크노라.

동도(東道)를 헐뜯는 자는 동쪽으로 갈 길이 없고, 서도를 헐뜯는 자는 서쪽으로 갈 길이 없느니라. 나의 말은 구천에 사무치느니, 결코 땅에 떨어지지 않고 부절과 같이 합하노라.
재화(財貨)를 탐하지 마라. 낭패가 따르는 법이니라. 독한 약이 입에 쓰나 병을 고치고, 충고하는 말이 귀에 거슬리나 행사에 도움이 되느니라.

내 말은 약이니 죽은 이가 살아나고, 앓는 이가 낫고, 갇힌 사람이 풀려나고, 근심 있는 이가 즐거워지느니라. 세상에 부자는 불행하고 가난한 이가 복이 있다는 말이 있으니 나를 따르는 자는 먼저 망하고 들어서 나니 부유함을 버리고 가난함에 돌아가라.

불가(佛家)에 당래불 찬탄설게가 있어서, 석가불은 사바세계의 도주이며, 미륵불은 용화세계의 도주라. 사바세계는 고해이고 용화세계는 선경이니, 미륵불 조화 선경은 하늘 문이 넓게 열리고, 천신이 세상에 내려오고, 주야가 한 가지로 밝으며, 모든 곡식을 한 번 심어 여러 번 거두며, 모든 과일이 매우 크고, 맛 좋은 음식이 저절로 생기고, 아름다운 옷이 저절로 얻어지고, 정사(政事)는 함이 없이 다스리고, 뭇 백성이 저절로 교화되고,

신선의 음악이 그윽하고, 풍류가 날마다 이어지며, 금과 옥이 집에 가득하고, 길에 떨어진 물건을 줍지 않으며, 밤에도 문을 닫지 않고, 앉은 자리에서 하늘나라를 보며, 천 리 길을 순식간에 당도하고, 늙지도 죽지도 않으며, 세상에 홀아비와 과부가 없고, 아들, 딸 하나씩을 낳으며, 온 천하가 공변되고, 비바람이 순조롭고, 흉년이 없어져 굶주림이 없고, 적자와 서자의 차별이 없으며, 양반과 상놈의 구별도 없고, 진기한 새가 날고 별스러운 꽃이 피며, 해로운 짐승이 없어지며, 노인을 부모처럼 섬기고, 어린이를 자식처럼 사랑하며, 세상에 질병의 괴로움이 없고, 농사를 천한 일로 여기지 않고, 사랑이 넘쳐 나고, 사람을 살리는 것을 덕으로 삼는다 하니 성인의 말이로다. 좋은 세월이 오는구나. 복을 구하는 자는 힘쓸지어다.

석가불이 제자에게 설법하여 널리 공덕을 쌓아 놓으면 오는 세상에 용화세계에 태어난다 가르쳤으니, 그때 사람들이 앞으로 오는 선경에 참가할 수 있으려면 삼생의 인연이 있는 사람이라야 나를 따르느니라.

내가 땅을 석 자까지 태우니 농사가 잘되리라. 나는 모든 곡식을 한 번 심어 계속 거두게 하노라. 나는 소와 말의 괴로움을 신명이 대신하게 하노라. 나의 세상에는 논밭 갈고 심고 거두는 일을 신명이 대신케 하리라.

나의 세상에서 부부는 일부일처요, 자녀는 일남 일녀가 되리라. 나의 세상에는 과부와 홀아비와 자식 없는 노인과 부모 없는 아이가 없으리라.

최수운이 오는 세상에 한 남자가 아내 아홉을 거느린다고 말하니 선천에 남자는 척이 많고 여자는 원한이 많으니, 큰 겁액이 닥칠 때 한때 그런 일이 있노라. 척이 없어야 잘 산다고 하나니, 척을 짓지 말라. 나의 세상에 자손이 선조와 같은 상에 앉으리라.

동서양의 신구(新舊) 서적을 갖추어 두시고, 통감(通鑑)으로 신명에게 명령하시고, 해동명신록(海東名臣錄)으로 신명에게 명령하시고, 신약전서(新約全書)로 신명에게 명령하시고, 자전(字典)으로 신명에게 명령하시고, 사요(史要)로 신명에게 명령하시고, 여러 다른 책으로도 신명에게 명령하시니 여러 날이 걸리니라.

쉽고 간단한 문자로 천하가 널리 쓰게 하리니, 그리하여 나의 세상에는 글 모르는 사람이 없어지리라. 내가 세상에 올 때 천지의 정사(政事)를 천조(天朝)에서 대신하게 하였으니, 신축년으로부터 내가 몸소 다스리니라. 나는 어묵 동정이 천지공사가 아님이 없어 쉴 짬이 없거늘 사람들은 알지 못하노라.

선천은 천지비이며, 후천은 지천태이니, 선천은 위엄으로 살고, 나의 세상은 웃음으로 사느니라. 생각에서 생각이 나오므로 말을 듣고도 실행하지 않으면 바위에 물 주기와 같으니라.

악으로 악을 갚으면 피로 피를 닦는 것과 같고,
나를 헐뜯는 사람이 있다면 나를 모르는 사람이니,

헐뜯음을 헐뜯어 갚으면 용렬한 사람이니라.

사람이 주는 것을 먹고 병이 나더라도 원망하지 않고,
나를 때리는 사람이 있으면 먼저 손을 어루만져 위로하여,
사람을 많이 용서하는 것이 한량없는 덕이니라.

공적인 일은 의롭게 하되 덕을 넉넉히 하라.

내게 잘못이 있고 남이 옳을 때 하늘에 빌어 자책하면 화가 저절로 풀릴 것이니,

내가 옳고 남이 그릇될 때 하늘에 빌며 자책하면, 그는 화를 받고 나는 덕이 높아지리라.

내가 세상에 옴은 가난하고 약하고 병들고 괴로운 이들을 위함이니, 부유하고 강하고 권세 있고 교만한 사람은 그들도 나를 싫어하려니와 나도 그들을 싫어하노라.

나의 세상은 원한을 푸는 세상이니, 그러므로 내가 가리는 사람은 농판, 천치, 천진 군자라는 평을 듣는 사람이니라. 내가 명령을 내리면 목석이라도 쓰임이 되노라.

복이 아래로부터 위로 오르지 않고 반드시 위에서 아래로 내리나니, 부

모를 사랑하고 공경하라. 나의 세상에는 자식은 효에 머물고, 어버이는 자애에 머무노라.

순(舜)은 천하의 큰 불효자니 고수(瞽瞍)의 잘못이 반만년 동안 사람들의 입에 오르내리었으니 요(堯)는 천하를 쳐서 빼앗고 구 년 홍수가 백성들의 눈물이라. 선천 세상에 요지 일월(堯之日月)이며, 순지 건곤(舜之乾坤)이란 말이 있으니 형벌(刑罰)이 순(舜)으로부터 나왔느니라.

공은 포덕보다 큰 것이 없고, 죄는 천륜을 상하는 것보다 큰 것이 없느니라. 나의 세상에는 스승을 해치는 제자가 없나니, 예전에는 예수가 있었고 지금은 명숙이 있노라.

석가불은 수미산의 운을 받아 원만한 도를 깨우친 사람이 360명이며, 공자는 니구산의 운을 받아 마음으로 육예(六藝)를 통달한 이가 72명이니, 그 나머지는 모두 한을 품었느니라.

나는 금강산 기운을 쓰나니, 나의 세상에는 영원히 혈식(血食)을 받을 도덕을 갖춘 군자가 12,000명이며, 나머지 사람들은 기국에 따라 크고 작게 도덕을 이루어 한이 되는 바가 없노라. 도통줄을 대두목에게 주리니 내가 어찌 홀로 행하리오.
나의 세상에는 일반 백성도 사흘 앞의 일은 아느니라.
나의 세상에 금강산은 세계 정부의 관청이 되노라.

어떤 사람이 청나라를 중국이라 부르기에 청은 청이라 중국이 아니니, 나의 세상에는 내가 있는 곳이 천하의 대중화니라 내 세상에는 반역하는 신하가 없으니 나의 세상에는 도술이 직책을 따르니라.

나의 세상에는 친구를 속이는 사람이 없노라.

파고 또 파라. 얕으면 한이 되느니라.

세상에 나면서부터 아는 사람은 없느니, 천지가 비바람을 지을 때에도 공력을 들이니 말을 박하게 하면 사람이 상하노라. 천하사를 하는 사람은 소나 말과 통정하는 것은 옳지만, 부모 형제나 처자와 통정하는 것은 옳지 않노라.

옛날에 제갈공명이 능히 동남풍을 부렸다 하니 공명이 비바람을 빌 때에는 제단을 쌓고 여러 날이 걸렸으나, 때가 와서 너희들이 비바람을 빌 때에는 명령이 내리면 바로 부느니라.

공명이 뽕나무 팔백 그루를 남겨 청렴한 이름이 후세까지 들려오나 천하사를 하는 자는 뽕나무 팔백 그루도 남기지 않느니라. 물건에는 근본과 말단이 있고 일에는 처음과 끝이 있나니, 먼저 할 바와 나중 할 바를 알면 곧 도에 가까우니라.

수운 가사에 저런 것도 잠시 동안이라 하였으니, 도에 뜻하는 자의 거울이니라. 나는 마를 풀어놓으니 어지러움이 앞서고 다스림이 뒤에 있으니 나를 따르는 자는 여러 마가 발동하여 화를 받아 내어야 복이 찾아오니 바람이 불기도 하고 그치기도 하나 사람도 움직일 때도 있고 멈출 때도 있느니라.

옛적에 한고조는 소하의 덕으로 천하를 얻었지만, 너희들은 베풀 것이 없으니 언덕(言德)에 힘쓰라. 덕은 언덕보다 큰 덕이 없노라. 말을 후하게 하면 그 사람에게 복이 되어 나에게까지 미치고, 말을 박하게 하면 그 사람에게 화가 되어 나에게까지 미치느니라. 나쁘게 여겨 없애려 하면 풀 아닌 것이 없고, 좋게 보고 받아들이면 모두가 꽃이로다. 말은 마음의 소리요, 행사는 마음의 자취니라.

동학가사에 새 운수가 들었으니, 소진과 장의의 구변(口辯)이 있고, 강절의 알음이 있고, 이백과 두보의 문장이 있느니라.

하도(河圖)의 의로운 기운은 사람과 말이 같으니, 한 터럭을 뽑아 천하를 이롭게 하노라. 박람 박식이 누가 복희(伏羲)를 따르리, 하늘 임금의 공사 마당에 햇무리를 나타내도다.

신구 용마의 한 길이, 이 산하(山河)에 수천 년 동안 수만 리에 걸쳐, 포운(胞運)과 태운(胎運)을 거쳐 세계를 길러서, 큰 도수의 일월이 성령(聖靈)을 왕성하게 하리라.

수운 가사는 자기 노래를 엮은 것이로되 내 노래를 엮은 것이로다. 최수운은 예수의 요한과 같은 사람이라. 제 한 몸 수습하는 것이 천금보다 귀중하고, 순간순간의 안위가 마음 쓰기에 달렸노라. 동학가사에 제 소위 추리라고 생각나니 그뿐이라 하였으니 두터이 할 곳에 박하게 하고, 박하게 할 곳에 후하게 하는 일은 없나니라.

천하사를 하는 사람은 글로 전하지 않고 사람에게 전하나니, 어쩔 수 없이 글로 전하면 읽어 보고 바로 태우노라.

마음을 바로 하고 몸을 닦아 가정을 다스리고 나라를 다스려 천하를 평안케 하나니, 천하(事)를 위하는 자는 집안일을 돌보지 않느니라. 가라앉은 마음 아래 도덕이 있고, 손바닥 뒤집는 사이에 병법이 있노라.

속담에 맥 떨어지면 죽는다 하니, 연원을 바르게 하라.

쇠 북소리 한 번에 천하를 호령하고 봉황이 한 번 울면 세상 닭이 모두 우네. 팔방이 머리를 잃으니 황토가 밝아지는구나. 풍상이 그치지 않아서 해마다 고생이 더하니 세상을 고치는 공을 이루려는 마음이로다. 밖으로는 기운이 창통(暢通)하고 안에서는 신령스러움이 있으니 흔들어도 움직이지 않고 부딪혀도 흐려지지 않으니 일편단심으로 그때를 기다리도다.

넉넉한 저 남산에 우뚝 솟은 바위로다. 관을 쓰고 천하를 굽어보니 무엇이 허망하리오, 느리면 급히 하고 급하면 늦추어 긴 세월 비바람을 참아 내는 마음이로다. 들어가고 나옴에 반드시 공경함은 그 마음에 바람이라. 기강을 심어 북돋우니 밝은 재상이 그 누구인가. 만백성의 기다림이 오래고 오래로다. 아침저녁 사방에서 옳으니 그르니 하나 나를 살리는 것이 누구인가, 알알이 잊을 수 없노라. 살 기운을 기르는 기(氣)이며, 세움을 세우기를 바라는 바람이로다. 세상 돌아가는 일을 보면 닦아야 할 덕을 알리라. 신출귀몰하는 음률이로다. 신령스러운 기운만이 내게 큰 복을 내리리로다. 재주 있는 영웅의 기운이 곳곳에서 들끓으리니 뽕밭이 변해서 바다가 되는 것이 그때가 있도다. 머리 돌려 강산을 보니 정신이 새로 나도다. 초나라 노래가 슬피 둘러싸니 그 마음을 일깨움이라. 쇳소리가 울리니 양유 이야기로다. 만물을 고동(鼓動)시켜 온화한 기운이 저절로 일어남이라. 열고 닫는 돌쩌귀와 들고나는 문짝과 큰 도수가 닿는 시절에 성령이 왕성하도다. 인자한 마음을 소리에 섞어 짜니 만국 통합이 진실로 이에 말미암음이라. 천만 가지 기틀이요, 천만 가지 조화로다. 삼신산의 뭇 신령이 춤을 추니 달 밝은 오동나무에 봉황이 날아오는 자태로다. 멈추면 올바른 자세요 움직이면 올바른 소리라 뭇사람이 보는 바요, 모든 이가 듣는도다. 도덕이 행세하는 요순의 세계이니 하늘이 뜻을 두면 땅이 반드시 따르나니 만대에 이어 나가 영원하리로다.

호천금궐에 상제께서 오위(午位)에 앉으시고 대지 토계에 뭇 백성이 스스로 오는구나. 일기가 관통하니 만 리가 환히 밝아지고 삼재를 모두 얻으니 모든 백성이 기쁘게 복종한다. 신명 세계와 온화한 풍속이 널리 퍼지고 건곤이 참으로 바로잡히니 밝은 달이 밝게 비친다. 장구한 천지에

서신의 명이 끝 간 데 없이 미치고 해는 가고 달은 오니 동쪽 손님에게 방책이 있도다. 세 사람이 칠십 리를 동행하니, 오로봉 앞에 스물하나라. 칠월 칠석 15일 밤이, 동지 한식에서 105를 뺀다.

용이 한 방울의 물만 가지면 천하에 비를 내리게 할 수 있느니라.

길한 사람은 살리기를 좋아하고, 흉한 사람은 죽이기를 좋아하느니라.
아득장생비태청(我得長生飛太淸)하니, 중성요아참요장(衆星要我斬妖將)이라. 악역최절사마경(惡逆催折邪魔驚)이오, 섭강이두제광령(攝 履斗濟光靈)이라.
천회지전보칠성(天回地轉步七星)하니 우보상최등양명(禹步相催登陽明)이라. 일기혼돈간아형(一氣混沌看我形)하니 음음급급여율령(吟吟急急如律令)이라.

17, 계묘생(癸卯生)

계묘생(癸卯生) 민병규

하늘에서 사람을 낼 적에는 수많은 공력을 드리려니와 특히 특정 인물은 셋이 함께 내려와 역사와 문명을 바꾸는 것이다.

1. 박정희=정사(丁巳)생 9월=대통령
2. 박태선=정사(丁巳)생 10월=장로 신앙촌
3. 박한경=정사(丁巳)생 11월=대순진리회(미완성)

하늘에서 사람을 쓰일 때는 특정인은 셋이 하나로 각자의 일을 하는 것이다.

현시대

1. 이재명=계묘(癸卯)생=12월
2. 강석준=계묘(癸卯)생=12월
3. 민병규=계묘(癸卯)생=12월 결실 도통의 진리

이재명

설명이 필요 없고 아침저녁으로 TV에서 알려 준다.

한때 유튜브에 무속인(무당)이 "이재명은 계묘생이므로 천자 사주다."라고 하였고 지금은 삭제가 되어 보이지를 않는다. 대통령이 된다 해도 이

끌어 가지 못한다. 천화동인, 화천대유에서 빠져나오지 못한다. 선천 문왕의 8괘에 창살 없는 감옥에서 헤메다 후천 5만 년 용담 역의 개벽이 열리면 보이지 않는다.

강석준
본인이 계묘생 12월로 하늘에서 정하였으니 대통령 되는 것이 꿈이라 한다.

'재림주'라며, '재림 예수 하늘(天)의 표식 인(印) 대공개'라는 영상에서, 재림예수가 하늘(天)에서 내려오실 때 어떤 표식, 인(印)을 친다. 재림주라는 것을 알리는 시기가 왔다고 한다. 하늘에서 손바닥에 도장을 찍었다. 태어날 때부터 손바닥 중앙에 십자가를 지고 나왔다. 손바닥에 그려져 있었다고 설명한다.

본인을 통일 대통령 후보라고 한다. 당의 이름은 구국연(求國連)이다. "모든 범죄인들 대사면 시키겠다. 핵 무장하겠다." 등 공약도 발표하였다. 세계 제단이 동방의 성지를 향한다. 후천 개벽이 일어난다. 지상천국 극락세계(極樂世界)의 열쇠가 있다. 예수의 부활 의식을 치렀다. 재림주는 대성인으로 도둑처럼 오신다 등 종교는 아니라고 하나, 유사종교의 형태를 띠고 사람들을 미혹하고 있다.

특히 강증산의 현무경 풀이 설명을 많이 다루는 것이 핵심이다. 강석준의 유튜브에 민병규가 댓글로 남기다 보니 지금은 영상이 몇 개 없다.

민병규

토정결(土亭訣)에, 거북딱지만 한 구석방에서 아침에서 저녁까지 구차하게 살며 사마귀처럼 붙박여 외로이 성을 지키는 백수 군왕이란 무슨 말이옵니까?

거북딱지만 한 구석방이란 갖은 풍상을 다 겪음이요, 사마귀같이 붙박여 외로이 성을 지킨다 함은 한동안 초라하게 지낸다는 말이며 백수 군왕은 동학가사의 오얏이 꽃을 피우니 모든 복숭아꽃이 만발한다는 말이니라 장차 초라한 곳에서 성인이 나오리라. 초막지가 성인출언(草幕之家 聖人 出焉).

민병규는 거북딱지만 한 구석방에서 아침에서 저녁까지 구차하게 살며 삼신상제님 신위 모셔 놓고 촛불 밝혀 향 피우고 앞으로 성인군자가 나와야 세상에 평화가 오는 것이다.

구토지설(龜兎之說)

불교설화에서 들어온 변용인 것이라고 한다.

작가: 미상

   옛날에 동해 용왕의 딸이 병들어 앓고 있었다.

우리나라에 전해 내려오는 전래동화 『별주부전』. 『별주부전』은 '토끼전',

'자라전', '토의 간' 등으로 불리며 자라와 토끼를 의인화한 우화 소설이다. 이 작품은 원래 『삼국사기』 김유신 열전 등의 문헌에 실린 '구토 설화'에서 유래되어 입에서 입으로 전해지며 내려왔다고 한다. 기나긴 구전 과정을 거쳐 조선 후기에 판소리 「수궁가」로 재탄생되고 『토끼전』 소설로 기록되어 120개 이상 다양하게 전파되어 있다.

동해에 사는(남해 용왕으로 되어 있는 경우도 있음) 용왕의 딸이 병이 들었는데, 어떤 약도 소용이 없었다. 용한 의원이 나타나 토끼의 간을 먹어야 병이 나을 것이라고 처방했다.

용왕은 수궁의 대신들을 모아 놓고 육지에 나갈 사자를 고르는데, 서로 다투기만 할 뿐 결정을 하지 못한다.

이때, 문어와 자라(별주부)가 서로 토끼를 잡아 오겠다고 다툰 끝에 자라(鼇主簿)가 토끼를 잡아 오기로 한다. 자라가 토끼의 화상(그림)을 가지고 육지로 나와 동물들의 모임에서 토끼를 찾는다.

자라가 토끼를 만나서 육지 생활이 위험하다고 강조하고, 용궁에 가면 행복하게 살 수 있다며 감언이설로 토끼를 유혹한다. 토끼는 자라의 유혹에 넘어가 자라 등에 업혀서 수궁(水宮)으로 들어간다. 수궁에 도달하니, 용왕이 명하여 토끼를 결박해 섬돌 아래로 끌고 간다. 간을 내라는 용왕 앞에서 부질없이 부귀영화를 탐낸 것을 후회한 토끼는 꾀를 내어 간을 청산녹수 맑은 물에 씻어 감추어 두고 왔다고 한다. 용왕은 토끼의 말을 믿고는 자라에게 토끼를 육지에 데려다주라고 한다. 육지에 도달한 토끼는 달리기 선수라 달나라에 옹달샘이 있어 계수나무 아래 있다고 하였다.

거북이도 등장하는데 자라가 맞는 내용이다.
자라를 별주부라 하는 것이 토끼와 자연스러운 것이다. 민병규의 규는 별 규(奎)이고, 부모님이 지어 준 본명은 병국(國)인데 외할아버지께서 한자를 많이 아신 터라 출생신고를 별 규(奎)로 등록하여 부모님도 나중에 알게 되었다고 들었다.

자라 이야기
임진왜란 때 조선의 문무 대신들은 비결서에 소나무 송 자가 있으니 이여송 장수를 초청하게 되는데 명나라 장수 이여송(李如松)이 조선에 총 지휘관으로 파견됐을 때 일이다.

그는 처음 조선 땅에 들어와 영접관과 식사를 하는 자리에서 조선 사람을 시험하기 위하여 자신은 석간두(石間豆)와 용(龍)의 간(肝)이 먹고 싶다고 까다로운 요구를 했다. 석간두는 두부이고, 오룡에 자라가 들어가니 두부와 자라 간을 내놓았다. 이여송은 쉽게 가져오는 것이 반갑지 않아 용의 간은 소상반죽으로 집어 먹어야 되지 않겠소. 하니 대신들이 당황하기 시작했다.

소상반죽이란?
소상반죽은 옛날 요(堯) 임금이 아들 단주에게 바둑판을 물려주고, 순(舜)

에게 두 딸을 주어 왕까지 물려주니 단주는 원(寃)을 품고 마침내 순(舜)을 창오(蒼梧)에서 붕(崩)하게 하고 두 왕비를 소상강(瀟湘江)에 빠져 죽게 하였다. 이때 흐르는 눈물을 손으로 닦아 강가의 대나무에 뿌렸는데 그것은 피눈물이 되어 그 대나무 마디마디에 아롱아롱 얼룩이 지더니 이상하게도 그때부터 상포(湘浦)의 대는 모두 얼룩 대가 되었다고 한다. 이 지방에서 상비죽(湘妃竹) 또는 소상반죽이라고 불린다.

왜군이 쳐들어오는데 삼만 리에 있는 소상반죽을 찾는다는 것에 앞이 깜깜할 때 그중에 유성룡이 친형을 찾는다. 유운룡(유부불)이 은둔 생활할 때이다. 헐레벌떡 형을 찾아 여차저차하니 유운룡이 정강이에 두른 대나무 대죽을 만지작거리니 유성룡이 이거구나 하고 가져가니 소상반죽을 맞이한 이여송은 쓴맛을 감추고 선조 왕 앞에 예를 갖추자 선조 왕이 기뻐 히죽히죽 웃음이 터지는지라. 이여송이 하는 말이 왕에 얼굴이 흉상이라 이번 전쟁은 패할 것이니 돌아가겠소, 하였다.

선조는 슬프지 않는데 어떻게 우느냐고 하며 울지 않자 이항복은 문득 율곡이 말해 준 '슬프지 않은 울음에 고춧가루를 싼 수건이 좋으리라'는 말이 생각났다. 이항복은 수건에 고춧가루를 싸서 선조에게 눈을 닦으라고 하였다. 선조는 이항복이 시키는 대로 고춧가루를 싼 수건으로 눈을 닦자 눈에서 절로 눈물이 쏟아져 나오고 한 번 눈물이 나자 선조는 그동안 쌓였던 어려움과 설움이 한꺼번에 복받쳐 오르니 그때 임금님을 항아리 속에 넣어 엉엉 울기 시작하니 그 소리가 이여송의 막사에까지 울려 퍼졌다.

이여송이 그 소리를 들으니 용성(龍聲)인지라 선조의 몰골은 형편없어도 그 마음에 품은 웅지(雄志)는 크다 하여 도와주기로 결심하고 왜병을 물리쳐 주었다.

이 무렵 천상계에 머물던 관운장이 경복궁 앞에서 청룡도를 휘두르니 왜군이 영문을 모르고 꽁지가 빠지도록 달아났다는 기록이 민병규에 의하여 전해지는 것이다.

예로부터 삼보 조선이란?

조선을 하늘에서 세 번 구하는데 임진왜란, 정유재란, 세 번째 대 전쟁은 민병규가 나라를 구해야 하는 것이다.

> 신도(神道)로써 크고 작은 일을 다스리면 현묘 불측한 공이 이룩되나니 이것이 곧 무위화니라. 신도를 바로잡아 모든 일을 도의에 맞추어서 한량없는 선경의 운수를 정하리니 제 도수가 돌아 닿는 대로 새 기틀이 열리리라. 지나간 임진란을 최 풍헌(崔風憲)이 맡았으면 사흘에 불과하고, 진묵(震默)이 당하였으면 석 달이 넘지 않고, 송 구봉(宋龜峰)이 맡았으면 여덟 달에 평란 하였으리라. 이것은 다만 선·불·유의 법술이 다른 까닭이니라. 옛적에는 판이 좁고 일이 간단하므로 한 가지만 써도 능히 광란을 바로잡을 수 있었으되 오늘날은 동서가 교류하여 판이 넓어지고 일이 복잡하여져서 모든 법을 합하여 쓰지 않고는 혼란을 능히 바로잡지 못하리라.
>
> 대순전경 [예시 73절]

하늘에서 사람을 낼 적에는 수많은 공력을 드리려니와 특히 특정 인물은 셋이 함께 내려와 역사와 문명을 바꾸는 것이다. 예나 지금이나 미개한 인간은 앞을 내다보지 못하므로 보이는 권력에 아부 떨다 떡고물도 없이 소멸되어 가는 것이다.

최 풍헌(崔風憲)이 맡았으면 사흘,
진묵(震默)이 맡았으면 석 달,
송 구봉(宋龜峰)이 맡았으면 여덟 달,

임진왜란은 3일이면 끝내야 할 일을 조선 조정에 탐관오리가 모여 7년 동안 무고한 백성만 살생을 한 것이다.

불·선·유를 유·불·선으로 바꾸어 발표한 인물은 민병규이며 민병규는 최초 국가 최초 건국 대한민국을 창조하는 것이다.

현 대한민국은 보이스피싱 통신이 발달

4년 전에는 민병규 주민등록번호를 도용하여 민병규 이름으로 핸드폰 3대를 개통하여 통신비만 3백만 원 6개월이 지나 민병규에게 통신비를 청구할 때 그 번호는 통화 정지되고 통화기록이 6개월 지나면 삭제되어 범인을 잡을 수 없고 통신 비용을 내지 않으니 하청업체에 위임하여 매일 전화 협박으로 대한민국 법으로 통장을 압류한다기에 결국 민병규가 사기꾼의 통신비를 낸 적이 있다.

지금도 현 대한민국은 통신이 발달되어 있다며 매일 관련 문자로 문자에 링크 걸어 클릭하면 프로그램이 저장되고 핸드폰에 있는 정보 빼 가는 나라이다.

지금도 전화로 이제는 02, 070은 아예 받지 않으니 010으로 오면 혹시나 해서 받으면 오케이 저축은행, 하나금융, 우리금융 온갖 금융만 송사리 떼처럼 모여들어 민병규를 거쳐 간 상담사만 해도 수천 명이 넘을 것이고 도서 출판까지 해 놓으니 민병규 진리는 쇠귀에 경 읽기라. 오는 것이 사기꾼 집합 장소가 대한민국인 것이다.

심심하면 민병규에게 보내는 내용
[한국모바일인증(주)]본인확인
인증번호[097173]입니다.
"타인노출금지"

[한국모바일인증(주)]본인확인
인증번호[930408]입니다.
"타인노출금지"

지금도 현시대는 민병규 핸드폰 번호로 별 짓거리 수작하는 것이다.

민병규가 도통하면 바다 용왕이 토끼 간을 뺏으려 했으니 잘못을 뉘우치고 곡물을 가득 싣고 민병규 찾아오는 것과 일치한다.

옥황상제께서 말씀하시기를,
이 용담에 사해용왕이 곡물을 가득 싣고 찾으리다 하셨다. 민병규가 오는 세상 5만 년 용담 역을 완성한 것과 일치한다.

구천 상제께서 공사하실 적에,
동학가사 한 구절을 흥겨이 노래하시니, 평소에 흥이 나시면 자주 노래하시는 구절이더라. 가사에 말하되,
이화 도화 만발(李花桃花滿發) 한 대 계화(桂花)들 불개호(不開乎)아,
오얏꽃 복숭아꽃 활짝 피었는데, 계수나무꽃은 피지 않겠느냐.

계수나무꽃은 민병규의 진리가 꽃이 핀다는 공사이시다.

삼신산과 민병규
자라와 민병규
광한루의 안내판에는 이 섬이 영주산· 봉래산· 방장산의 삼신산(三神山)이며, 세 섬이 서로 작은 다리로 연결되어 있다고 적혀 있었다. 즉 3=1이라는 것이다.

살펴보면, 예부터 동해에는 어마어마하게 큰 자라가 등에 삼신산(三神山)을 업고 살고 있었다고 전해진다. 조선시대에 광한루 연못에 삼신산(영주산·봉래산·방장산)을 지은 후로는 계속하여 천재지변이 끊이지 않았다고 한다. 그래서 그 원인을 분석해 본 결과 삼신산을 업고 있는 자라가 없었기 때문에 섬이 불안정하여 그렇다 하여 이곳에 자라 돌을 만들어

삼신산을 지켜보게 한 뒤로부터는 그 천재지변이 사라졌다는 것이다.

이곳에 자라 돌을 두게 된 연유는 정확하지 않지만 「남원지(南原誌)」의 기록에는 오석(鼇石)을 자라로 보느냐, 거북으로 보느냐에 따라 의미가 다른 두 가지의 전설이 전해 온다고 한다.

현재 시대에도 삼위 상제님을 모시고 있는 민병규를 자라로 보느냐 거북이로 보느냐 구경만 하고 있으니 천재지변이 끊이지 않고 있는 것이다.

삼위 삼신상제님을 민병규가 모신다는 것이 세상에 알려지면 나라는 태평성대를 이루는 것이다.

구천 상제님께서 말씀하시기를,
은하는 돌아온다고 하셨다. 도통은 요, 순, 우로 내려와 최초로 민병규에게 주신다 하셨다.

도통줄을 대두목에게 주리니 어찌 홀로 행하리오.

옥황상제님께서 말씀하시기를,
대두목은 하나이니 하늘이 정한 자가 아니면 지기가 동할 적에 심장이 파열되고 뼈마디가 튕겨진다 하셨다.

세존 상제님께서 말씀하시기를,

동지 지나 세 번째 미일은 천자 생일이다 하셨다.

달나라에 토끼가 방아 찧고 있어 어린 시절 정월 보름날 둥근달이 떠오르면 양쪽 귀 잡고 절하고 소원을 비는 풍속이 있었다. 달은 옥황상제로 표기하고 도통표에는 옥황상제로부터 민병규로 태을주가 내려온다.

반달 노래

   1. 푸른 하늘 은하수 하얀 쪽배에
      계수나무 한 나무 토끼 한 마리
      돛대도 아니 달고 삿대도 없이
      가기도 잘도 간다 서쪽 나라로

   2. 은하수를 건너서 구름 나라로
      구름 나라 지나선 어디로 가나
      멀리서 반짝반짝 비치는 건
      샛별이 등대란다 길을 찾아라

계묘생 민병규는 혼자 돛대, 삿대도 없이 가기도 잘도 간다.

'깊은 산속 옹달샘 누가 와서 먹나요. 맑고 맑은 옹달샘 누가 와서 먹나요. 새벽에 토끼가 눈 비비고 일어나 세수하러 왔다가 물만 먹고 가지요.'

계묘생 민병규를 읊은 가사이다.

아주 어릴 때 시골집 닭장 위에는 토끼장이 있었었고 닭장 위에 토끼장이 있으면 토끼 똥, 오줌으로 닭이 병으로 앓아눕지 않고 색깔도 곱게 자라나 알을 굵직하게 낳기도 잘도 낳는 것이다.

계묘생 민병규는 닭(봉황) 자라(용)와 관련되어 있다.

말씀하시기를, 병이 오면 송장 냄새가 코를 찔러서, 비위가 아무리 좋은 사람이라도 밥 한술을 뜨지 못하리라. 또 병이 오면 너희들은 그들을 구하려고 하루에 짚신 세 켤레를 갈아 신고, 쉴 틈이 없노라 하시니라. 제자가 여쭈기를, 병이 와서 제자들이 쉴 새 없이 바삐 오고 가며, 송장 냄새가 코를 찔러 밥을 먹을 수 없을 정도로 심하다면, 저희같이 못난 사람들이 어떻게 일을 감당하오리까?

말씀하시기를, 이때가 되면 내가 너희들의 몸에 큰 도통과 큰 힘을 주어서, 일을 감당하고도 남음이 있게 하리라 하시니라.

앞으로 윤회가 없는 세상이 오는데 민병규에 진리로 도통하면 썩지 않고 죽지도 않고 천 살, 만 살, 오만 살까지 사는 것을 도화 낙원이라 하는 것이다.

구천 상제님께서 말씀하시기를,
닭이 울면 날이 밝고, 개가 울면 사람이 다니느니라.

가르침을 내리시니,

내가 으뜸가는 생명을 얻어 하늘에 날려 하니 뭇별들은 나를 도와 요망한 물건을 베어 주소서. 악하고 거스름을 꺾어 버리니 삿된 마귀가 놀라고 북두성을 밟고 올라 신령스러운 빛에 이르리라. 천지의 회전은 칠성의 걸음이니 우보를 바삐 걸어 밝은 땅에 올라서 한 기운과 뒤섞인 내 모습을 보리니, 이 소원을 율령과 같이 속히 이루어 주소서.

해설

상제님께서 으뜸가는 생명을 얻어 하늘에 날려 하니 칠성 별들이 상제를 도와 요망한 물건을 베어 버린다. 삿된 마귀가 놀라고 우임금의 걸음으로 민병규는 상제의 모습을 보리다. 칠성계에 머물다 내려온 민병규 모습을 보고 들판에 영글어 가는 낟알처럼 영글면 대전쟁 대병란이 올 적에 죽지 않고 지상 선경 세상에 살아간다는 공사인 것이다.

18, 구한말(舊韓末)

2024년 갑진(甲辰)년 구한말.

구한말이란 조선 왕조 끝 무렵에 청나라 황제로부터 간섭(干涉)을 받자 고종 왕(王)이 조선(朝鮮)은 독립국가인데 스스로 황제(皇帝)라 하고 대한제국으로 선포하였으나 일본이 천황(옥황상제) 제도를 만들어 조선은 대한제국이 될 수 없으니 제국은 일본제국이라 조선에 뿌리를 뽑기 위하여 명산에 쇠말뚝 박고 성씨도 일본 성씨로 바꾸게 하고 언어도 일본어로 배우게 하던 시절을 구한말이라 하는 것이다.

120년이 지난 오늘날 2024년 갑진(甲辰)년 대한민국은 외국의 간섭(干涉)으로 국가 위기에 놓여 TV 이에 대통령 탄핵이라는 구호 아래 120년 전 구한말과 같다는 의견들이 곳곳에서 일어나 국가 위기 국가 파산이 된다는 것이다.

현실 일반인의 정신 사상은 이렇게 말하면 좌파이고 저렇게 말하면 우파이고 정신적인 사상이 국가를 위한다고 말들 하지만 현실은 난파선이 되어 태풍을 만나면 모두 침몰이 되어 모두 물고기 밥이 되는 것이다.

나라가 없던 일제강점기가 옛날도 아니고 100년 전이라는 것이다. 나라가 없는 국민은 큰 나라로부터 지배를 받고 국민은 본인의 이름과 본인의 사상과 본인의 자유가 없이 소 돼지와 같이 목에 줄을 달아 우리 안에 갇혀, 주는 밥을 먹고 끌려다니는 것이다.

이제는 국가의 상징 태극기가 태극기가 아니고 동네 깃발이 되어 집 앞에 태극기 달면 태극기 부대 소속이라 하여 지역감정을 만들어 다른 곳으로 이사를 하는 사례가 있는 것이다.

첨단 과학 문명에 살다 보면 과학만이 살길이라 하여 과학 문명에 지배를 당하는 것이 현주소인 것이다.

지구 멸망이 얼마 남지 않았다는 학자들의 농간에 별나라 화성 이주 논리가 등장하여 최대한 자본을 끌어모으기 위하여 소외되는 국가는 희생양이 되고 힘이 없는 국가는 식민 지배와 실험 대상에 지름길인 것이다.

지구 멸망이 얼마 남지 않았다는 학자들의 농간에 맞지 않은 교리로 교주가 늘어나고 힘이 없는 국민은 자유를 잃어버리고 사이비 교주로부터 얼이 빠져 몸과 정신과 물질을 모두 빼앗기는 지름길인 것이다.

우리나라에 외국인 근로자가 전국에 없는 곳이 없고 그들 또한 그들의 국가 종교를 가지고 있다. 소고기 먹지 않는 사람은 석가모니가 계축생으로 소띠생이니 힌두교 등 불교계에서 갈라진 신앙이다. 서교(기독교)의 교리는 이스라엘 조상을 섬기자 하여 대한민국을 외국인에게 내주어 국가가 없는 정신 사상은 모두 죽어서 천국 가겠다 하는 것이다.

종교의 믿음 행사는 국가의 소속된 정신으로 각기 자기 나라에 대한 애국(愛國)의 표현을 하는 것이다. 그 사람들은 각기 자기 나라, 자기 국가에 충심을 고백(告白)하는 것이다.

대한민국에 태어나 대한민국 사람이 외국인처럼 종교의 신앙이 있다는 것이 외국 사람보다 못하다는 것이다. 대한민국 사람이 외국 종교의 교리에 세뇌되었다는 것이 국가가 없는 첫 번째 과제인 것이다. 무조건 종교에서 탈출하는 길만이 국가를 위한 길이며 대한민국 국민이 되는 것이다.

지구상에 모든 종교는 외국에서 만들어지고 모든 종교는 외국에서 들어온 것이다. 국가를 위한다면 대한민국에서 시작된 진리 즉, 민병규의 진리를 탐구하여 강증산 상제께서 한반도에 강림하게 된 진리를 널리 알리는 길이 평화를 찾는 길이며 상제님의 진리가 정착이 되어야 외국으로부터 침략을 막을 수 있는 것이다.

모든 전쟁은 신들의 전쟁인 것이다. 상제님의 진리가 가장 높다는 것을 스스로 알게 되면 그 일이 믿음이 되고 충심(忠心)이 되어 나라를 구하고 외국으로부터 침략을 막는 것이다.

1904년. 갑진(甲辰)년 구한말.

120년 전 1904년 강증산 상제님의 갑진년 공사,

그때는 어르신, 선생님, 대선생님이라 모신 시절이다.

지금은 상제님으로 각 단체에서 사진 걸어 놓고 상제로 모시고 있으며 자기네 진리에서만 도통이 나온다고 하며 착각에 빠져 나라가 혼란스러운 것이다. 민병규가 세분(증산, 정산, 우당) 상제님을 모시고 오늘날과 같은 120년 전 상제님의 공사를 정리하여 본다.
갑진년 월 ○일 ○시에 대선생께서 함열 회선동에 계시며, 천지 대신문을 여시고 천지 대공사를 보시니라.

대선생께서 말씀하시기를,

양반은 다리를 포개어 앉고 보통 사람은 꿇어앉나니 모두 죽을 기운이 들었느니라. 그러므로 나의 세상에는 아래위가 모두 격식을 차리지 않고 편하게 앉느니라.

선경 세계는 내가 세우는 것이므로 옛 성인의 법으로 하지 않고, 옛 임금의 법으로 하지 않노라. 낡은 삶을 버리고 새 삶을 꾀하라. 묵은 습관이 하나라도 남아 있으면 그 몸이 따라서 망하느니라. 노자는 덕으로 원한을 갚으라 하고, 공자는 곧음으로 굽음을 갚으라 하니 덕으로 원한을 갚으면 원한이 바뀌어 덕이 될 수 있고, 곧음으로 굽음에 갚으면 원한에서 원한이 생기나니 세상을 멸망시킬 위험한 말이니라.

조소(嘲笑)를 조수(潮水)로 여기고, 비소(誹笑)를 비수(匕首)로 여기라. 용이 물이 없으면 하늘에 오르지 못하고, 장수가 칼이 없으면 적을 무찌를 수 없느니라. 병가(兵家)의 오묘한 계략은 공명이 조조로 하여금 화용도로 오게 하고, 손빈이 방연으로 하여금 마릉에 이르게 한 데 있느니라.

예로부터 선지자와 선각자가 험담을 많이 듣나니, 천하사를 하면서 욕설 험담과 비웃음을 많이 받는 사람이 천지 공정에서 큰 공으로 인정받느니라. 남이 잘못을 범하여 두 번, 세 번 거듭하면 힘써 용서하도록 하라. 잘못은 그 사람에게 있거니와, 너에게는 한량없는 덕이 되리라.
공적인 일에는 의로움이 있을 뿐 용서가 없나니, 다만 그 덕을 넉넉히 하라 천하사를 하는 자는 간담이 넘어오거든 씹어서 내려보내라.

호한조와 신천조가 오히려 죽지 않노라. 천지에 한량없는 큰 복이 있으니, 남의 복을 부러워하지 말고 천복을 구하라.

식불언하고 침불언하라. 세상에 쓸모없는 말도 있지만 나는 쓸모 있는 말만 하나니, 남의 잠자고 먹는 일을 입에 올리지 말라. 전쟁터에서 적을 쳐부숨이 영화롭기는 하지만, 살생을 많이 하여 앞길을 막느니라. 마음은 성현의 기국으로 닦고, 일은 영웅의 도략을 취하라.

마음은 요순의 바탕으로 닦고, 일은 진시황과 한고조의 웅략을 취하라. 개벽의 운수가 크게 바꾸고 크게 세우는 것이니, 성과 웅을 겸비하지 않으면 어찌 감당해 내겠느냐. 하지만 세우고 난 다음에는 성(誠)만이 남을 뿐이니, 그러므로 성인을 가장한 영웅이 아니라 영웅을 가장한 성인이라야 하리라.

조선의 임진란을 최풍헌이 맡았으면 사흘을 넘기지 않을 일이요, 진묵이 맡았으면 석 달 일에 지나지 않고, 구봉이 맡았으면 여덟 달을 넘기지 않을 일이었다고 하나니, 이는 선불유의 도술이 이와 같이 차이가 나느니라. 옛날에는 판이 작고 일이 간단하여 한 가지 학문만 쓰더라도 다스릴 수 있었거니와, 지금은 판이 크고 일이 복잡하니 선불유를 합쳐 써야만 다스릴 수 있느니라.

지금은 일이 크니 장량이나 제갈량 같은 인재들이 몇 두름씩 나더라도 어느 틈에 끼어 있는지 모르리라. 옛날에 진평이 밤에 동문으로 여자 오천 명을 내보냈다고 하니 대도를 따름에 있어 남녀노소와 아동을 가리지 말고 가르쳐 쓰라. 세상의 운수가 아주 어리석은 사람이 아주 똑똑한 사람과 맞먹는다 하니, 이제 하늘이 천하에서 천심을 가진 사람을 찾으니, 아주 똑똑하거나 어리석은 사람이 천심을 가졌느니라. 반거충이가 큰 병이니라.

제 잘난 체를 하지 마라. 하늘이 복을 내려주어도 받지 못하니 스스로를 비우는 자는 저절로 커지고, 스스로를 채우는 자는 저절로 작아지느니라.

이제 천하의 형세가 씨름판과 같아서 먼저 애기판 씨름이 있고, 다음에 총각판 씨름이 있고, 마지막에 상씨름이 있어서 판을 마치느니, 상씨름을 바라는 사람은 판밖에 있으면서 배불리 먹고 힘을 길러, 상씨름 막판에 한 번 일어나서 판을 마무리하느니라. 천하의 형세가 씨름판과 같아서 수가 같으면 꾼수가 이기고, 힘이 같으면 끝심이 이기느니라.

세상에 먼저 움직이는 사람이 망하고, 중간에 움직이는 사람이 흥하고, 마지막에 움직이는 사람은 미치지 못하니 옛 비결이 속이지 않느니라. 옛날에 진묵이 칠 일 동안 칠성을 감추어 죄수를 풀어 주었다 하니 한 달 동안 칠성을 숨겨 천하의 학자를 기다렸지만 해설하는 사람이 없도다. 나의 세상에 여자는 동하고 남자는 정하느니라.

나는 상놈의 도수를 마련하노라. 나는 검소하고 질박함을 힘쓰거늘 묵은 하늘은 꾸미기를 주로 하고, 나는 법도를 간편히 하기에 힘쓰거늘 묵은 하늘은 예법을 번잡하게 하기를 주로 하고, 나는 즐거움과 웃음에 힘쓰거늘 묵은 하늘은 위엄을 주로 하고, 나는 다정하기에 힘쓰거늘 묵은 하늘은 엄격한 태도를 주로 하고, 나는 진실에 힘쓰거늘 묵은 하늘은 실없이 과장함을 주로 하고, 나는 즐거이 화목하기에 힘쓰거늘 묵은 하늘은 쓸쓸함을 주로 하나니, 나의 세상에는 만백성에 천한 사람이 없고, 모든 직업이 비천한 일이 없어 천하가 평등하게 고른 세상이 되고, 모든 조화가 신의 경지에 이르고, 문물제도가 이로우면서도 화려하여 인정과 의리가 새록새록 하고, 사랑이 넘쳐나나니, 이것을 묵은 하늘은 상놈의 짓이라고 하였느니라.

신명 세상에 만신이 노여움을 품으면 이 사람은 반드시 죽느니라. 여러 신명을 위로하여 그 사람을 구함이니, 신도가 대발하는 운을 맞이하여 신명을 헐뜯고 어찌 살아나리오. 세상에서 망량을 잘 사귀면 주지 않는 물건이 없다고 하니, 너는 진망량을 잘 사귀라. 이루지 못할 소원이 없으리라. 석가불은 동냥으로 행세하니라.

사삼팔이니 천지는 망량이 주장이요, 구오일이니 일월은 조왕이 주장이요, 이칠육이니 성신은 칠성이 주장하느니라. 운은 지기금지원위대강이니, 남녀노소 아동을 가리지 않고 노래하리라. 그러므로 영세불망만사지니, 시천주 조화정 영세불망 만사지니라.

대인을 배우는 사람은 천하의 장점만을 취하고, 소인을 배우는 사람은 천하의 단점만을 취하느니라. 남의 근심을 함께 근심하고, 남의 즐거움을 같이 즐거워하라. 선천은 건운(乾運)의 신이 동쪽에 있고 곤운(坤運)의 신이 후천에 있으며, 후천에는 곤운의 신이 동쪽에 있고 건운의 신이 서쪽에 있나니, 때는 서신사명의 세상이므로 그 신이 천하에 머물 수 있는 땅이 없느니라.

맹자는 역적이라. 마음에 군신의 의리가 있으면 임금에 대한 태도가 그렇겠느냐. 신하가 임금을 원수 보듯 하니, 해쳐도 되지 않겠느냐. 세상에 전하기를 한양의 끝에 정 씨가 왕이 된다 하니 정 씨에 왕이 될 사람이 없노라. 조선 계룡산에 정 씨의 팔백 년 운수가 있고, 가야산에 조 씨의 천 년 운수가 있고, 변산에 범 씨의 천 년 운수가 있다고 말하느냐. 나의 세상에는 이 운수가 없노라.

동학가사 한 구절을 흥겨이 노래하시니, 평소에 흥이 나시면 자주 노래하시는 구절이더라. 가사에 말하되,

이화 도화 만발(李花桃花滿發) 한 대 계화(桂花)들 불개호(不開乎)아
오얏꽃 복숭아꽃 활짝 피었는데, 계수나무 꽃은 피지 않겠느냐.

사람이 있고 도가 있고 땅이 있노라. 줄다리기에 유애차 이차 이여차 하여 승부를 지으니 왜차 이차 이여차 하면 뜻이 있노라. 을시구 절시구 정말 좋구나 하는 노래가 있으니 을은 때요, 절은 부처요, 정은 땅이요, 시구는 알음이니라. 풍물 장단에 정적구라는 가사가 있어, 혹은 정부야라 하기도 하고 혹은 정작궁이라 하기도 하니 두 말이 각기 뜻이 있노라.

정읍이 각성 분야에 있고, 노령산맥 아래서 임금이 덕을 펴고, 현덕(유비)이 촉에 들어가매 촉나라 선비가 환영하였다는 말이 있으니 토정은 선생이라 일컬을 만하도다. 세상에 양백에서 사람을 구한다는 말이 있으니 양백이 뿔에 있느니라. 고부는 구례요, 정읍은 함열이요, 전주는 임실이니라. 꽃은 부안에서 피고 열매는 태인에서 맺노라.

세상에 사칠팔 정별장이 구름 속을 오고 간다는 말이 있으니 정(井)은 땅이요, 별(別)은 차례요, 사칠팔은 해니라. 묵은 나무에 꽃이 피니 모든 나무에 봄이 오고, 우물 바다에 물이 흐르니 사해의 근원이로다.

동래 울산 그 사이에 천 년 묵은 고목에 잎이 피고, 동래 울산 그 사이에

만 년 된 고목에 꽃이 피느니라. 뒤에 오는 사람이 상등 손님이 되노라.

대인의 행차에 삼초(三哨)가 있으니, 일초는 갑오가 맡았고, 이초는 갑진이 맡았고, 삼초는 병희가 맡았나니, 삼초 뒤에 대인의 행차가 이르느니라.

해는 유(酉)에 들어가니 해자(亥子)를 분간하기 어렵고, 해가 인묘진에 나오니 일을 알지 못하고, 해가 사오미(巳午未)에 바르니 밝음이 열리고, 해가 가운데 왔을 때 저자를 세워 서로 바꾸어 물러나고, 임금은 진(震)에서 나오느니라.

세상에 무진 기사에 진인이 해도(海島) 중에서 나온다는 말이 있으니 내 덕을 펼 사람이 무진에 머리를 드느니라. 세상에 오미(午未)의 즐거움이 당당하다는 말이 있으니 신미(辛未)는 햅쌀이니 햅쌀밥이 맛이 좋으니라.

작은 잔치를 강생원 집 잔치라 하나니, 그러므로 아는 사람이 알고, 모르는 사람은 모르느니라. 내 일은 세 번 바뀌어 판이 이루어지느니라.

선천은 나라의 보배인 옥새에 하늘의 명을 받았으니 영원히 창성하리라 하였는데, 도둑놈의 심보니라. 자자손손이 이어받아 천추만세에 혼자 그 자리를 누리면 마음에 흡족하리오.

나의 세상에는 아비로부터 아들에게 전하지 않고 반드시 덕 있는 사람이 덕 있는 사람에게 전하노니, 그러므로 내 세상에는 임금이 하늘의 명을 받아서 백성을 하늘처럼 여기노라.

모든 나라를 살릴 계책은 남조선에 있으니 달 밝고 바람 맑은 금산사로 다. 삼천 나라에 문명이 활짝 열리고 도술은 구만리에 두루 통하리라. 나를 보고 싶은 사람은 금산사 미륵불을 보라. 금산사 미륵불이 구슬을 손바닥에 들었는데, 내가 세상에 오면서 지내기 불편하여 삼켰노라 나는 천하의 나라를 삼천 개로 나누느니라. 나의 세상에는 전란이 없느니라.

축지술을 배우지 말라. 나의 세상에는 운거가 있노라. 차력술을 배우지 말라. 나의 세상에는 물 없는 곳에 배가 다니노라. 일심하는 사람이 있으면 한 손가락을 퉁겨 만 리 밖에 있는 큰 군함도 깨뜨리느니라. 선도의 술법이 한 젓대를 움직여 백만 군사를 물리칠 수 있나니, 나의 도술은 방 안에서 종이와 붓으로 평천하하노라. 나는 앉은 자리에서 천하를 얻노라.

너희들은 화락하기에 힘쓰라. 너희들이 서로 싸우면 천하에 난리가 일어나느니라. 너희들은 입을 조심하라. 너희들 세 사람이 죽어야 한다고 입을 모으면, 그 사람은 반드시 죽느니라.
율곡이 오성(이항복)에게 슬프지 않은 울음에는 고춧가루가 좋다고 말하여 청병할 때 쓰도록 간접적으로 가르치고, 충무(이순신)에게 두보의 시를 천 번 읽게 하여 간접적으로 드센 용이 숨은 곳은 물이 맑다는 구절이 있으니 나 또한 그와 같은 인재가 있다면 그와 같이 가르치리라. 선비 되는 사람은 몸에서 지필묵을 떼 놓으면 안 되느니라.

우경 일장은 대개 공자의 뜻을 증자가 서술하고, 그 나머지 십장은 증자의 뜻을 제자들이 기록한 것이라. 예로부터 전해지는 책이 차례가 뒤섞이고 빠진 것이 있어서, 이제 정자가 정한 바를 따라 경문을 다시 고쳐 따로 차례를 지으니 왼쪽과 같노라.

도를 닦는 사람은 대학경 우경 장하(右經章下)의 글은 알아 두어야 옳으니라. 나는 천하에 학교를 널리 세워 선경 세계를 세우는 데 쓰고자 하였더니, 공리에 빠지므로 판 밖에서 이루느니라. 시속에 수원 나그네라 이르나니, 만나 보면 그 사람이 곧 그 사람이니라.

나의 세상에는 천하의 모든 성씨의 족보를 고쳐서 다시 시작하나니, 나는 신농이요, 수운은 고운(최치원)이니라.

너희 동토에 이 씨와 김 씨가 가장 커서, 줄이고 또 줄여도 역시 크도다. 내 일이 이루어질 때 소 삼천 마리를 잡노라. 칙령을 내리시니, 천황과 지황과 인황의 뒤에 천하에서 가장 큰 금산사니라. 선천의 도덕 정치가 문왕과 무왕에 이르러 끝났느니라.

걸어서 금강산을 구경하니 푸른 산은 모두 뼈만 남았도다. 그 뒤에 나귀 탄 나그네가 흥취 없이 피리만 불고 있도다. 삶은 죽음에서 말미암고, 죽음은 삶에서 말미암느니라.

원형이정은 일월의 길이요, 사람의 장부를 비추어 환히 통하여 밝히노

라. 병이 척에서 생기고 운수에서 생기는데, 척이 풀리지 않으면 도로 척이 생기고 운수를 제하지 않으면 액이 도로 생기나니, 내가 대신 앓으면 척이 저절로 풀리고 운수가 저절로 소멸되느니라. 나는 천하의 병을 대신 앓으므로 나의 세상에서는 모든 백성이 병으로 고생하지 않노라.

나는 천지를 몸으로 삼고 해와 달로 눈을 삼노라. 해와 달이 비치면 내가 보고 있음이니라. 너의 수명이 만 년은 되리라. 나는 천지와 함께 가느니라. 일월은 사심이 없어 만물을 다스리고, 강산은 길이 있어 모든 행위를 받아들이느니라.

대학을 많이 읽으라. 걸왕의 악함도 그때요, 탕왕의 착함도 그때니라. 하늘의 도가 걸왕에게는 악을 가르치고, 하늘의 도가 탕왕에게는 착함을 가르쳤나니, 걸왕이 망하고 탕왕이 흥함이 이윤에게 있었느니라.

나는 고향 마을에 들어가기가 어려우니라. 친척들과 옛 친구들이 항렬과 나이에 따라 말의 아래위가 정해지는데, 이는 사람의 관계에서는 옳은 바로되 신명들은 모두 싫어하여 벌을 주노라.

하늘의 복록이 새로이 바뀌니 나는 큰 효도를 하려 함이로다. 고생한 뒤에 즐거움이 있고, 막힌 뒤에 통달하며, 가난한 뒤에 부유하고, 천한 다음에 귀해지나니 이는 하늘의 이치니라.
천복이 다시 시작하는 첫머리부터 위에서 모범을 보이지 않는다면 아래에서 따르겠느냐.

짚으로 북을 만들어 대들보에 매다시고 좋고도 좋구나. 이 북소리가 멀리 서양까지 들리리로다. 흥을 돋우어 노래하시니 가로되,

병자 정축, 병자 정축이여, 병자에 길이 열리도다. 흥을 돋우어 노래하시니, 자여, 자여. 하늘이 열리고, 축이여, 축이여. 땅이 열리도다. 인이여, 인이여. 사람이 일어나니, 묘여, 묘여. 기묘하도다. 진이여, 진이여. 구름이 일어나고, 아홉 마디 대지팡이의 기운이 높으니, 여섯 길 금부처가 틀림없도다. 때는 봄비에 꽃 피는 삼월이요, 풍류의 주문이 백년의 티끌을 씻어 내는구나. 나의 득의지추가 아니겠는가,

나를 스승으로 따르는 사람은 흥하고, 나를 등지는 사람은 망하노라. 내가 하는 일은 다른 사람이 죽을 때 살자는 것이요, 다른 사람이 살 때 영화를 누리자는 일이니라.

봄에 씨 뿌리지 않으면 가을에 거둘 것이 없느니라. 농부가 씨를 갈무리해 둠은 땅이 있기 때문이니, 이것이 믿음의 길이니라.

사랑과 미움이 치우친다는 평을 듣지 않음을 어질다 이르고, 세기만 하다거나 무르기만 하다는 평을 듣지 않음을 의롭다 이르고, 모두 옳다거나 모두 그르다는 평을 듣지 않음을 예의라 이르고, 저 홀로 똑똑하다는 말을 듣지 않음을 지혜라 이르고, 낭비한다거나 구두쇠라는 평을 듣지 않음을 일러 믿음이라 이르느니라.

닭이 울면 날이 밝고, 개가 울면 사람이 다니느니라. 내가 으뜸가는 생명을 얻어 하늘에 날려 하니 뭇별들은 나를 도와 요망한 물건을 베어 주소서. 악하고 거스름을 꺾어 버리니 삿된 마귀가 놀라고 북두성을 밟고 올라 신령스러운 빛에 이르리라. 천지의 회전은 칠성의 걸음이니 우보를 바삐 걸어 밝은 땅에 올라서 한 기운과 뒤섞인 내 모습을 보리니, 이 소원을 율령과 같이 속히 이루어 주소서.

내가 신명에게 명령하는데 어떤 신이 감히 어기며, 신명이 사람에게 명령하는데 어떤 사람이 감히 어길 수 있으리오.

옛적에 방탕한 사람이 하나 있어서 사방으로 떠돌아다니더니, 마침내 잘못을 뉘우쳐 깨닫고 자리를 가려 단을 쌓고 선학(仙學)을 배우고자 지성으로 하늘에 기도하니, 따르는 사람이 몇 사람에 불과하더라. 온 세상 사람들의 비웃음과 손가락질을 받더니 마침내 도를 이루어 하늘에 오를 때, 하늘 문이 갑자기 열리며 선관 선녀가 선경의 음악으로 마중 나와 온 세상의 부러움을 받았나니, 나의 도 아래에 이와 같은 사람이 있으리라.

대인을 배우는 사람 머물 곳을 알아야 하노라. 천하사에 뜻을 두고 덕 닦기는 바라지 않으면 어찌 나를 만나리오. 사람은 집에 머물고, 새는 나무에 머물고, 짐승은 굴에 머물고, 벌레는 풀에 머물고, 고기는 물에 머무나니, 천하의 이치가 사물이 있으면 법칙이 있고, 천하의 도리가 움직임이 있으면 머무름이 있노라. 그러므로 오륜의 행실이 군신은 인의에 머물고, 부자는 사랑과 효도에 머물고, 부부는 화합함에 머물고, 형제는 공손함에 머물고, 친구는 마음을 다한 믿음에 머물러서, 올바름이 있는 곳에 덕이 생겨나나니 낳아서 기르는 것은 천지의 큰 덕이라. 그런고로 나는 상생의 대도로 모든 나라의 만백성을 다스리노라.

제자가 아뢰기를,
우리나라 임진년 난리에 소나무가 이롭다 하였고, 가산의 난에 따뜻한 흙은 겹친 흙이니 흙을 따르는 사람은 산다 하였고, 개의 성질이 집에 있는 것이니 집이 이롭다 하고, 끝에 닥치는 난리는 차가운 쇠는 떠 있는 쇠이니 쇠를 따르는 사람이 산다고 하고, 소의 성질이 들에 있는 것이니 밭이 이롭다 하였습니다.

세상에서 말하기를 찬 쇠 뜬 쇠는 금산사 미륵불이 솥 위에 서있는 것을 이르고, 소의 성질이 들에 있으니 밭이 이롭다 함은 가난함을 지키며 수도하여 때를 기다림이라 이르나이다.

금산사 미륵전은 진표율사가 세운 것이요, 진표율사는 본래 만경의 가난한 관리로서 어느 날 죄지은 잉어를 낚아 목숨을 구해 주었고, 그 은혜로 선녀를 아내로 맞아 십 년 동안 같이 살다가 선녀의 죄가 풀려 하늘로 올라가려 할 때 아들로 세 용을 남겨 두었다고 합니다.

그런데 진표의 잘못으로 오늘날까지도 만경에 용의 무덤이 남아 있고, 진표가 버리지 말라고 애원하여 선녀의 가르친 바에 따라 머리를 깎고 중이 되어 모악산 용안대에 들어가 천일기도를 하니, 발원한 바가 천 년이 지난 뒤에 미륵존불이 세상에 오실 때 제자가 되어 용화세계에서 선녀와 인연을 잇는 것이었다 합니다.

변산 먼 길을 한걸음에 절 한 번 하면서 찾아가니, 지극한 정성에 부처님이 감동하여 미륵존불께서 물음에 답하시니, 모악산 속에 비장골이 있는데 진표율사가 성도하여 첫 번째 발원에 미륵존불께서 모악산과 회문산을 밟고 서시니 크게 화현하신 몸이 하늘에 닿고, 두 번째 발원에 미륵존불께서 모악산 양 산줄기에 서시니 중간으로 화현하신 몸이 하늘에 우뚝 솟고, 세 번째 발원에 미륵존불께서 금산사 연못 가에 서시니 작게 화현하신 몸이 오늘날 금산사 솥 위에 서 계신 불상이라. 율사가 재계하고 금강을 건너려고 할 때 배가 없더니 강에 가득한 물고기들이 스스로 와서 다리를 만드니, 신비한 소문이 세상에 떠들썩하여 신라의 임금이 국사로 모셔 들이거늘, 율사가 왕에게 깨달음을 열어 주어 왕이 천여 년 이후에 미륵존불의 제자 되기를 발원하고 금과 은, 곡식과 비단을 많이 내놓으니, 율사가 용을 시켜 변산으로 옮겨 연못을 숯으로 메우고 정성을 다해 건축에 힘쓰니, 우람한 절이 곧 지금의 미륵전 삼층전이요, 미륵존불의 금불 입상(金佛立像)이 천하의 으뜸이 되었으니, 이로써 토정이 모악산 아래에서 금부처가 능히 말을 한다는 비결을 낳게 되었고, 세상에 금부처가 말하기를 기다리는 사람이 많다고 하옵니다.

말씀하시기를,
나는 할 말이 없겠느냐. 진표는 나와 큰 인연이 있느니라.

말씀하시기를,

옛적에 주대명이 금산사 미륵불에 기도하여 소원을 이루었고, 지금 대한제국의 민비가 모든 산의 모든 부처에게 빌되 오직 금산사에 빌지 않았느니라.

가르침을 내리시니,

사상(四象)이 있어 한 극(極)을 안으니 구주의 운행은 낙서의 중궁이 조종(祖宗)이라. 도리는 금수의 시대에도 저물지 않고 방위는 초목의 바람에 싹을 틔우도다. 개벽의 정신은 검은 구름 속의 달과 같으니 널리 가득 차 빛나는 문물은 백설에 덮인 소나무로다. 삼재(三才)에 익숙한 사나이는 누구인가. 어떤 산이 태고의 종소리를 사양하리오.

19. 시뮬레이션

이 세상은 정말로 컴퓨터 시뮬레이션이고 0과 1로 이루어진 매트릭스 세상일까? 특이점을 넘는 세상이 올까? 시뮬레이션 이론, 매트릭스 세계에 대해서 알아보자.

시뮬레이션 우주 가설의 정의

시뮬레이션 우주 가설은 우리가 경험하는 현실이 실제가 아니라 고도로 발달된 컴퓨터 시뮬레이션일 가능성을 제시한다. 이는 1999년 영화 「매트릭스」에서 대중적으로 잘 알려진 개념이지만, 철학적 뿌리는 훨씬 깊다.

스웨덴의 철학자 닉 보스트롬(Nick Bostrom)은 2003년에 발표한 논문에서 이 가설을 현대적 관점에서 정식화했다. 그는 세 가지 가능성 중 하나가 참일 것이라고 주장했다.

(1) 모든 문명이 멸망하기 전에 고도의 기술을 개발할 확률이 매우 낮다.

(2) 고도로 발달한 문명이 시뮬레이션을 실행할 기술을 갖추었음에도 불구하고 그런 시뮬레이션을 실행하는 데 관심이 없다.

(3) 우리는 거의 확실하게 그러한 시뮬레이션 안에 존재한다.

시뮬레이션 논문이 발표되면서,

일론 머스크의 "시뮬레이션이 인류를 위한 답"

우리가 현실에 있을 확률은 10억 분의 1의 논쟁의 여지가 있는 희망입니다. 왜냐하면 만약 문명이 발전하는 것을 멈춘다면 아마도 문명을 지우는 어떤 재앙 때문일 것입니다.

우리는 현실과 구별할 수 없는 시뮬레이션을 만들 것입니다. 그렇지 않으면 문명이 더 이상 존재하지 않을 것입니다. 우리가 현실에 있을 확률은 10억 분의 1의 논쟁의 여지가 있는 희망입니다.

결론은, 현재 우주는 누군가에 의하여 프로그램되어 움직이고 있다는 것이다. 그러므로 그들이 컴퓨터 이론으로 인류를 지배하겠다는 논리이다. 현재 이끌려 가는 것이 가상화폐, 가상 세상 가상 문명에 살고 있는 것이 되고 그들이 인류를 지배하겠다는 이론이다.

지구 멸망론으로 화성 이주 계획

일론 머스크의 화성 이주 프로젝트에 제동이 걸렸다. 달·화성 탐사를 위해 개발한 스페이스 X 우주선 '스타십'이 시험 비행 도중 폭발로 미 당국으로부터 조사를 받게 되면서 당분간 우주선 발사가 중지됐기 때문이다.

민병규의 시뮬레이션

학계에서는 이번이 여섯 번째 대멸종이라 발표한 바 있다.
선천 5만 년이 끝나면 대멸종으로 생명체는 모두 죽고 땅이 갈라지고 지진과 화산으로 해일이 일어나 바닷물이 죽은 시체와 나무를 땅속으로 집어녛고 5만 년 동안 빙하시대가 들어서는데 지구는 태양계를 벗어나 캄캄한 암흑세계를 5만 년 돌다가 지구가 태양계에 들어서면서 선천 5만 년 시대가 열리는 것이다.

이번에 선천 세상 태양이 있는 은하계에 들어서면서 선천 세상이라 하는 것이다.

하루는 낮 12시간, 밤 12시간 24시간을 하루라 하는 것이다. 낮과 밤을 합쳐 하루라 하는 것이다.

우주에 하루는 129,600년으로 대략 선천 5만 년 후천 5만 년이라 하는 것이다. 선천 5만 년 후천 5만 년이 하나인 것이다.

지금은 선천 5만 년 끝자락에 있고 오는 세상 5만 년은 지상 선경, 지상 극락, 지상 대동 세상, 지상 도화 낙원이라 하여 윤회가 없고 천년만년 5만 년 도술 문명이 5만 년 동안 이어지는 것이다.

은하계가 만 개가 넘는다고 학계에서 발표한 적이 있다.

상제께서는 은하는 돌아오리라 하신 말씀은 현재 우리가 살고 있는 태양이 있는 은하계에 살고 있는데 새 태양이 있는 새 은하계로 바뀐다 하신 것이다.

오는 세상 5만 년을 준비하기에,
육천 년 전 십천계 머물던 무극신이 태호 복희로 내려와 바람(風) 개벽기에 희역(봄 역)을 만들어 인간 씨를 심고 칠성계에 머물고,

사천오백 년 전 요순시대가 지나가고 칠성계에 머물다가 우임금으로 내려와 비(雨)로 개벽기에 여름 역을 만들어 인간 종자를 살리고,

이천오백 년 전 칠성계에 머물다 노자로 내려와 도교를 만들고 노자가 공자를 가르치기도 했었다.

현시대 가을(霜) 상제(上帝) 개벽기에 칠성계에 머물다 민병규로 태어나 용담 역을 만들어 오는 세상 5만 년 지상 선경 세상이 열릴 때 준비를 하고 있는 것이다.

태호 복희는 봄(春) 역(易),
우임금은 여름(夏) 역(易),
상제(上帝) 가을(秋) 서리(霜) 개벽,
민병규는 후천 오만 년 봄(春) 용담 역(易),

태호 복희, 우임금, 민병규는 같은 인물에 육체만 바뀌었을 뿐이다.

용담 역은 후천 5만 년 봄과 같은 세상이며 도술 문명 5만 년이라 하는 것이다.

오는 세상 태을주에 태을은 가을의 열매처럼 병들지 않고 썩지 않는다는 뜻이고 지상은 늘 변함없는 봄과 같은 5만 년 시대라 하는 것이다.

삼천 년 전 문왕 시절 강태공의 주역은 우임금의 여름 역을 인용하여 주나라를 세운 인물이다.
백 년 전 일제강점기에 김일부가 만든 정역은 가을 역인데 꿈에 강증산 성사께서 요운전에 계시는 것을 알고 강증산 성사를 요운이라 모시고 정역은 완성되지 않았다.

민병규의 시뮬레이션

육천 년 전부터 시뮬레이션이 작동이 된 것이다.
민병규가 편집한 『천기누설』, '선천판 신명계 층 표 보기' 261쪽에 기록되어 있다.

선천판이 있으면 후천판이 있는 것이 도라 하는 것이다.

인간 수명은 짧은 것이다. 오는 후천 세상을 가기 위하여 신명계 층을 9단계로 나뉘어 일반 중생이 죽으면 3천계에 머물다가 사람으로 태어나서 살다가 죽으면 3천계에 머무는 것이다. 3천계 이상 올라가면 인간계에 오기를 싫어한다.

작가 미상 콩쥐 팥쥐, 흥부와 놀부, 토끼전 등 이야기는 4천계 5천계 머물던 선령 신들이 인간계 내려와 선과 악을 전한 것이 소설로 전해지는 것이다.

1천계는 사람이 사는 세상이며 사람 되지 못한 이가 죽으면 윤회의 문 3천계에 들어가지 못하고 1천계에 머물며 사람을 괴롭히는 것이 현재 살아가는 세상인 것이다.

선천 세상은 잡귀들과 함께 살아가는 지옥이라는 뜻이다.

나라가 없던 일제강점기에 신성불 보살들이 구천에 계시는 상제가 아니면 세상을 바로잡을 수 없다고 하소연하므로 괴롭기 한량없으나 어쩔 수 없이 증산(甑山)으로 왔노라 하신 것이다.

옛날에는 칠성계가 가장 높은 하늘로 여기고 장독대에 "정안수" 떠 놓고 빌던 시절도 있었다.

> 칠성님 전 명을 빌고 아버님 전 뼈를 빌어 어머님 전 살을 빌고 사람으로 태어날 적에~

칠성계에는 민병규 혼자 있었던 것이다. 지금도 민병규는 늘 혼자이다. 동쪽이 밝아 오며 민병규는 동방칠성계에 머물고 있었다. 석가, 공자, 예수도 민병규 아래 단계 6천계에 있다가 조선시대에 석가불이 진묵대사로 와서 봉곡대사로 하여금 시해를 당하여 동양에 도통 신명을 이끌고 서양으로 건너가 문명을 세운 공덕으로 석가불이 서방 칠성계에 머물게 된 것이다.

불교가 우리나라에 들어올 적에 칠성각을 위쪽에 모시어 공을 들이고 석가불 있는 대웅전은 칠성각 아래에 건물을 세운 것이다. 유명한 인물 진묵대사, 서산대사, 사명당 등 모두가 석가불이 있는 대웅전에서 깨달음을 얻지 못하고 석가보다 높은 칠성을 먼저 모시므로 능력이 나온 것이다.

지금에 북두칠성은 민병규의 제자 괴성, 작성, 관성, 행성, 필성, 보성, 표성, 존성, 제성의 아홉 별이 지키고 있다. 상제께서 대신문을 열고 하늘을 보라 하시니 아홉 별이 반짝이는지라.

말씀하시기를 아홉은 수교자의 수와 맞노라 하신 것이다.

대자연의 천지 간(間)에 북두칠성은 신앙의 성신(星辰)으로 시작되므로 사람이라면 누구나 칠성의 인연으로 태어났으니 쌍칠절(雙七節)에 견우와 직녀성이 서로 동쪽에서 빛이 마주칠 때 자연히 음과 양이 하나가 되어 태어날 생명이 창조되는 것이니 온 인류의 신앙은 칠원(七元)으로부터 시초가 되었으며 만물이 나고 죽는 이치 또한 칠성(七星)부터 시작된 것이다.

증산 상제님께서는 7월 7일 쌍칠절(雙七節)에 도통하셨다.

칠성(七星)으로부터 신앙이 시초가 되었고 칠성으로부터 영혼이 시작이 되었으며 우리나라 좌(左)청룡은 일본이고 우(右)백호는 중국이며 우리나라 안봉(案峰)은 필리핀이 되는 것이다. 칠성신앙을 버린 민족의 인과로 좌청룡 일본에 36년간 나라를 빼앗겼으며 칠성을 무시하고 대효(大孝)를 못 한 인과로 우백호 중국으로 인해 삼팔선이 생긴 민족의 인과를 어찌 부인할 수가 있을 것인가.

하늘은 선악으로 운행하고 땅은 인과응보로 윤회하고 사람들은 자업자득으로 유전되는 자연의 공식을 천만번이라도 깨달아 각성(覺醒)해야 할 것이다.

우리 민족은 북두칠성의 운(運)을 받고 이 세상에 태어나서 천손(天孫)이라 부르는 것인데 신앙과 불효의 인과에 점점 물들기 시작하여 민족의 신앙을 버린 인과로 36년간 일본인에게 온갖 핍박을 다 받았고 대효(大孝) 버린 인과로 6.25 같은 동족상잔으로 부모, 형제, 자매 간에 총, 칼로 죽이어 오륜(五倫)을 범하였으니 하늘 보기가 부끄럽고 땅 보기가 민망스럽지 않은가.
그리고도 아직 정신을 차리지 못하고 도리어 민족정신마저 말살하려는 움직임이 일어나고 있으니 민족이 앞날을 볼 때 어찌 개탄하지 않을 수 있겠나.

불문(佛門)에서는 성현을 불(佛)이라 하고 도가(道家)에서는 성현을 신(神)이라 하는 이치를 모르고 어리석은 사람들은 칠성(七星)님과 용왕신과 조왕신에 대해서 불(佛)이나 신(神)을 알아보지 못하고 불은 높고 신은 얕은 것으로 착각을 하고 있으니 증산 구천 상제께서 강림한 것이다.

자식은 선업(善業)으로 태어나는 것이지만 악업으로도 태어나게 되는 것이니 좋은 자식을 두기 위하고 훌륭한 자식을 태어나게 하기 위해서 반드시 칠성(七星) 기도를 올리는 것이 원수의 자식을 태어나지 않게 하는 길이 되는 것이다.

칠성궁(七星宮)은 사바세계 지구촌에 있는 모든 종교 신앙의 뿌리인 것이니 칠성신앙을 외면하여 버리게 되면 죄가 생기어 과보를 받게 되는 이치이다.

우리 민족은 칠성으로부터 신앙의 시초가 되었고 한민족이라면 칠성의 자손이다.

증산 상제께서 진법주 짜실 적에 구천하감지위, 옥황상제 하감지위, 석가여래 하감지위 이 주문을 모르는 단체가 증산도, 태극도, 대순진리회이다.

주문에 "여래"는 두 번 나온다. 석가여래, 칠성여래.

석가여래가 누구인지 칠성여래가 누구인지 모르는 이들이 단체를 만들어 민병규를 협박하는 것이 현재 금수(禽獸) 시대라 하는 것이다.

아무리 도를 닦는다 한들 앞으로 오는 세상을 믿지 못하는 것이다. 현 세상에 백 년도 살지 못하는 세상, 지겨운 세상에 천년만년 오만 년까지 산다 하니 믿지 못하는 것이다.

도 이야기하면 착하게 살다 죽겠다고 말하는 이들이 도를 닦는다는 것은 엄마 젖을 더 먹고 오겠다는 뜻이 되는 것이다. 선천 세상 인생은 초목(草木)과 같아 비바람 맞고 병충에 걸려 죽고 메뚜기 떼가 갉아 먹고 진딧물이 생기면 개미 떼가 달라붙고 병들고 죽는 것이 선천 세상 인생이라 하는 것이다. 아프면 약국에 약으로 치유되고 병원 가면 병을 고치기도 하지만 늙어지면 병들어 죽는 것이 선천판이라 하는 것이다.

이제 가을 개벽기에 땅이 갈라지고 바다에 지진이 일어나고 해일이 청소를 할 적에 들판에 자라나는 낟알처럼 영근다 한들 누가 씨앗을 거두고 누가 씨앗 열매를 챙기어 오는 세상 도화 낙원으로 인도를 할 것인가에 민병규의 진리를 찾을 때이다.

증산 상제께서도 인류의 조종은 태호 복희이다 하신 말씀을 생각해 보라.

학계에서는 태양이 있는 은하계가 만 개가 넘는다고 발표한 바 있듯이 이번에 태양이 있는 새 은하계로 바뀌는 것이다. 아무리 과학이 발달한들 민병규의 진리 앞에서 모두 전멸당하는 것이다.

오는 세상은 지구는 아름다운 어머니 별이 될 것이며 일만 이천 도통 군자는 72가지 둔갑술을 부리고 지구에만 머무는 것이 아니라 가까운 별나라에 물이 있고 공기가 있어 별나라도 왕래를 하는 것이다. 사람으로 태어났다 함은 오는 세상에 넘어가서 살아야 태어남에 신비함을 알게 되는 것이다. 오는 세상에는 죽어 장사 지내는 법이 없고 후천 5만 년이 끝나야 연기처럼 사라지는 것이다.

말씀하시기를,

형렬아. 네가 도통을 하고 싶어 수백 번 간청하였으니, 오늘 너에게 허락하여 도통을 내리노라 하시더라. 말씀이 떨어지자마자 삼계가 밝게 빛나고 삼생이 환히 드러나며, 일원 세계가 눈앞에 보이고, 온 세상의 뭇 생명이 마음에 들어오고, 모든 이치가 오묘하게 깊으며, 온갖 모습이 삼묘하며, 서양 여러 나라에 마음대로 다니며, 새처럼 하늘 끝까지 날며, 풍운조화가 부리는 대로 일어나고, 둔갑장신이 뜻대로 이루어지며, 천지와 한마음이 되고, 삼교(三敎)를 쓰게 되어 무소부지하고 무소불능하니라.

형렬이 기쁨을 이기지 못하였더니 며칠 지나지 않아 도로 바치라 명하시거늘, 말씀이 떨어지자마자 도로 어두워져서 겨우 신명이 들고나는 것을 보고, 조금씩 문답을 나눌 수 있게 될 뿐이라.

말씀하시기를,

모든 성씨의 선영신 한 명씩이 천지 공정에 참여하여 자손을 위해 일을 꾀하나니, 도통이 먼저 나기도 하고 뒤에 처지기도 하면 모든 신명이 내게 따지게 되나니, 때가 오면 한꺼번에 마음을 열어 주리라.

말씀하시기를,

때가 오면 한 사람이 먼저 도통을 받나니, 이는 모든 도를 하나로 되돌리는 하늘의 운이니라.

만화책에 손오공이 여의봉을 들고 72가지 둔갑술을 부리며 근두운을 타고 허리 한번 움찔하면 1초에 지구 두 바퀴를 돈다는 것이 상상이 아니라 현실로 다가오는 것이다.

『서유기』에 등장하는 용왕은 모두 4형제다.

그 이름은 각각
동해용왕 오광(敖廣),
남해용왕 오흠(敖欽),
북해용왕 오순(敖順),
서해용왕 오윤(敖閏)이다.

손오공은 삼장법사를 만나기 전에 이들 4형제를 무력으로 위협해서 보물을 빼앗았다.

동해용왕에게는 잘 알려져 있는 여의봉(如意棒),

남해용왕에게는 봉황의 깃털로 장식한 보랏빛 금관,

북해용왕에게는 구름 위를 걸을 수 있는 연꽃의 실로 짠 신발 보운리(步雲履),

서해용왕에게는 황금 쇠사슬로 만든 갑옷을 빼앗아 자신의 것으로 만들었다.

비록 손오공 앞에서는 꼼짝도 하지 못했던 약한 용들이지만, 인간에게는 강력한 힘을 발휘하는 무서운 존재이다.

전승에 따르면, 용에게는 한 가지 약점이 있다고 한다.

그것은 용의 목구멍 안쪽 30센티미터 정도에 거꾸로 나 있는 비늘이다. 이곳을 건드리면 용은 고통에 떨며 크게 노한다고 한다.

이것이 역린(逆鱗) '황제나 군주의 노여움'을 뜻하는 말로, 황제나 군주를 용(龍)에 비유한 것이다.

민병규의 도(道)가 성도(成道)가 되면 나라의 황제나 군주, 탐관오리는 도통 군자 앞에서 땅에 엎드려 목숨을 구걸할 것이다.

옥황상제께서 말씀하시기를,
민병규가 창건한 용담 역을 보시고 잘 지었구나 사해용왕이 곡물을 가득 싣고 민병규를 찾으리다 하셨다.

20, 천자국(天子國)

상제님이 강림한 국가를 천자국 천자의 나라라 하는 것이다.

태극도, 증산도, 대순진리회에서 삼신 신앙 삼신상제를 가리키며 회원을 모집하고 있으나 참진리를 모르는 단체이다.

태극도는 구천 상제 옥황상제를 모시고 있으나 옥황상제를 옥황조성상제라 부르기도 하고 강증산 사진 걸어 놓고 조정산 사진을 걸어 놓고 도통을 받겠다는 단체이다.

증산도는 강증산 제자 차경석이 보천교를 만들어 차경석이 차천자로 불렸고 일제강점기에 보천교는 뿌리 없이 사라진 단체이다. 그 당시 차경석이 보천교 만들고 강증산 부인 고판례가 강증산의 교리로 교단을 만들고 차경석과 고판례는 서로 자기들이 종통을 받았다고 진리 싸움을 하였다. 현재 증산도는 보천교의 교리와 강증산 부인 고판례의 교리로 강증산을 옥황상제라 하며 사진 걸어 놓고, 강증산 부인 고판례 사진 걸어 놓고, 단군 할아버지 사진 걸어 놓고 도통이 나온다고 홍보하는 단체이다.

대순진리회는 양위 상제, 즉 구천상제 옥황상제 박한경 사진 걸어 놓고 도통을 받겠다는 단체이다.

민병규는 삼위 상제(증산, 정산, 우당) 신위를 모시고, 『대순진경』, 『천기누설』, 『상제와 천자』라는 이론을 진리로 표출하여 도서 출판되어 경전이라 이름하여 부르는 것이다. 구구절절 내용은 도서 진리 속에 있으니 읽지 않고 네가 옳으니 내가 옳으니 하다 보면 대벽기에 모두 멸종되는 것이다. 민병규는 삼신 사상 삼신상제님을 사진이 아니라 하늘의 도법에 의하여 진행되었음을 알리는 것이다.

구천 상제님께서 가르치시길,
상제님께서 객망리에 계실 때, 하루는 종숙 되는 연회에게 저 "시루산엔 선인 연단혈(仙人煉丹穴)이 있어 장차 천하 녹지사(天下祿持士) 천하 대복을 타고난 사람들이 모일 곳인데, 또한 선약(仙藥)을 구우려면 사물 약재(四物藥材)가 있어야 하리니, 가마골의 솥과 용화동의 용담 수와 죽산의 박달나무와 금산사의 불기운이 들어와서 그 진액을 모아 공을 들여야 선약(신선이 되는 도법)으로 쓰일 수 있을 것이며, 사물탕 80첩이 곧 소병 지약이 될 것이다." 하시니라.

사물 약재(四物藥材) 신선이 되는 선약(仙藥)을 구우려면, 가마골의 솥, 용화동의 용담 수, 죽산 박달나무, 금산사 불기운의 진액을 모아야 하는 공사이시다.

사물 약재(四物藥材)는 네 분의 인물(人物=人材) 즉, 증산 상제님, 도주님, 도전님, 민병규까지 와서 완성이 된다는 말씀이다.

용화동의 '용담 수'는 일육수법(一六水法) 민병규의 용담 역이고,

가마골의 '솥'은 정산(鼎山) 도주님이며,

죽산 박달(朴達)나무는 죽산 박씨(竹山) 박우당(朴牛堂) 도전님 이요,

금산사 '불기운'은 삼위 상제님을 모신 민병규를 뜻함이다.

그 진액인 유, 불, 선의 기운을 수렴하여 모아야 선약(仙藥)인 도(道)가 최종 완성된다는 말씀으로 사물탕 80첩(四物湯八十貼)은 바로 네 번째 인물이 끓이는 선약(仙藥)을 복중팔십년신명(腹中八十年神明)인 노자(민병규)에게 붙인다고 상제님께서 이를 통해 결론적으로 표현하신 말씀이다.

일찍이 강증산 성사께서 일제강점기에 천지 대공사를 보시고 앞으로는 천하가 한 집안이 되리라 하셨다. 대한민국(大韓民國)이라는 국호를 쓰는 우리가 진리를 모른다면 외세 침략에 국호가 없어지게 되는 것이다.

장차 조선이 천하의 도주국(道主國)이 되리라. 시두 손님인데 천자국(天子國)이라야 이 신명이 들어오느니라. 내 세상이 되기 전에 손님이 먼저 오느니라. 앞으로 시두(時痘)가 없다가 때가 되면 대발할 참이니 만일 시두가 대발하거든 병겁이 날 줄 알아라.

시두가 조선이 먼저 일어나니 어째서이옵니까? 여쭈니 말씀하시기를 살

아날 법방이 조선에 있노라 하셨다. 시두 손님이란 가다 죽고, 웃다 죽고, 서서 죽고, 자다 죽고, 의원 죽고, 병원 죽고, 죽은 시체를 쇠스랑으로 끌어내릴 적에 나를 부르면 살아난다고 하면 안 믿을 자 있겠느냐 하시니라. 앞으로 시두(時痘)가 없다가 때가 되면 대발할 참이니 만일 시두가 대발하거든 병겁이 날 줄 알아라, 하셨다.
장차 조선이 천하의 도주국이 되느니라!

홍산문화의 주인공인 것은 움직일 수 없는 사실이다.

드러난 유물들이 이를 증명하고 있고, 역사 기록도 이를 뒷받침하고 있다. 바로 천자 문화의 고향, 동방의 한민족으로 삼신상제님께서 오신 것이다. 인간으로 오신 증산(甑山) 상제님(1871~1909)께서는 동방의 한민족이 다시 천자국의 위상을 회복할 것을 말씀하셨다.

상제님은 지구촌에 병겁이 휩쓰는 '다시 개벽' 상황이 오기 전에 먼저 시두가 대발한다고 하셨다. 시두(천연두)와 천자국은 우주 가을 개벽의 암호를 푸는 비밀 열쇠와 같다.

그 해답은 인간으로 오신 상제님이 집행하신 9년 천지공사(天地公事)에 들어 있다. 병든 천지를 뜯어고쳐 새 천지를 열어 주시고, 해원(解冤), 상생(相生), 보은(報恩), 원시 반본(原始返本)의 이념으로 역사의 방향을 설계하신 천지공사를 통해 인류는 태고 시절 누렸던 광명의 삶을 다시 회복하게 되는 것이다. 인류가 꿈꾸어 왔던 이상 세계가 이 지상 위에 구현

되는 것이다. 그것은 개벽의 실제 상황에서 한민족이 상제님의 도(道)로 인류를 구원함으로써 성취되는 것이다. 이것은 다름 아니라 환국에서부터 전수되어 내려온 홍익인간 사상의 실현이다.

널리 인간을 이롭게 하라는 홍익인간의 천명을 가을 개벽기에 인류 구원으로 완성했을 때 우리는 다시 인류 문화의 도주국, 천자국으로서 우뚝 서게 되는 것이다.

사실 한반도는 '개벽의 진원지'이며 동시에 '구원의 땅'이다. 홍익인간 정신으로 크게 하나 되어 다가오는 '다시 개벽'을 준비하는 비상한 정신이 필요한 시점에 닿은 것이다.

상제께서 내가 가르치는 것이 참 동학이니라 하셨다.

민병규의 진리가 동방의 나라의 동쪽의 학문 동학(東學)인 것이다.

동학은 '다시 개벽'의 소식을 전하면서 아울러 개벽을 주재하시는 상제님이 신교 문화의 본고장인 동방 땅에 오셨다는 것을 전하는 것이다. 그것은 곧 한반도가 '개벽'의 진원지이자 새 세상을 여는 구심점이 된다는 사실을 표현한 것이다. 이를 『주역』에서는 성언호간(成言乎艮)이라 한다. 인류가 지금까지와는 전혀 다른 문명 시대로 전환하는 개벽에서 세계 구원을 성사시키는 성스러운 땅이 바로 간방(艮方)이라는 것이다. 여기서 말하는 간방은 곧 한반도이다.

옛적에는 천자가 나라를 다스렸다는 것은 여러 문헌에 기록되어 있다.

천자(天子)는 천제지자(天帝之子)의 준말이다. 환국의 백성들은 환인을 삼신상제님(天帝)의 아들로 받들었다. 천자 문화 역시 인류 최초의 국가이자 동서 문명의 고향인 환국에서 유래하였다. 상제님의 아들이라는 것은 상제님으로부터 선택되었다. 상제님의 가르침을 받았다는 의미로 서교의 'Son of God'이라는 말과 상통한다. 곧 상제님으로부터 가르침을 받은 사람이 세상을 다스리는 것이다.

바로 통치와 제사의 일치함이다. 천자가 등극하면 가장 먼저 하는 일이 국태민안(國泰民安)을 하늘에 비는 천제(天祭)를 올리는 일이다.

예로부터 천자는 통치자이며 스승이었고 신의 뜻을 전하는 대무(大巫)였다. 우리는 무당을 단골(=단군) 또는 당골로 불렀다. 단군은 제사장을 뜻하고, 왕검은 통치자의 의미이다. '단군왕검'도 하늘에 천제를 올렸다. 정교가 합일된 호칭이다. 동방 신교에서는 예로부터 군사부(君師父)일체를 이야기하는 것이다. 다시 말해 천자는 다스리는 군(君)이자, 가르치고 깨우치는 스승(師)이고 새로운 생명을 열어 주는 아버지(父)라 하는 것이다. 민병규가 창건한 용담 역에는 하늘 건 괘에 대두목 아버지로 세운 것이다.

군사부 문화가 신교의 삼신 문화에서 나왔으며, 또한 군사부는 삼신의 현현(顯現)인 천지인의 덕성이기도 하다.

본문

桓仁(환인)이 高御上上天(고어상상천)하사 惟意懇切百途(유의간절백도)가 咸自和平(함자화평)이어 늘 時(시)에 稱天帝化身而無敢叛者(칭천제화신이무감반자)오 九桓之民(구환지민)이 咸率歸于一(함솔귀우일)하니라.

해설

환인께서는 높고 높은 하늘[上上天]나라에 임어해 계시며 오직 온 천하가 모두 저절로 화평해지기를 간절히 생각하시니, 이때에 백성이 환인을 천제(천상 상제님)의 화신이라 부르며 감히 거역하는 자가 없었고, 구환의 백성이 모두 하나가 되었다.
동방의 한민족은 원래 천자의 나라.

천자는 동이의 호칭 처음으로 천제자(天帝子)라는 말을 쓴 것은 배달국 환웅 때부터였다. 환인, 환웅, 단군 이들은 상제님으로부터 국가 건설과 통치의 대권을 신탁받아 삼신상제님의 가르침으로 백성을 교화하고 나라를 다스렸다. 한민족사 최고의 전성기인 단군조선은 몽골, 티벳, 흉노, 중국 대륙 전체와 한반도, 일본을 아울러 산하에 70여 개의 제후국을 거느린 대제국(大帝國)이었다.

중국에서는 6국을 통일한 진(秦) 왕 영정(嬴政)이 최초의 천자로 황제(皇帝)가 되었다. 배달국 환웅 천황 때보다 3,000년이나 늦은 일이다. 이 천자라는 말과 천자 제도가 한민족에게서 유래했음을 중국의 사서에서도 증명하고 있다. 한나라의 채옹이 지은 『독단』에 보면 "천자는 동이족이 부르던 호칭이다. 하늘을 아버지로 땅을 어머니로 하는 까닭에 천자라 부른다. 천자, 이적지소칭, 부천모지, 고칭천자(天子, 夷狄之所稱, 父天母地, 故稱天子)"라는 대목이 있다. 『사기』에서도 "치우는 구려의 천자다. 치우는 옛 천자"의 이름이다. 공안국 왈 구려군호 치호(孔安國曰 九黎君號 蚩尤)라. 사기 삭은(史記索隱), 응소 왈 치우(應劭曰 蚩尤)는 고천자 지호(古天子之號)라, 사기집해(史記集解), 라고 하였다.

천자는 상제님을 대신하여 땅 위의 백성을 다스리는 통치자요, 하늘에 계신 상제님께 천제(天祭)를 올리는 제사장이다. 한마디로 상제님과 인간을 연결하는 다리와 같은 존재다. 환국·배달·고조선 이래로 이 땅은 원래 천제의 아들이 다스리는 천자국(天子國)이었다. 천자의 가장 근본적인 소명은 자연의 법칙을 드러내어 백성들이 춘하추동 제때에 맞춰 농사를 지을 수 있도록 책력을 만드는 것이었다. 배달 시대에 지은 한민족 최초의 책력인 칠회제신력(七回祭神曆, 『태백일사』, 「신시본기」) 또는 칠정운천도(七政運天圖, 『태백일사』, 「소도경전본훈」)는 인류 최고(最古)의 달력이다.

이후에 민병규가 창건한 용담 역에서 새 달력이 나오는 것이다. 동짓(冬至)날이 설날이며 동지 지나 세 번째 미(未)일은 천자(天子) 생일이 되는 것을 상제님께서 알려 주신 것이다. 민병규가 2010년 신명의 가르침으로 동짓(冬至)날 삼위 삼신상제님의 이름을 신위로 모셨기 때문이다.

아버지의 본성과 소임은 우주 만물을 낳는 하늘과 상통하고, 스승의 본성과 소임은 온갖 생물을 키우고 번성시키는 땅과 상통하고, 임금의 본성과 소임은 서로 화합하며 살아가는 인간과 상통한다. 환국·배달·고조선의 삼성조를 세운 환인·환웅·단군은 군사부의 도를 역사 속에서 실현한 분들이다. 『환단고기』에 따르면, 환인 천제는 아버지의 도를 집행하여 천하를 한곳에 모았고, 환웅 천황은 스승의 도를 집행하여 천하를 거느렸고, 단군 천황은 임금의 도를 집행하여 천하를 다스렸다 기록되어 있다.

강화도 마리산 정상의 참성단. 단군께서 상제님께 천제를 올리던 성지이다. 천자 문화의 본향은 천자는 천제지자(天帝之子)의 약자로서 하나님의 아들 우주의 주재자이자 천상의 통치자[天帝]이신 상제님의 아들을 칭하는 말이다.

예로부터 천자가 다스리는 나라를 천자국이라 불러왔다.
천자는 서양에서 말하는 '신의 아들(Son of God)'과 상통하며, 신교(神敎)를 신앙했던 동방 문화에서는 '국가의 통치자'를 의미했다. 천자는 본래 제정일치(祭政一致) 시대의 통치자였다.

천자는 인간세계를 대표하여 하늘(상제님)에 제사를 올렸고 제후들은 천자의 명을 받들어 사역했다. 그런데 역사를 거슬러 올라가 보면 오랫동안 중국이 이성계가 세운 조선으로부터 조공을 받는 등 천자국을 자청해 왔다.

그러나 이것은 어불성설이다. 후한 시대의 채옹은 『독단(獨斷)』은 천자 제도의 근원에 대해 "천자는 동이족 임금의 호칭이다. 하늘을 아버지, 땅을 어머니로 섬기는 까닭에 하늘의 아들이라 한다."라고 기록하고 있다.

우리나라를 동이족, 동쪽의 민족이라는 것이다. 천자 제도가 동방족 문화로부터 시작되었음을 밝혔다. 유가에서 가장 이상적인 성군으로 칭송해 온 순(舜)임금은 보위에 오를 때 태산에 올라 상제님께 천제를 올리고 '동방의 천자'를 찾아가 조근(朝覲)하는 예를 올렸다.

이 내용이 『서경』에,
"동순망질 사근동후(東巡望秩 肆覲東后)"라고 기록되어 있다. 동쪽으로 순행하여 산천에 제를 지내고 마침내 동방의 임금을 알현하였다는 뜻이다.

'근(覲)'이란 '제후가 천자를 뵙는다'는 뜻으로, 하현상(下見上), 아랫사람이 윗사람을 찾아뵙는 것을 말한다.

증산 상제님께서 『대학』, 『서경』을 읽으라 하신 것이 천자가 나온다는 말씀이시다.

고조선의 천자 문화가 어떻게 중국으로 넘어갔는가?

고조선 초기, 당시 중국은 요임금 말엽부터 순임금 때까지 9년 홍수로 인해 양자강 등이 범람하여 위기에 빠졌다. 이때 백성을 구원해 준 분이 우임금이다.

증산 상제님께서 말씀하시기를,
요, 순, 우왕 일체동 공사가 있다.

민병규의 도통 표에는 요, 순, 우로 도통 줄이 내려온다.

요, 강증산 단주수명 태을주
순, 박우당
우, 민병규

태을주는 단주 수명 5만 년 태을주가 민병규로 내려온다. 도통 줄, 태을주 줄, 민병규가 완성한 도통 표를 자세히 보면 해답이 나오는 것이다.

고조선의 천자국이었다.

고조선의 순 왕조의 관리였던 우(禹)에게 산을 다스리고 물을 다스리는 비결인 오행치수법이 담긴 금간옥첩(金簡玉牒)을 전수해 준 것이다. 우는 이를 바탕으로 치산치수에 성공하였으며 그 공덕으로 민심을 얻어 하(夏)나라를 건국하였다.
요순시대 지나고 우임금 시절에 비(雨)로 개벽하니 우임금이 하도낙서 팔괘를 만들어 백성을 살린 것이다. 중요한 것은 금간옥첩이 치수의 요결일 뿐만 아니라, 나라를 다스리는 천자의 도(道)와 동방 고조선의 정치 제도, 문화가 수록된 국가 경영 지침서라는 점이다.

여기에는 나라를 다스리는 아홉 가지 큰 법도, 홍범구주(洪範九疇)의 내용도 실려 있다.

홍범구주의 다섯 번째가 황극(皇極) 사상이다. 바로 이 황극으로부터 천자 사상이 나왔다. 즉, 천자 제도의 기틀, 동양 문화의 근본정신이 담겨 있는 금간옥첩이 전해짐으로써 고조선의 천자 문화가 본격적으로 중국으로 흘러 들어간 것이다.

이후 진시황에 이르러 천자국을 자청하며 스스로 시황(始皇)이라 칭하였다. 고대 중국을 천자국으로 묘사한 것은 모두 한 대(漢代) 이후 중국 사가들에 의한 조작이며 우리나라를 지배하려 하는 것이다.

북경의 천단
북경의 '천단' 중국 황제들이 상제님께 천제를 올리던 곳이다.

산동성 태산의 첫 문턱에 있는 '자기동래' 현판
천자는 '천제지자(天帝之子)'의 준말이다. 천제(天帝)는 상제의 다른 말이므로, 천자는 곧 상제님의 아들이라는 말이다. 천자는 상제님을 대신하여 땅 위의 백성을 다스리는 통치자요, 하늘에 계신 상제님께 천제(天祭)를 올리는 제사장이다. 한마디로 상제님과 인간을 연결하는 다리와 같은 존재이다. 환국, 배달, 고조선 이래로 이 땅은 원래 천제의 아들이 다스리는 천자국(天子國)이었다. 환단고기 『단군세기』에서 행촌 이암(고려 말 문하시중)이 단군을 줄곧 '제(帝)'라 부른 이유가 여기에 있다.

한민족이 천자 문화의 종주국(宗主國)임을 중국 사람이 스스로 고백한 기록이 있다. 후한 때 채옹이 쓴 『독단(獨斷)』을 보면, "천자는 동이족이 사용하던 호칭이다. 하늘을 아버지로 땅을 어머니로 하는 까닭에 천자라 부른다."라고 하였다.

중국 산동성 태산의 첫 문턱에는 '자기동래(紫氣東來)'라는 문구가 있다. '붉을 자(紫)' 자는 천자의 별인 자미원(紫微垣)의 자 자로 천자를 상징한다. 즉 '자기동래'는 '천자의 기운이 동방에서 왔다'를 뜻하는 말로서, 중국 천자 문화의 출원이 동방 한민족임을 그들 스스로 밝힌 것이다. '자기동래'의 현판은 심양의 고궁인 봉황루, 서태후 때 재건된 이화원 등에도 있다. 본래 노자가 함곡관을 지날 때 문지기에게 써 준 문구라 전해 온다.

중국 왕들이 천자를 자칭한 것은, 진왕(秦王) 영정(嬴政)(진시황)이 춘추전국 시대의 혼란기를 끝내고 중원을 통일한 후, 동북아 제왕 문화사의 근원적 기틀인 삼신오제 사상에서 발원된 삼황과 오제에서 '황(皇)' 자와 '제(帝)' 자를 따서 스스로 황제라 칭한 이후이다. 고조선이 진 조선의 멸망으로 혼란해진 틈을 타, 진왕이 삼신 사상의 천자 칭호를 도용해 간 것이다.

상제님이 강림한 국가를 천자국, 천자의 나라라 하는 것이다.

중원을 지배한 천자국(天子國)

고조선이 중원을 통치하였다는 것은 사실이다. 지나는 가지를 말한다.

지나(Chi-na)가 나중에 차이나(Cha-i-na or China)로 불렸다. 고대의 한국은 차이나(현재 중국)과 일본 문명의 모체였다.

중국은 고조선의 가지인 나라였다. 중국은 최근 중심 국가를 의미하는 중국으로(中國) 이름을 바꾸었다.

백 년 전 일제강점기에도 중국이라는 이름이 없었고 당나라, 명나라, 청나라 하였다. 일본이 원자폭탄에 패망한 후에 중국이라 이름을 만든 것이다.

최근에 학계에서 중국이 고구려를 지배했다는 논리를 주장하며 역사를 왜곡하고 중국이 우리나라를 지배하려는 음모들이 곳곳에 퍼져 있다.

오직 민병규의 진리만이 동쪽의 학문(學問)이며 동학(東學)인 것이다.

21, 화투장의 비밀

조선인이 만든 화투장
노예로 팔려 나간 조선인
포르투갈에서 조선인이 만든 화투장

일본인들이 조선인을 노예로 파는 데는 포르투갈인들이 적극 개입돼 있었다. 당시 전 세계 노예시장을 장악하고 있던 포르투갈 노예상들은 수단과 방법을 가리지 않는 인간 사냥으로 악명이 높았다. 포르투갈 노예상들의 사주를 받은 일본인들은 조선인 납치를 일확천금의 기회로 생각했다.

전진(戰陣)의 왜군 제장(諸將) 가운데 약삭빠른 자는 처음부터 인신매매를 목적으로 조선인들을 대량 노략질해 오기도 했다. 노예시장으로 흥성했던 나가사키의 일부 일본인들은 조선인을 붙잡아 오기 위해 조선으로 도항하기 위해 노력했다. 그들은 조선 남부 등 각지를 찾아다니며 남녀를 막론하고 조선인을 직접 나가사키 등지로 끌고 가 포르투갈 상인에게 철포(조총)나 비단을 받고 팔아넘겼다. 야소회 선교사 조선부로구제교화(耶蘇會宣教師 朝鮮俘擄救濟教化) 기록되어 있다.

심지어는 포르투갈 상인이 조선에 들어와 직접 거래했다고 볼 수 있는 자료도 있다. 포르투갈 상인들이 왜군이 조선 남부 지방에 주둔하고 있을 때 일부러 현지에 인매선(人買船: 노예 매매선)을 보내 조선 포로를 직접 수용했다는 기록이 1598년 9월 4일, 일본야소회 선교성직자회 보고(日本耶蘇會 宣敎聖職者會 報告)의 기록이다.

일본의 국제 무역항인 나가사키 장기(長崎)와 히라도 평호(平戶) 등지에서 매매된 조선인들은 홍콩, 마카오, 마닐라를 비롯해 인도, 유럽에까지 팔려 나갔다.

놀라울 만큼 많은 조선 포로가 일본으로 송치돼 주로 나가사키 방면에서 팔렸다. 포르투갈 상인은 이로써 막대한 이익을 얻었다. [야소회선교사 조선부로구제교화(耶蘇會宣教師朝鮮俘擄救濟敎化)의 기록]

돈이 되는 인신매매에는 기리시단(가톨릭) 다이묘들도 적극 개입돼 있었다. 당시 유럽 선교사들이 인신매매에 개입한 가톨릭 다이묘들의 파문을 결정할 정도로 대규모로 행해지고 있었다. 다이묘와 병사들 할 것 없이 조선인 노예 획득과 매매에 열을 올렸으니 정유재란은 노예 전쟁이기도 했다. [임진 정유 왜란 시 조선부로노례무제(壬辰 丁酉倭亂時 朝鮮俘虜奴隷問題)의 기록]

넘쳐나는 조선인 노예들로 인해 전 세계 노예시장의 가격이 하락할 정도였다. 조선인 부녀자와 아이의 경우 한 명 가격이 당시 일본의 화폐 단위로 약 2~3문 정도였다. 조총 1정 값은 120문이었다.

1598년 3월경 당시 나가사키에 머물렀던 이탈리아 상인 프란치스코 카를레티는 "조선에서 남자와 여자, 소년과 소녀 등 나이를 가리지 않고 헤아릴 수 없이 많은 사람들이 붙잡혀 왔다. 이들은 모두 극히 헐값에 노예로 팔려 나갔다."(『나의 세계 일주기』)라고 기록했다.

카를레티는 12스쿠도(scudo: 포르투갈 옛 화폐 단위, 일본 화폐로는 약 30엔)를 지불하고 조선인 5명을 사들였다. 카를레티는 이들을 나가사키의 예수회 교회에서 세례를 받도록 한 뒤 인도로 데려가 4명을 풀어 주고, 나머지 한 명은 이탈리아 플로렌스(피렌체)까지 데려가 자유인으로 방면했다. 카를레티는 그 한 명이 로마에 있을 것이며, 이름이 '안토니오'로 알려져 있다고 기록했다. 이후 안토니오는 로마에 정주하면서 교회 일에 종사하다가 화가 루벤스의 눈에 띄어 「한복 입은 남자(Man in Korean Costume)」의 그림 모델이 됐다고 한다. (그림 속 모델은 조선인이다.)

동포를 상대로 총칼을 들어야 했던 조선 청년들

조선에서는 왜군에게 끌려간 민간인들을 피로인(被虜人)이라고 불렀다. '사로잡힘을 당한 사람'이라는 뜻이다. 왜군은 피로인을 병력 보충용으로도 이용했다. 주로 남자아이나 젊은 청년이 그 대상이었다. 임진왜란 때 포로로 잡혀간 이들은 모국의 군사들과 싸울 정예병으로 길러졌다.

임진·계사(壬辰·癸巳, 1592~1593년)에 우리나라의 어린아이들이 많이 잡혀가서 이제 장성한 나이가 돼 정용(情勇)하고 강한(强悍)함이 본시 일본군보다 나은데, 정유(丁酉, 1597년)에 본국(조선)으로 도망해 오는 자는 적고 적국(일본)으로 도로 도망간 사람이 많았다. 또한 조선 남자로서 전후에 잡아 온 이가 포 쏘기도 익히고, 칼 쓰기도 익히며, 배 부리는 것도 익히고, 달리기도 익혀서, 강장(強壯)하고 용맹하기가 진짜 왜놈보다 낫다고 『월봉해상록(月峯海上錄)』에 기록되어 있다.

1597년 왜장인 가토 기요마사 진영을 탐정(探偵)한 사명대사는 "가토의 진영에 15~16세 되는 나이 젊고 정예한 자는 조선 사람으로 군세가 종전에 온 적과는 다르다."라고 하며 일본 대군이 들어오기 직전에 결전할 것을 주장하기도 했다. (『선조실록』 기록)

정유재란 시기에도 어린아이들이 많이 잡혀 갔다. 그중에는 1597년 8월 남원성 전투에서 싸우다 장렬히 전사한 장군의 아들도 있었다. 전라병마절도사 이복남의 셋째 아들 이성현[李聖賢, 우계 이 씨 족보에는 경보(慶寶)로 표기]의 경우다. 이성현은 당시 7세의 나이에 왜군에게 붙잡혀 끌려갔다. 이후 그는 '리노이에 모토히로(李家元宥, 이가원유)'로 개명하고 일본 여자와 결혼해 3남 4녀를 두었다고 한다. 리노이에 가문은 에도시대 이후 조선 이씨(朝鮮李氏)로 불리면서 이복남의 혈통을 이어 갔다. 우계 이씨 족보(羽溪李氏 族譜)에 기록되었다.

일본 아사히신문 출판국장과 아사히 학생신문사 사장 등을 역임한 리노이에 마사후미(李家正文, 이가정문, 1998년 작고) 씨가 바로 리노이에 가문의 후손이다. 오랫동안 자신의 뿌리를 찾던 그는 1982년 한국을 찾아 선조들의 사적지와 묘소를 참배하고 돌아갔다.

화투의 기원은, 16세기 포르투갈 사람들이 일본에 무역 왕래를 하면서 들여온 포르투갈의 카르타(Carta) 놀이다. 이것이 일본 사람들에 의해 '하나후다(일본 화투)'로 변천했고, 19세기 말에 한국으로 유입되어 '화투'가 되었다는 설이 대표적이다.

반대로, 조선인이 포르투갈로 노예로 팔려 가 고국 조선을 그리며 48장으로 그림을 남기게 된다. 조선시대에 조선인은 삼신할미 사상이 있었고 48장 천지신명이 있다는 믿음을 갖고 살아간 조선인이다. 조선인이 한이 맺혀 만든 그림이 포르투갈 무역상으로 인하여 일본에 전해지고 일본은 48장 그림이 놀이가 되고 일본 화투로 발전하게 되었다는 설이 있다.

일본인은 12월 화투패에 우산 쓰고 있는 그림을 보고 천황(옥황상제)이라는 진리를 만들게 되고 조선을 침략한다.

오늘날 12월에 우산 쓰고 있는 사람은 계묘생 민병규라 말하면 일본 친일파라 한다. 민병규가 화투장 말하면 친일파라고 하는 사람이 현재 대한민국 국민이라 하는 것이다.

현재 한국 사람은 이렇게 말하면 좌파이고 저렇게 말하면 우파이고 진리 말하면 너 빨갱이지 말하는 대한민국 사람들의 정신 사상은 희한(稀罕)한 세상에 세뇌되어 민병규는 일반인과 만남도 사절이고 대화도 아예 하지 않는다.

현재 한국 사람은 대한민국에 태어나서 대한민국 국호를 들먹이고 정신

사상은 완전히 잡종이 되어 쓰지 못할 종자로 심지도 없고 얼도 없고 민족성도 없고 중화민국, 전라민국, 고려민국, 인민공화국, 나라 없는 백성으로 길들어지니 옛 비결에 십 리 가야 사람 하나 볼 수 있다는 것이 현실이 딱 들어맞는 세상인 것이다.

그 잘난 대한민국은 서서히 인구가 소멸하여 국가가 없는 민족은 생체실험 대상으로, 윤석열 정권에 들어서면서 두드러지게 나타나는 현상이 별나라 화성으로 이주 계획의 노예가 되어 가는 대한민국이라.

국정원, 검찰은 북조선 김정은의 하수가 되어 삶은 소 대가리 닮아 가는 우두머리 되어 저질스러운 사이비 교주 천공에 의하여 2025년 9월 남북통일 계획에 청와대에서 쫓겨나 국정을 말하고 일본 밀정에 술집 계집 출신을 여사라 받들며 해외여행 다니면서 마약상을 만나 거래하고 온갖 보이스피싱을 이끌어 탄핵의 누명이 억울하면 스스로 자결해야 할 것이다.

청와대 살림에 거액을 들여 용산 국방부에 빨갱이가 있어 용이 들어오는 2024년 갑진년 8월 15일은 일본 패망의 날에 일본 기미가요는 누구의 명령이며 독도는 일본 땅으로 교과서에 실리게 하고 일본 731부대가 들어오는 대로 남북통일을 하면 윤석열은 최초 친일파 대한민국 건국 대통령 되는 것이다.

현재 우두머리(대통령)는 일본에서 만든 "남묘호렌게쿄"와 밀접한 관계를 유지하고 있다.

남묘호렌게교, 남묘호렌게쿄

일본의 승려 니치렌(日蓮, 1222년~1282년)의 (創そう価か学がっ会かい) 가르침을 따르는 대승불교 인도의 석가(불교) 교리가 일본으로 전해졌다는 계통의 신흥종교이다.

창가(創價, Soka)란 가치를 창조한다는 의미이다. 학회(學會, Gakkai)는 배우는 모임이라는 의미. 결국 종합하면 창가학회라는 조직명은 '가치를 창조하고, 배우기 위한 모임'이라는 뜻을 담고 있다.

수행을 위하여 가장 중요하게 여기는 진언인 '나무묘법연화경'(南無妙法蓮華經なむみょうほうれんげきょう)의 일본어식 발음을 음차한 "남묘호렌게쿄"로 독경하게 된다.

초대 회장인 마키구치가 『창가교육학체계』라는 저서를 발간한 1930년 11월 18일을 창립일로 기리고 있다. 다만 당시에는 종교 단체라기 보다는 니치렌의 불법을 숭상하는 일련정종의 평신도 외호단체였다. 제3대 회장인 이케다 다이사쿠 대에 이르러 1991년 일련정종에서 창가학회를 파문한 이후 창가학회는 일련정종과 완전히 결별하고 독립된 종교 단체가 되었다. 현재는 오히려 교세가 뒤집혀 창가학회가 본가였던 일련정종을 압도하는 규모가 되었다.

국제 조직의 명칭은 국제창가학회, 영명은 SGI(Soka Gakkai International)다. 1930년 11월 18일 설립 당시에는 명칭이 창가 교육학회였고, 제2대 회장인 도다 조세이에 이르러 1947년에 창가학회로 명칭을 변경하였다. 1975년에는 창가학회의 국제 조직이 발족하여 국제창가학회(SGI)라는 명칭도 함께 사용하고 있다.

종단명이 창가학회인 만큼 종단 내 신도를 지칭하는 표현은 회원이다. 창가학회는 평신도 단체이므로 형식적으로는 종교인이 존재하지 않는다. 모든 신도(회원)는 각자 직업이 존재한다.

창가학회는 일본어 한자 음독을 그대로 발음한 '소카가카이(Soka Gakkai)' 외에 다른 공식 번역명을 두지 않으며, 외국어로도 '소카가카이'를 로마자로 번역한 'Soka Gakkai'만을 유일한 로마자 표기로 내세운다.

한국 조직 또한 한국SGI라는 명칭으로 재단법인화되어 있다. 재단법인화 이전에는 1994년부터 SGI 한국불교회라는 명칭을 사용하였으며, 연세가 있는 회원들은 단체를 지칭하는 표현으로 불교회라는 명칭도 익숙하며, 연령이 낮아질수록 창가학회에서의 학회라는 표현이 더 익숙한 것으로 보인다.

창가학회 총본부는 도쿄도 신주쿠구 시나노마치에 있다. 한국SGI의 본부는 서울특별시 구로구 구로동에 위치하였고, 근방에 신도림역이 있다. 일본의 연립 여당인 공명당의 연원이 이 종교 단체에 있을 정도로 일본이 한국 국내에서 정치, 사회적으로도 알게 모르게 막강한 영향력을 행사하고 있다.

"남묘호렌게쿄" SGI 한국불교회는 일본이 대한민국을 지배하려는 음모에 가담하여 대한민국을 파괴하려는 데 목적을 두고 있다.

※ 윤석열 외가 집안은 일본의 일련정종을 믿는 집안이다. 2021년 검찰총장을 그만두고 강릉 외갓집에서 찍은 사진을 보면 윤석열의 이모가 무당인 것으로 알려져 있는데 거기서 찍은 사진을 보면 무속인 이모가 보이고, '남무묘법연화경, 남묘호렌게쿄'라는 액자가 있고 이것은 '일련정종' 집안에만 걸어 두는 액자라고 한다.

"남묘호렌게쿄" SGI 세력은 대한민국의 얼을 분산 파괴시켜 일본제국이 한반도를 지배하는 대한민국 국민을 노예화시키려는 음모가 시작되는 것이다.

그리하여 화천대유, 전화동인은 이재명과 함께 모작하여 임금이 되는 괘라. 살아 있는 소가죽 벗기는 데 지휘하고 손바닥에 임금 왕 자 새기어 대통령이 되었으니 을사(乙巳) 2025년에 남북통일을 하면 윤석열은 일본 친일파로 대한민국 건국 최초 1대 대통령이 될 것이고 뜻을 이루지 못한다면 북조선 김정은과 함께 미륵이 내리는 사약(賜藥)을 받고 만백성 앞에서 충성을 맹세해야 할 것이다.

대한민국의 미래는 민병규 본명이 민병국이라 민국을 찾지 말고 민병규의 진리를 찾아야 나라를 구하는 길인 것이다.

금융 경험담

베르넷크레디트대부(주) 대표는 오오이시타카히로,
민병규가 서울에 있을 적에 대부업 베르넷크레디트 금융을 쓴 적이 있는데 연체가 되자 노골적으로 갚지 못하면 "야쿠자" 칼로 민병규의 간을 빼내 소금 찍어 먹는다 협박할 적에 그 생각 하는 것만으로 소름 돋는다. 목소리는 섬뜩하다. 민병규는 서울 고시원을 떠나 숙식 제공하는 공사판으로 다니면서 사체는 다 갚고 주민증을 살린 시절이 있다.

주민증 말소는 고시원에서 고시원으로 옮길 적에 전입신고를 하면 주민증은 살아 있지만 거처를 다른 곳에 옮기고 전입신고를 하지 않으면 주민증이 말소되는 것이다. 인구 조사할 때 그 사람은 여기서 이사 간 지 오래되었다 말하면 주민증은 말소되는 것이다.

내용은 일본에서 한국 금융시장을 장악(掌握)했다는 설명이고 일본은 조선을 지배한 경험으로 여러 가지 교묘한 수법으로 지배하려 진행한다는 것이다.

현재 캐피탈 OK, 대출 나라 비상금, 소액 대출 문화는 일본 사람이 만든 것이다.

신고 빈발 대부업체는 굿모닝캐피탈대부, 유노스프레스티지대부, 티포

스코퍼레이션대부, 베르넷크레디트대부, 베스트캐피탈대부, 테크메이트코리아대부, 미래크레디트대부, 애니원캐피탈대부, 하이캐피탈대부, 에이원캐피탈대부 등이다.

한국 금융권은 일본에서 깊숙이 자리 잡고 있다.

조선의 역사부터 대한민국에 이르기까지 남의 나라로부터 지배받고 있다는 것을 모르고 대한민국에 태어나서 한국인으로 남의 나라 앞잡이가 되어 본인만 살겠다는 정신이야말로 국가가 없는 민족이며 국민(백성)은 희생양(犧牲羊) 되고 속죄의 염소, 제물의 동물이 되어 사회·문화·심리적으로 제물로 쓰이고 있는 것이다.

그러한 정치상에 있어 대한민국의 대통령이 되면, 북조선, 조선인민공화국과 연결하려는 고리가 심각한 위험수위에 도달한 것이다.

윤석열(검찰 시절)은 문재인 일당과 한패거리가 되어 2009년 5월 23일, 노무현 전 대통령이 봉하 마을 봉화산 부엉이바위에서 투신자살(암살)한 사건에 가담했다.

2024년 12월 3일 계엄 선포는 이재명과 '천화동인'의 윤석열은 대통령이 되고 권력에 눈이 멀어 남북통일 계획에 일본을 등에 업고 HID 북파 공작원 인민군 복장으로 인간 살인 병기로 키우는 살인마 부대를 투입시켜 북조선에서 한 것처럼 일을 꾸미려다 실패한 것이다.

2024년 12월 3일 계엄 선포는 북조선에서 한 것처럼 일을 꾸며 당(더불어민주당)과 싸움, 이재명은 당 대표가 되어 이재명과 당(정치) 싸움에서 일어난 사건으로 내란, 폭동이라 하는 것이다.

옛날의 전략이 현시대에 필요한 이유,

위나라 책사였던 범수는 모함을 받아 진나라로 도망쳤다. 당시 진나라의 소왕(昭王)은 재위 36년이나 되었지만 여전히 실권을 가지지 못한 상황이었고 재상으로 있던 양후가 제나라를 쳐서 자신의 영지를 넓히려는 때였다. 범수는 소왕에게 상서를 올려 이궁(離宮)에서 독대할 기회를 얻었다. 소왕이 범수에게 여러 차례 가르침을 청하자 범수는 비로소 입을 열어 소왕에게 원교근공의 계책을 설명했다.

'원교근공(遠交近攻)'이란 먼 나라와 친교를 맺고 가까운 나라를 공략하는 전략이 상책이다.

먼 나라와 친교(親交)를 맺고 가까운 나라를 공격(攻擊)하라. 중국(中國) 전국시대(戰國時代)의 외교(外交) 정책(政策)으로, 사기(史記)의 범저채택전(范雎蔡澤傳)에 나오는 말이다.

현재 대한민국의 처지가 이와 같다는 것이다. 먼 나라 미국은 대한민국 땅을 원하지 않는다. 가까운 나라 일본과 중국이 대한민국을 혼란에 빠트리고 대한민국 땅을 원하는 것이다.

한국은 먼 나라 미국이 원하는 조건을 들어주고 조건을 들어주었으니 남북통일에 힘써 달라 하면 들어주는 것이다.

상제께서 말씀하신 해원상생(解寃相生)이며, 보은상생(報恩相生)의 진리인 것이다. 맺힌 원한을 풀고 서로 잘 살자는 의미인 것이다.

원시 반본(原始返本)과 보은(報恩)·해원(解寃)·상생(相生)의 정신으로 지나간 선천 상극(先天相克)의 운(運)을 끝내고 후천 새 천지의 상생의 운수를 민병규가 여시니라. 핵폭탄은 터지지 않으니 버튼 누르는 자는 없느니라. 무서운 것은 병란(病亂)이니 민병규의 진리로 의통(醫通)을 잘 알아두라.

대한민국의 역대 대통령들은 대통령으로 남북통일에 힘을 쏟았으나 북조선에서 핵으로 한반도를 지키겠다는 사상으로 북조선 인민공화국으로 끌려 들어가는 것이다.

미국이 원하는 것은 북한(북조선)에 미군 기지가 들어서는 것이 미국의 소원이다. 미군 기지가 북한에 들어서면 자동으로 통일이 되고 통일되면 대한민국은 독립국이 될 것이며 미군 기지는 철수하고 떠나는 것이다.

통일된 조국은 '세계 정부 본부'가 금강산에 들어서는 것이고 세계 문명을 다스리는 동방의 나라가 되는 것이다.

강증산 상제님 부인 고판례(수부)께서 세계 정부가 금강산이 된다는 말씀이 있다. 이해가 되지 않으면 증산도 진리 공부하면 각(覺)이 열릴 것이다.

상제께서 짜 놓으신 천, 지, 인 대공사는 곧 민병규의 진리라 하는 것이다.

대한민국 대통령이 되어 목에 힘을 주고 남북통일을 하겠다 하면 할수록 북조선 '공산당'으로 이끌리고 가을 단풍에 붉게 물들어, 미국은 한국에 국방비를 올리는 것이 당연하고 북조선 김정은은 똑똑한 사람이다 말하는 것이다.

요즘 한국에서 핵 보유하자는 단체가 생겨나는데, 한국이 핵을 보유하면 일본은 다음 날 당장(當場) 핵을 보유한다. 미국과 결별(訣別)하고 진주만 사태가 일어나는 것이다. 지난날, 진주만 공격(眞珠灣 攻擊), 일본어 진주만공격(真珠湾攻撃)은 1941년 12월 7일 미합중국 하와이주 오아후섬의 미합중국 해군의 진주만 기지를 일본제국 해군이 기습한 공격이다.

주역(周易) 팔괘(八卦)는 노부(老夫) 노모(老母)가 삼남(三男) 삼녀(三女)를 가리키는 괘(卦)로,

미국은 장녀(長女), 일본은 소녀(小女), 중국은 소남(小男)이고,

민병규는 장남(長男)이라.

그러한 선천 하늘의 법(法)으로 동방(東方)의 나라 장남(長男) 민병규가 삼신상제를 모시게 되는 순리(順理)로 대국(大國)이 되는 것이다.

우주 변화의 원리는 만물의 생사(生死), 정신의 생성(生成) 법칙이다. '인간 정신의 생성 원리와 현대 과학의 한계! 과연 신은 어디에 존재하는가?'를 깨뜨리고 정신개벽(開闢)이 필요한 시대에 들어서게 된 것이다.

정치하는 정치인이 주역 팔괘의 '천화동인, 화천대유'로 국민을 거느려 국민 통합을 이룰 수 없고 우두머리가 내란만 일으키는 괘인 것이다.

그러므로 민병규의 용담 역으로 풀어야 천하가 화평 세상을 맞이하는 것이 되는 것이다.

대한민국의 미래는 민병규 본명이 민병국이라 민국을 찾지 말고 민병규의 진리를 찾아야 나라를 구하는 길인 것이다.

대한민국 사람이라면 화투 하면 모르는 사람이 없다. 네이버 초창기 사장은 건달 생활하다 고스톱 사이트 만들어 돈을 삼태기로 벌어들였고 네이버 포탈 검색으로 발전되며 직원을 채용하여 두산백과사전의 지식을 네이버로 만들게 된다.

조선인이 만든 화투장, 민병규의 논리
12월의 그림에 한 사람이 우산을 쓰고 제비 꼬리가 있고 황금 개구리가 그려져 있다. 민병규는 12월생이고 오는 세상 5만 년 후천 역을 창건하여 동방에 천자가 나오는 진리라 하는 것이다.

제비는 3월 삼짇날 온다는 풍속에 있고 개구리는 경칩 지나면 입이 벌어져 개굴개굴 노래하는 것이다. 황금 개구리란 금(金)은 4, 9 금 서쪽을 가리키고 오는 후천 세상을 가르치는 것이다.

증산 상제님께서 연사에 흠만 없으면 되나니 주인 된 자는 뒷전에서 술과 고기만 먹다가 에헴 하고 나타난다 하셨다.

증산 상제님께서 안동 제비창고 공사에 나갔던 제비가 돌아온다 하셨으니 민병규의 진리로 모여든다는 공사이시다.

연사란 고스톱판에서 다섯 명이 있고 세 명이 치는데 민병규는 패가 좋아도 앞에서 고, 고 하니 민병규는 연사가 되어 누가 따든, 딴 사람은 민병규에게 고리대금을 바치게 된다. 현재 정치판에서 고, 고 하는데 민병규는 정치에 끼어들지 않고 문서로만 전하는 것이다.

중국은 장땡 들고 고, 고 하고 미국은 구사 들고 다시 치자 하니 판 까기를 할 때 3, 8 광땡은 구사(4, 9)도 누르는 것이다. 민병규는 3.8선이 있는 강원도 화천에 태어나 3, 8 광땡을 잡고 있어 민병규가 판쓸이하는 것이고 화투장 쌍피의 그림은 지옥 갈 때 들어가는 문(門)으로 민병규는 12월 11일생으로 못된 사람은 지옥문을 모를 때 문을 알려 주는 것이다.

민병규는 상제께서 공사하지 못한 공사를 노예로 팔려 가 고국산천을 그리며 생을 마감한 조선인에 혼령을 달래기 위하여 문서로 남기는 것이다.

가구 판 공사

상제께서 공사하신 끗수에 말수가 먹느니라 하셨다.
천하대세가 가구 판 도박과 같으니,

가구 판 공사(같은 끗수에 말수)
3, 8 광땡 (3광+8광) 최고 높다.

족보

1부터 10까지의 화투 장중에서 월수가 2장 나오는 것을 말하며 숫자가 큰 순서대로 높은 패가 먹는다.

알리=1월과 2월의 조합

독사(사삥)=1월과 4월의 조합

구삥=1월과 9월의 조합

장삥=1월과 10월의 조합

장사=10월과 4월의 조합

장삿집(초상집)에서 밤을 새우기 위하여 화투로 시간을 때우는데 이때는 10월과 4월의 조합한 장사가 최고 높다.

세륙(사륙)=4월과 6월의 조합

구사=4월과 9월의 조합
이는 상대방이 3, 8 광땡 이하의 족보일 때 재경기를 할 수 있다. 서양 문화에 4+9=13으로 13일과 금요일이 겹치면 쉬는 공휴일로 정한다.

그러므로 미국은 구사 들고 이 판은 다시 치는 판이니 중국에서 장땡 들고 고, 고 해 봤자, 하는 것이 정치판인 것이다.

화투판은 광땡 이하는 끗수 싸움이다. 이거는 숫자의 끝자리를 더하는 것으로 예를 들어서 1월과 2월이면 3끗, 4월과 2월이면 6끗, 높은 숫자의 끗수가 이기는 것이다. 단 2월과 8월의 조합은 0끗으로 망통이라 한다. "없다"라는 뜻이다. 반면 9끗은 갑오라고 한다. 숫자에서 9수 갑오가 먹는다.

상제께서 말씀하시기를,
천하대세가 가구 판 도박과 같으니, 같은 끗수에 말수가 먹느니라 "숙구지 공사(宿拘地公事)는 수꾸지라는 말이니 내가 수(數)를 놓아 보았노라. 그러나 아직 때가 이르지 않았으니 그 기운을 거두리라."라고 하신 상제님의 말씀이다.

※ 숙구지 공사(宿拘地公事)는 2022년 민병규가 편집한 『대순진경』에 자세한 기록이 있다.

50년 공부 종필 후
말 수에 민병규가 3, 8 광땡 들고 판쓸이하는 것이다.

같은 맥락에서 말씀하시는 정 씨(鄭氏) 기운을 거두셨다는 말씀도 있다.

개가 되면 (난법으로 성장한 개) → 개국(구탕, 狗湯, 도전, 道戰)을 끓이고 → 개국이 다 끓으면(도전, 道戰 종식) → 개국(改局) 민병규가 판을 고치게 되는 앞으로의 진행이 있게 되고,

여기에 관련된 말씀으로는 "현하 대세가 가구판(假九板) 노름과 같으니 같은 끗수에 말수(末手)가 먹느니라."

　　천하의 대세가 가구 판 노름과 같으니 같은 끗수에 말수가 먹느니라.
　　　　　　　　　　　　　　　　대순전경 [교법 3장 36절]

가구 판 노름은 가구(假九)에서 거짓 끗수 9(九)인 가짜 갑오(甲午)가 노름을 하고 있는 노름판 모습은 위태해진 상황까지 간 모습이고 같은 끗수는 똑같은 갑오(甲午)인데 진짜 甲午로 있게 되는 9수는 2024년은 갑진(甲辰)이며 임금은 진(辰)에서 나온다고 상제께서 말씀하셨다.

갑오(甲午)년 2014년은 민병규가 서울 생활 19년 만에 주민증 살리고 모친 위독 소식으로 고향 화천을 방문한 해이다.

갑오(甲午)년 2014년은 '천화동인, 화천대유'가 시작된 해이다.

끗수는 말수(末手)를 말하고 있는 것이며 "말(末)에게 이기고 지는 것이 있다."라는 뜻으로 종결(終結)되는 끗수는 포교(布敎) 50년 공부 종필(終筆)로 끝났고 말수(末手)에 끗수는 민병규가 먹는 것이 진리라 하는 것이다.

2016년 병신(丙申)년은 민병규는 성명서 발표한 해이고,

2016년 병신(丙申)년은 윤석열(검찰 시절)은 전직 박근혜 대통령을 병신년(丙申年)에 감옥에 보낸 인물이다.

제비 창고 공사
대원사 칠성각에서 도통을 하시고, 천지공사의 설계도를 짜시기 위해서 처음으로 받아들이는 첫 번째 제자이신 김형렬 성도를 만나는 장면에 기록되어 있다.

하루는 선생님이 오셨는지라. 하도 반가워서 "선생님, 안으로 들어가십시다." 하니 가라사대, "여기가 제비 창고라지?" "그렇습니다." "어디서 들었습니까?" "응! 촉나라 길이 험하다 하여도 한신(韓信)이 알고(한 고조의 부하) 천하사를 하러 다니는 사람이 제비 창고를 모르겠나. 들어가자.

자네 집에 산고 들었지?" "어찌 아십니까?" "산하에 오니 말 한 마리가 자네 집으로 들어갔네. 아들을 낳을 것이나 젖이 넷일 것이니 이름을 천리마(千里馬)라 지어주소." 하시고 가라사대 "두 집이 망하고 한 집이 흥하는 공부를 하려는가?" 형렬이 대답하되 "열 집이 망해도 하겠습니다. 열 집이 망하고라도 한 집만 성공하면 열 집이 다 성공될 것이 아닙니까?" 선생께서 "그렇지. 자네 말이 옳네. 그러나 모두 자네 같은가. 어려운 일일세." 하시고 세 번 다짐을 받으시고 집으로 들어가시어 방에 앉으시는지라. 그때 선생의 춘추는 삼십이 세이고, 형렬의 나이는 사십일세라. 노소는 다를망정 차차 모셔 보니 감히 앞으로 다니기가 황공할 지경이더라. 『동곡비서』

하루는 형렬을 보고 쇠머리 한 개를 사 오고 떡을 찌라 하시고 제비 창고 일을 해야 한다 하시고, 감나무 밑에 음식을 차리시고 '만수'를 부르시니 이러하시니라.
"경상도 안동 땅 제비원 솔 씨 받아 소평, 대평 던지더니 그 솔이 점점 자라서 왕장목이 되었구나. 청장목이 되었구나. 태평 전 대들보가 되어 어라 만수 어라 대신이야. 대활연으로 이 땅으로 설설이 내립소사. 시도 여기서 일어나고 종도 여기서 마치리라." 하시고, 금산사를 넘어다보시고 "여기를 큰집으로 할까. 여기를 작은집으로 할까. 제비 새끼 치는 날에 제비 창고 가득 찰 거라." 하시고 쇠머리를 땅에 묻으시니라. 『동곡비서』-13

『동곡비서』 13장에서 13이라는 숫자,

내가 "열 석 자로 오리라."

21. 화투장의 비밀

증산법종교에 열 석 자 되는 미륵불을 세우고 있다.

시천주조화정영세불망만사지 13자

하루는 형렬을 불러 일러 가라사대 "형어상천 형어지(形於上天 形於地)요 기양간자 인생(其兩間者 人生)이라. 만물지중(萬物之中)에 유인(惟人)이 최귀야(最貴也)라. 천지생인 용인(天地生人 用人)하니 불참천지용인지시(不參天地用人之時)면 하가왈 인생호(何可曰 人生乎)"라 하시고,

"세계 대운이 조선으로 몰아들어 오니 만불실시(萬不失時) 하라. 그러므로 사람이 가름하느니라. 남아가 출세하려면 천하를 능히 흔들어야 조화가 생기는 법이라. 이 세상을 신명 조화 아니고는 고쳐낼 도리가 없느니라." 하시니라. 형렬이 그와 같은 말씀을 조금 의심하는 차에, 형렬을 불러 가라사대 "오늘은 천하 신명을 제비 창고로 몰아들일 참이니 놀래지 말라. 제비 창고 아니고는 나의 일을 할 수 없다." 하시고, 조금 이따가 형렬을 보고 "놀래지 말고 문밖을 내다보라." 하시기로 형렬이 나서서 보려 하니 "눈을 감고 보라." 하시기로 눈을 감고 바라보니, 운무가 자욱한데 기치검극이 별 저리듯 한대 기기괴괴한 신장들이 말을 달리고 동구로 몰아 제비 창고로 달려드는 통에, 어찌 놀랬던지 "그만 보사이다." 하고 눈을 뜨니, 선생님이 웃으시며 "무서우냐. 거짓말 같제야. 일후에 제비 창고를 보라. 구중궁궐이 삼 때같이 들어선 뒤에 정신 부족한 놈은 보기가 어려우리라. ○○○○을 잘 기억하라." 그 후부터는 형렬이 신명 소리만 하시면 더욱 열열 복종하는지라.

22, 설 명절(名節)

설 명절(名節)

설날, 구정(舊正)

음력(陰曆)에 의(依)한 전통적(傳統的)인 설을 양력(陽曆) 설에 상대(相對)하여 이르는 말이다. 곧, 음력(陰曆) 1월 1일. 설. 설날. 음력(陰曆) 정월(正月)이다.

설 명절이 와도 중국인에게 당하는 대한민국,

시간이 바쁘다.

대한민국 우리나라 이렇게 망합니다.

설 명절을 맞이해도, 설 명절도 중국, 한복도 중국, 김치도 중국, 삼라만상이 중국에서 나왔다고 주장하는 현시대,

이렇게까지 터졌는데도 정부 정치인들은 대통령 부인 여사(女史)님도 무당이니 무당집 가서 점괘를 보고 사주팔자를 인용(認容)하여 사이비 교주들을 믿고 남북통일을 하겠다 하여 외국에서 쳐들어오길 기다리고 있

으니, 아무나 일본 놈, 중국 놈 쳐들어오면 완장(腕章) 두르고 앞잡이 놀음하면 국가에서 주는 월급이 있으니 받으면 된다는 정신병, 대병(大病)에 물들어 사기꾼들이 날뛰어도 잘 먹고 잘 사는 세상 대한민국이라.

영등포구 대림동은 한국 내 중국인 마을로 불린다. 중국인 중 일부가 한족이고 대부분이 길림성, 흑룡강성 조선족들이다. 대림동을 중심으로 가산동, 가리봉동, 구로구, 금천구, 관악구, 광진구, 신림동, 자양동, 안산 그 외까지 확대되고 있다. 양꼬치, 화장품 가게, 중국 물건 마트, 상가, 미용실, 밥집, 등 중국 글자로 가득 차고 한국이라 볼 수 없다. 매주 토, 일요일 저녁만 되면 전국에 흩어져 있던 조선족들이 지하철을 타고 대림동으로 모여들어 가족들과 만나 시간을 보내기도 하고 시장을 보고 흩어진다.

문제는 한국 정치에 가담한다는 것이 심각하다. 당연히 문제인 '당' 이재명을 믿고 있다. 지난해 농민들이 트랙터 몰고 서울로 향할 때 조선족이 참여하고 광화문 집회에 참여는 기본이고 한국 경찰은 복장에 이름 '명찰'이 있는데, 조선족이 입는 웃옷 등에 '경찰'이란 글자를 새겨 명찰 없는 옷을 제작하여 입고 활보해도 한국 사람은 그가 경찰로 생각한다.

더 심각한 문제는 대통령 탄핵에 열을 올린다. 한국인이야 주인 된 정신으로 대통령의 잘못이 있어 탄핵을 말하겠지만 조선족이 대통령 탄핵 현수막을 들고 거리에 나선다는 것은 심각한 일이다.

조선족의 정신사상은 중국은 큰 나라이고 한국은 중국의 속국으로 생각하고 중국이 한국을 지배할 거라는 생각을 가지고 있다. 한국 사람 위에 있는 것이다. 한편 조선족 조상이 한국에 살았으니 내 집 찾아왔는데 한국인은 끼어들지 말라는 정신이 강하다. 사실 조선족에 이름은 일제강점기에 나라를 버리고 도망간 비겁한 조상의 피가 흐르고 있다. 조선인이 만주로 도망을 하여 일본인이 만주까지 쫓아가 마루타 생체실험을 한 역사가 있다.

참고
민병규(대두목)이 없으면 대한민국은 중국한테 당하는 시대

무당(巫黨)이란?
여자로 태어나서 신(神)기가 있어 현 사회에 어울리지 못하고, 한이 맺힌 혼령을 섬기다 보면 무당이 되고 무당이 귀신을 섬겨 길흉을 점치고 굿을 하는 것을 업(業)으로 하는 사람을 무녀(巫女)라 하며 성씨, "장 씨 혼령"을 불러들여 모아서 뭉친 동아리, 한동아리(미술협회)라 하는 것이다.

『정감록』 참조
대통령 부인 여사(女史)님 참조

자갈논, 밭 팔아 가며 자식 농사 하여 서울대학교를 졸업시켰더니 역사학을 배웠다는 이들은 중국이 고구려를 지배했다고 주장하는 것이 현재 대한민국이라 하는 것이다.

대한민국 패망의 날,
북한 공산당의 통일전선과 연방제 통일의 본질,

더불어민주당 추미애는 중국 베이징(北京) 공산당의 초청을 받아 추 대표 세계 정당 고위급 대화에 참석하여 공산당 정치를 공부한다. 공산국가가 되면 추미애는 간부급으로 사유재산 폐지하고 반대하는 자들은 공개 처형하여 추미애는 고위급 당원으로 배급은 받겠다는 것이고 저임금 정책으로 국민의 노동 피땀을 빨아먹겠다는 것이다.
중국 정치는 시진핑은 진시황제 노릇하고 시진핑은 대표 공산당으로 공산당이 정치를 하고 국민은 사회주의에서 살아가며 개인소유가 없고 모든 것이 국가 소유이며 국민은 몇 년 국가로부터 임대하여 살아가고 기간이 지나면 자동으로 국가재산이 되는 것이다.

한때 시진핑이 박근혜 대통령에게 판다 곰을 선물한 이유,

한반도를 반만년 역사밖에 안 되고 곰과 호랑이가 마늘 먹고 곰이 사람이 되었다고 역사를 꾸미고 조선 사람을 바보로 만들기 위한 자들은 일본 사람이다. 미련한 곰의 자손 대통령은 일본에서 19년 운항했던 세월호는 김정은에 의하여 침몰한다는 선물인 것이다.

참고
북조선 김일성 하느님 아버지가 연방제 통일하면 사유재산 폐지고 당신 같은 사람 공개 처형한다. 남한 인구 2천만 명 처형된다.

공산국가가 되면 남한 인구 2천만 명 처형되고 중국공산당 2천만 명 내려 오면 그 인구 그대로 있고 이름 없는 대한민국 국민(백성)은 소 돼지 취급받으며 궂은일만 하는 것이다.

현재 자본가, 돈이 많은 사람들은 은행에 돈을 보관하지 않는다. 잡종들이 정치하는 대한민국이라는 이름을 떠올리기 싫고 싱가포르 등 해외로 이주하여 성공하는 사례도 있고, 이주 계획하는 사람이 늘어나는 현실이다. 외국은행에 돈을 보관하니 그 국가가 환영하는 것은 당연한 일이다.

현재 한국은행 부도라는 보도가 있었고 연달아 위기가 심각한 연쇄 부도 가능성이 커지고 있다. 또 건설업계의 부도가 잇따르고 있다. 국토교통부 건설산업 지식 정보시스템(KISCON)에 따르면 지난해 11월까지 부도 건설 업체는 총 26곳으로 집계됐고 점점 심각한 수준에 이른다고 밝혔다.

현재 생각하면 떠올리기 싫은 대한민국은 경제 위기, 국가 파산, 국가부도, 정치 파산 등을 말하는 것을 볼 수 있다.

민병규의 진리가 나타나면 전 세계인이 우러러 공경함에 이르러 새 세상이 펼쳐지는 것이다.

※ 앞으로 오는 후천 5만 년 세상의 설날은 동짓날이 된다.

삼위일체 삼신상제님을 신명으로부터 이끌려 동짓날 모셨기 때문이다.

참고

www.msge.co.kr에 삼위 상제님을 모시고 만국 의원을 세운 민병규는 63년 계묘생 12월 11일생이다.

63년 계묘생 민병규(대두목)는 삼신, 삼위일체 상제님을 모신 동짓날이 설 명절이 된다.

이후 동짓날이 설 명절이 된다.

"동지 지나 세 번째 미일은 대두목(천자) 생일이다."

"상제께서 조선을 중국에 맡기면 우둔(愚鈍)하여 씨가 멸종이 되고 서방(西方)에 맡기다 보니 미국이 들어오게 되며 이후 대두목이 출현하면 전 세계가 받들 것이니 나를 보고 싶거든 금산사로 오라 하신 것이다."

> 초3일 저녁에 임원들에게 하문하시기를 "그대들 가운데 누가 적벽부(赤壁賦)를 외우느냐?" 하시므로 동흠이 "제가 외울 수 있나이다." 하니 외워 보게 하시고 말씀하시기를 "적벽부에 소자(蘇子)라 함은 소동파(蘇東坡) 자신이고, 객(客)이라 함은 여동빈이니 그가 선술로 동파를 선경(仙境)까지 데려다가 구경시켜 줌이니라." 하시니라.
>
> 태극진경 [8장 23절]

해석

일반인은 도를 모른다. 일러 줘도 모른다. 또 나의 일은 여동빈(呂洞賓)의 일과 같으니, 동빈이 사람들 중에서 인연 있는 자를 가려 장생술(長生術)을 전하려고 빗 장수로 변장하여 거리에서 외치기를 "이 빗으로 빗으면 흰머리가 검어지고, 빠진 이가 다시 나고, 굽은 허리가 펴지고, 쇠한 기력이 왕성하여지고, 늙은 얼굴이 다시 젊어져 불로장생하나니 이 빗값이 천 냥이오." 하며 오랫동안 외쳐도, 듣는 사람들이 모두 "미쳤다."라고 허탄하게 생각하여 믿지 아니하더라.

이어 말씀하시기를,
"나의 일은 여 동빈(呂洞賓)의 일과 같으니라. 그가 인간의 인연을 찾아서 장생술을 전하려고 빗장사로 변장하고 거리에서 이 빗으로 머리를 빗으면 흰머리가 검어지고 굽은 허리가 곧아지고 노구가 청춘이 되나니 이 빗 값은 千 냥이로다,고 외치니 듣는 사람마다 허황하다 하여 따르는 사람이 없기에 그가 스스로 한 노구에게 시험하여 보이니 과연 말과 같은지라. 그제야 모든 사람이 서로 앞을 다투어 모여오니 승천하였느니라."
대순전경 [예시 61절]

이에 동빈이 그중 한 노파에게 시험하니 과연 흰머리가 검어지고 빠진 이가 다시 나는지라. 그제야 모든 사람이 다투어 사려고 모여드니 동빈이 그때에 오색구름을 타고 홀연히 승천하였느니라. 간 뒤에 탄식한들 무슨 소용 있겠느냐! 여동빈이 신선이 되어 승천해야 깨닫는다.

총정리

병란(兵亂)과 병란(病亂)이 함께 온다.

상제님께서 말씀하시기를 "병란(兵亂)과 병란(病亂)이 함께 오느니라. 동서양 싸움을 붙여 기울어진 판을 바로잡으려 하였으나 워낙 짝이 틀려 겨루기 어려우므로 병(病)으로써 판을 고르게 되느니라. 전쟁이 나면 무명 악질(無名惡疾)이 발생하리니 수화 병침(水火竝侵)이니라." 하시니라. 또 말씀하시기를 "난은 병란(病亂)이 크니라. 병겁이 일어나면 두더지가 땅을 뒤지지 못하고 제비가 하늘을 날지 못하리라." 하시니라.

세계 전쟁이 붙으리라.

상제님께서 말씀하시기를 "때가 되면 세계 전쟁이 붙으리라. 전쟁은 내가 일으키고 내가 말리느니라. 난의 시작은 삼팔선에 있으나 큰 전쟁은 중국에서 일어나리니 중국은 세계의 오고 가는 발길에 채여 녹으리라." 하시고 "병이 돌면 미국은 불벌 자퇴(不伐自退) 하리라." 하시니라.
전쟁은 병으로 판을 막는다.

이에 성도들이 "전쟁은 어떻게 말리려 하십니까?" 하고 여쭈거늘 말씀하시기를 "병으로써 말리느니라. 장차 전쟁은 병으로써 판을 막으리라. 앞으로 싸움 날 만하면 병란이 날 것이니 병란(兵亂)이 곧 병란(病亂)이니라." 하시니라. 또 말씀하시기를 "괴병이 온 천하에 퍼질 때에는 뒤꼭지가 발뒤꿈치에 닿을 듯이 활처럼 휘어 죽어 넘어가리라. 그다음에는 하늘에서 천둥 나고 땅에서 지진 나서 물이 몰랑몰랑해져 송장을 다 치워 버리게 되리니 그쯤 되면 높은 데 가야 살 것이니라." 하시니라.

해석
높은 곳이란! 삼신산 즉 세분 상제(증산, 정산, 우당)를 모신 곳으로 천명(天命), 명령(命令)하여 부르는 것이다.

이 뒤에 괴병이 돌 때는 자다가도 죽고 먹다가도 죽고 왕래하다가도 죽어 묶어 낼 자가 없어 쇠스랑으로 찍어 내되 신 돌려 신을 정신도 차리지 못하리라. 병이 여기저기서 정신없이 몰아올 적에는 '골치 아프다.', '배 아프다.' 하면서 쓰러지나니 여기서 죽고 나면 저기서 죽고, 태풍에 삼대 쓰러지듯 척척 쌓여 죽는단 말이니라. 그때는 문중에 한 사람만 살아도 그 집에 운 터졌다 하리라. 산 사람은 꿈에서 깬 것같이 될 것이다.

병겁이 들어올 때는,

상제님께서 말씀하시기를 "병겁이 들어올 때는 약방과 병원에 먼저 침입하여 전 인류가 진멸지경(盡滅之境)에 이르거늘 이때에 무엇으로 살아나기를 바라겠느냐. 귀중한 약품을 구하지 말고 오직 성경신으로 의통을 알아 두라." 하시니라.
한 성도가 "수운이 아동방 삼 년 괴질 죽을 염려 있을쏘냐. 하고 또 십이제국(十二諸國) 괴질 운수 다시 개벽 아닐런가. 하고 말하였는데 과연 그러합니까?" 하고 여쭈니 말씀하시기를 "그 괴질의 형세가 큰 것을 말함이니 천하가 다 그렇게 되리라. 병겁의 때가 되면 홍수 넘치듯 할 것이니 누운 자는 일어날 겨를이 없고 밥 먹던 자는 국 떠먹을 틈도 없으리라." 하시니라.

하루는 상제님께서 용머리고개를 지나시다 전주를 바라보시며 말씀하시기를

"방안 떨이가 동네 떨이요, 동네 떨이가 고을 떨이요, 고을 떨이가 천하 떨이니라. 너희들, 도시 송장 어찌할 것이냐. 송장, 송장 말이다! 코도 못 들겠다. 시골 송장은 오히려 가소롭다." 하시니라 이에 한 성도가 그러면 도시 송장은 어떻게 됩니까? 하고 여쭈니 말씀하시기를 "아이고 냄새야, 아이고 냄새야! 오뉴월 삼복 지지(三伏之地)에 송장 썩는 냄새야!" 하시고 고개를 돌리며 말씀하시기를 "오뉴월 송장 썩는 냄새에 코를 못 튼다." 하시고 또 말씀하시기를 "망량신 시켜서 하룻저녁에 서해 바다로 긁어내려 버린다." 하시니라.

지금도 민병규에 진리를 곁눈으로 보고 눈치만 보면서 민병규가 조금만 허점이 있으면 고소 고발 하는 단체는 태극도, 증산도, 대순진리회, 증산법교, 안티 증산도, 안티 대순 등이고 자기네 진리만이 도통이 나온다고 허령에 빠진 민족이라.

증산도에서 진리 공부하다 증산도 진리가 맞지 않은 것을 알고 빠져나와 만든 단체는 태을도, 태을 선도이다 민병규에게 전화가 와서 통화는 했

지만 민병규의 진리는 믿지 않는다.

미꾸라지
네이버 글 올리기 지식에 안티 증산도, 안티 대순, 단체에서 강증산을 모욕하는 글이 도배를 하였으나 민병규가 '민병규의 진리'로 네이버에 글을 올리다 보니 도를 비방하는 단체는 미꾸라지처럼 빠져나가 살고 싶은 욕망에 사이비 단월드, 단군 사상, 단전호흡, 또는, 사이비 정치, 무리 당(黨) 단체, 태극기 부대, 등에 스며들어 사회를 혼란에 빠트리는 것이다.

모세 TV
모세의 이름이 대한민국에 도착했냐?
생애에 관해서는 출애굽기와 민수기에 자세히 기록되어 있으며, 레위기와 신명기의 율법은 '모세의 율법'이라 한다. 출애굽기에 따르면 이스라엘의 삼남인 레위의 증손으로, 아버지 아므람이 아버지 고핫의 누이, 즉 고모에 해당하는 요게벳과 결혼하여 낳은 삼 남매 중 막내로 태어났다.

즉 이스라엘은 개새끼보다 못한 나라, 어미도 잡아먹는 잡종 국가(國家)는 예수의 고향이라, 차라리 개가 새끼를 낳으면 강아지 되어 귀여운 내 강생이 나의 강아지라.

기독교 교리는 대한민국을 이스라엘 국민(백성)으로 세뇌시켜 대한민국을 이스라엘로 만들겠다는 것이다.

기독교인들에게서 가끔 문자로 오는 내용은 모두 성경 구절이다. 신명계 법을 보면 민병규는 칠성계에 머물다 상제에 의하여 오게 되고 예수는 이스라엘에서 태어나 서른 살 때 인도로 건너가 불도를 닦고 감란산에 들어가 계시를 받아 모두 형제요, 자매라 감란산 12봉의 기를 받아 12사도를 내고 12사도는 천주 교리를 만든 공덕으로 3대 성현으로 칠성계 민병규 아래 단계 6천계에 머물다 본인이 약속한 지상천국을 건설하려 동방 우리나라에 마테오 리치(이 마두) 신부로 왔으나 뿌리 깊은 유교 사상에 실패하고 혼령은 무등산에 묻혀 있는 것이다.

예수 진리 찾는 기독교 교주들이 허령이 들어 민병규의 생일 11자를 도용하여 헌금을 11조 원 뜯어먹고 교인을 모집하여 성폭행으로 일삼아도 예수 믿으면 천국 간다는 정신에 병이 들어 세례받으면 모두 이스라엘 혼령이고 예수 조상 믿으라는 진리로 예수 성경 찾다가는 모두 몰살 떼죽음당하고 모두 지옥에 떨어진다는 것을 민병규가 가르치는 것이다.

기독교의 헌금 11조
기독교인이 믿는 정신,
민수기 18장 24절~28절에도 11조에 대하여 여호와께서 그 필요성과 권고 그리고 용도에 대하여 자상한 기록이 있다.

기독교인이 믿는 정신,
예수님은 33살에 승천하시면서 "2,000년 후에 내가 다시 오리라." 하셨으니 2,000년이 주 예수께서 오시는 해가 되지 않겠나 하는 섣부른 계산을 해 본다. 우리는 그날 정갈한 몸과 마음으로 주 예수님을 맞이할 준비를 서둘러야 한다.

민병규의 논리와 정신,
예수는 제자들에 의하여 십자가에 못 박힌 일은 꾸민 일이고 33살에 승천이 아니라 영국으로 피난(避難) 갈 때 "2,000년 후에 내가 다시 오리라." 한 말은 민수기, 민병규가 물의 이치로 계묘생 12월 11일 생으로 서기 2000년경에 진리를 완성한다는 것이다. 그러므로 예수는 민병규를 찾으라고 예언을 한 것이고, 주 예수가 아니라 도의 주인, 주여 민병규, 주 민병규의 진리를 맞이할 준비를 서둘러야 한다.

※ (1) 2,000년 전 성경 물의 이치 원문,
성경 본문: 민수기 20장 1절-13절
반석에서 물이 나오다(민 20장 1절-13절)
출애굽기 17장: 반석에서 물이 나오다

백성이 마실 물이 없는지라 백성이 모세와 다투어 이르되 우리에게 물을 주어 마시게 하라 모세가 그들에게 이르되 너희가 어찌하여 나와 다투느냐 너희가 어찌하여 여호와를 시험하느냐.

※ (2) 현시대 물의 이치
상제께서 말씀하시기를,
상제님께서는, "우리는 연원 도통이다. 이번 도통은 물에 있는 것이다. 물을 지켜야 한다. 물에서 도통이 나온다. 금산사 용추 못에 그분들의 진리가 있다."라고 말씀하셨다.

줄은 맥(脈)이라 한다. 전깃줄·핏줄은 전기가 통하는 맥이고, 피가 통하는 혈맥(血脈)이다. 종통(宗統)이 이어진 맥은 종맥(宗脈)이다. 우리 도의 종맥을 연원(淵源)이라 한다. 이 연원을 찾아야 도통(道通) 하는 것이다. 우리 도(道)는 연원 도통(淵源道通)이다.
물의 이치로 오신 "대두목(민병규)"에 의해 연원이 밝혀지며 이 연원(淵源)을 알아야 도를 통하는 것이다.

강증산 성사, 부인 고 판례(수부 공사) 진리를 도용, 흉내 내어 도통이 "치마폭"에서 나온다는 사이비 진리는,

탕탕교=영생, 새 생명, 대선군화도덕교, 〈치마폭〉

엄마교=새마음 엄마교, 조물주 엄마, 군화 엄마, 만사형통 부적, 〈치마폭〉

아가 동산, 신도들의 돈 1,000억 갈취, 〈치마폭〉

영생, 도통 하고 싶어 사이비 교주에게 평생 갖다 바친 돈만 해도 어마어마하다.

예수가 말한 2000년경에 예수는 재림하지 않고 전국에 목사들이 우후죽순처럼 생겨나 목사가 원하는 것은 어린 여자아이들에 대한 성폭행만 이어지는 것이다.

목사에서 교주로 승진하면 본인이 하나님인 양 환상에 빠져 성폭행은 기본이고, 전광훈 목사는 하느님도 까불면 나한테 죽어! 즉, 전광훈은 하느님보다 높으니 대통령 되기를 꿈꾸고 정치하는 당을 만들어 기독교는 진리라 말할 수 없고 정신적으로 쇠퇴하여 영적으로 어두워지며 죽음의 길을 찾아 천국을 말하는 것이다. 현재 세상은 천국이 없는 것이다.

민병규는 신계의 주인(主人)이라, 노예로 끌려간 조선인(人)의 혼령들이 들어오면 이스라엘 혼령과 싸움이 일어나 세례 받은 기독교 종자들은 송사리 떼처럼 몰살(沒殺) 당하여 사람 죽은 시체로 썩은 냄새가 진동하리라.

민병규 계시록

어느 날 상제께서 종도들에게 "너희들은 손에 살릴 생자를 쥐고 다니니 득의지추(得意之秋)가 아니냐 마음을 게을리 말지어다. 삼천(三遷)이라야 일이 이루어지느니라"라고 이르셨도다.

대순전경 [예시 87절]

무당(巫黨)이란?
대통령 부인 여사(女史)님 이 무당이라.

여자는 무녀(巫女)라 하며 귀신을 섬겨 길흉을 점치고 굿을 하는 것을 업(業)으로 생계(生計)를 귀신과 함께 이어 간다.

남자는 박수(博數)무당이라 하여 경문을 읽어 귀신을 불러 한을 물어보고 배고픈 귀신에게 밥에 물을 말아 길가에 던진다.

남자 복술(卜術)은 굿판으로 신장(神將) 불러 악귀를 쫓아낸다.

현대판 기독교 목사는 영 치료하고 귀신 쫓는 퇴마사 일을 하고 있다.

기독교 목사는 귀신 쫓는 퇴마사
유튜브에 '서모세' 검색
대한민국은 확실히 정치계도 귀신 잡귀들의 집합 장소임을 실감 나게 보여 준다.

요즘 유행하는 '퇴마사' 유튜브, '모세 TV'를 검색하면 내용을 설명하니 민병규는 문자 사절이라.

서모세 목사 대표 훈련 프로그램
복음과 치유 아카데미 개강
▶서모세 목사님의 다양한 치유
개별 권능 사역 특별 기간
▶반드시 영적 상태를 변화시켜야 산다!

서모세 목사 독보적 하이라이트 권능 사역(5박 6일, 숙식 제공)

특별 제자 1년 실전 권능 전문 사역 훈련!
▶예언·치유·축사 실제 초자연적 권능 사역자 양성!
▶원수를 제압할 수 있는 절대 권능 받아라!
▶서모세 목사님의 강한 권능 임파테이션 훈련
1년 과정 2박 3일 연수(연 7회), 숙식 제공

사이비 목사님 전국 사역지
충주 성령 영성 기도원
강력한 치유·예언·축사 컨퍼런스
매주 목·금·토 2박 3일(숙식 제공)

▶집회 시간
(목) 오후 3시, 저녁 7시
(금) 오전 9시, 오후 3시, 저녁 6시 30분
(토) 오전 9시, 오후 12시 30분

▶돌파 기도회
충북 충주시 살미면 중원 대로 2250

▶서울 성령치유센터
영등포구 가마산로 360 (대림동, kc 마트 2층)

▶예배 시간
주일 임재 치유 예배 오후 2시
화요 치유 컨퍼런스 오후 1시

▶서울 영적 돌파 기도회
월·화요일 오후 1시
주일 오후 1시

서모세 목사 지교회 기도원
서울 성령치유센터
충주 성령 영성 기도원
부산 홀리 스피릿 교회
대전 성령 기도원
광주 홀리스 피릿 교회
유나이티드 영성 신학원

영적 치유 한 달 살기 은혜 프로그램

장기 금식, 저주, 각종 중독과 신병 등 영적 결박에서 해방!

이곳에 전화하여 찾아가서 몸속에 있는 잡귀를 빼내는 것도 좋지만 빼내도 잡귀는 마음속으로 숨어 버리니, 늦가을 된서리 내릴 적에 민병규의 진리를 알게 되리라.

자료
출애굽기(2장 11절-15절), 동족에게 무시당하는 모세

모세는 점차 성인이 되어 애굽 정부의 고위 관직에 올랐다. 모세는 성인이 되어 감에 따라, 그가 히브리인이라는 정체성을 잊지 않고, 자기 민족을 구원하려는 계획을 품고 있었다. 자기 민족을 구원하려는 계획을 품고 있던 모세는, 어느 날 고된 노역에 시달리는 동족이 애굽 사람에게 학대받는 것을 보게 된다.

모세는 동족 이스라엘을 향한 사랑은 있었지만, 그들을 돕는 구체적인 방법은 단지 혈기뿐이었다. 히브리 사람을 구출하겠다는 생각은 애굽에 대한 "반역"이었다.

※ 목사가 모세 혼령을 불러들여 세례받은 이스라엘 혼령을 치료하겠다는 것이다.

신계의 주인(主人) 민병규가 동쪽 칠성계에 머물다 동방의 나라에 왔으니 개벽 문화도 동방 우리나라에서 시작되고, 병란도 우리나라에서 시작되고, 도통 문화도 우리나라에서 시작되고, 후천 개벽이 열리면 신(神) 혼령도 넘어가야 하는데 자식이 성공해야 조상도 넘어가는 것이고 못된 잡귀들은 몰살된다는 것을 영문도 모르고 덩달아 동쪽 나라에 집결되니 대한민국 백성들은 정신 사상이 잡귀들에게 이끌리기 좋은 시절이라.

세례받은 기독교인의 증상이 나타나는 시대,

예수 기독교인들의 증상,
밤에 자다가 헛소리하기,
가끔 히죽히죽 웃거나 낄낄거리고 웃는다.
본인도 모르게 헛소리가 나온다. (방언)
혼자 중얼거린다.
누군가를 원망한다.
답답함 등

이러한 증상이 있는 사람들이 서모세 사이비 퇴마사 목사를 찾는 것이다. 귀신병이 들리면 백 가지 약이 소용없다.

기독교가 우리나라에 정착이 되며 이스라엘 잡종 혼령, 귀신들까지 불러 들여 문 열면 바깥세상은 잡귀 귀신들이 빼곡히 가득 차 있어 발 디딜 틈도 없다. 일반인은 모른다. 눈에 보이지 않으니 민병규의 말을 알아듣지 못하는 것이다.

그러므로 종교 행위 행사나 의식은 신에 기운을 동반하게 되는 것이다.

시커멓게 죽은 예수 혼령의 기운이 내려와 이만희 교주 '신천지' 죽지 않고 살 수 있다는 영생교의 교리는 성추행 의혹 이만희 교주, 법원 출석 거부 등 최근에 발생한 신천지 신도들의 감금, 협박 사건들에 집단 폭행을 동반하여 탈퇴하는 교인이 늘어나고 몸속에 잡귀 혼령들이 들어 있는 잡종 교인들은 어디로 갈 것인가?

사이비 이만희 교주가 70살이 되어 20대 여성과 호텔에 들어가는 것을 목격담으로 증언한 바 있었다. 확실히 예수 기독교의 교리는 정신적으로 영혼이 죽어 가는 것이다. 한국에 기독교가 버젓이 흥행하는 것은 대한민국 국민은 말살로 이어지는 것이다.

교주가 70살이 되어 20대 여성에 대한 성추행 행위는 잡귀 혼령이 씌워져 정신병에서 일어나는 현상으로, 보통 사람은 이해가 안 되는 부분이다.

자식을 둔 부모의 심정을 말하면 예수 기독교는 천벌을 받아도 당연한 것이다.

허령에 허경영도 본인이 신인 하나님이라 주장하고 하늘궁이 천국이라 말하며 허경영 사진 걸어 놓고 성추행은 기본이고 우상숭배 하라는 뜻이고 2027년 대통령이 된다는 환상에 빠져 있다.

기독교 목사가 '퇴마사' 역할을 한다는 자체가 대한민국에 잡귀, 귀신들이 바글바글 끓고 있다는 것이다. TV 뉴스를 보면 잡귀, 잡종 들의 농간에 놀아나 권력과 돈에 환장한 한국 정치인의 현상이 전 세계에 알려지는 것을 볼 수 있다. 민병규의 『천기누설』 신명계 계층 표 보기를 말해도 쇠귀에 경 읽기라. 1천계는 사람이 살아가는 세상이고 사람이 사람답지 못한 사람이 죽으면 갈 곳을 못 찾아 혼령은 1천계 사람과 함께 살아가며 사람에게 달라붙어 이간질 싸움 갈등 등을 하게끔 만들고 잡귀들은 좋아라 낄낄거리고 사람 사는 세상은 잡귀들의 세상, 지옥에서 사람이 살아가는 것이다.

박태선 장로는 사망한 지 수십 년 지났어도 『격암유록』의 예언서에 박(朴) 자(字)의 박은 박태선 '장로'라 바꾸어 놓고 『격암유록』의 십승지에 대하여 부평이라는 글자를 보고 피난처가 부평으로 착각하여 인천, 부평, 주안, 안산, 등지에 분포되어 예수 믿고 천국 가야 한다며, 도심 지역 서울 경기 지하철역 부근 또는 버스 터미널 부근에서 예수 성경 계시록을 들먹이며 지라시(종이쪽지)를 나누어 주며 천국(天國)이 준비되어 있다고 선량한 서민을 세뇌시키고 있다.

48장 신장들이 못된 잡귀(사람)를 불지옥에 처넣어야 새 명절 설 명절(名節) 설날(舊正) 구정(舊正) 날에 떡국을 먹을 수 있는 것이다.

꼴값 떠는 대한민국은 값진 년을 2024년이라 하는 것이다.

알라신은 기독교 목사를 보면 어린 소년에게 칼을 주어 보는 이 앞에서 목사에 목을 칼로 베어 피 맛을 보여 준다.

'알라'가 Al-illah, 그 신을 뜻하므로 동어반복으로 "신신" 혹은 "하느님(하나님) 신"이다. 토착 신으로 이슬람에서의 "알라"는 한국 그리스도교의 하느님과 같은 신을 지칭한다.

설 명절(名節), 설날, 구정(舊正),

선천 세상 마치는 날까지 꿈은 이루어지리니,

새 세상 열리는 날 명절(名節)은 세계인의 명절이 되는 것이다.

대두목(민병규)이 영(靈)으로 공사하니 대한민국에서 피비린내 나는 내란과 혼란의 전쟁이 없기를 『상제와 천자』로 상제님의 공사를 선포하는 것이다.

23, 궁전

궁이란? 궁(宮)과 영대(靈大)

현재, 망하여 가고 있는 시대에,
증산도의 태을궁, 허경영의 하늘궁, 문선명의 천원궁, 이승헌의 단월드궁, 이러한 가짜 궁들을 믿고 국민들이 살길을 찾고자 아우성 속에서 대한민국 검찰, 판사들은 썩은 법전 내세워 나라를 다스리겠다고 하는 현실에 민병규 님이 하늘의 도법을 완성하여, 『천기누설』로 선포하였으나 돌아오는 것은 온갖 보이스피싱 무리가 판을 쳐도 '우두머리' 탄핵만 뉴스에 나오니 괴롭기 한량없으나 선포하는 것이다.

현재 논란은 '우두머리'를 탄핵시키려면 대법원장이 지명한 9명이 헌법을 바꾸고 헌법재판소에서 재판관이 망치 들고 일제히 두드려야 '대두목'이 탄핵된다고 TV 언론에서 귀가 닳도록 보도하여 세뇌시키는 것은 결국에는 대법원장이 '우두머리'의 일을 하겠다는 것이다.

현재 민병규의 진리는 민병규의 진리를 이해하는 성인군자 9명이 나오면 천하 통일된다고 밤낮을 알리고 있는 것이다.

상제께서 말씀하시기를 도통줄을 대두목에게 주리니 내가 어찌 홀로 행하리오 하시면서 대두목은 하나이니 어찌 둘일 수 있으랴 말씀하셨다. 말씀하시기를 동지 지나 세 번째 미일은 천자 생일이다 하셨다.

선량한 서민들은 천국이 준비되었다고 말하고 사기꾼들은 매일 전화하여 직장이 없는 민병규에게 010으로 돈 빌려줄 테니 개인정보 물어보고 거부하면, 010문자로 URL 포함하여 링크만 누르면 핸드폰에 있는 정보를 빼내겠다고 하는 것이다.

예로부터 동방에서 인류를 구원할 진리가 나온다고 모든 예언서에 기록되어 있으나 사이비 논리로 세상을 어지럽히는 것이다. 이에 완성된 진리로 민병규 님이 삼신, 삼위 상제님의 신전, 영대(靈大)의 진법을 널리 알려야 평화가 오는 것을 전하는 것이다.

궁이란? 증산도의 태을궁
천지개벽경 1905년 을사년(乙巳年) 공사기

> 만리운미태을궁(萬里雲迷太乙宮) 만 리 구름 속에 태을궁은 희미하도다.
>
> 대순전경 [제생 10절]

증산도의 태을궁의 뜻을 이해하려면 『상제와 천자』 제생 10절에 자세히 기록되어 있다.

2025년 을사년(乙巳年), 120년 전 상제님의 태을궁 공사를 증산도에서 본부를 태을궁으로 만들어 상제님, 고수부 사진을 걸어 놓고 천도재를 지내며 위패를 모신 단체이다.

천도재는 전국 어디서나 신 받은 무당도 천도재 지내고 전국 석가모니 믿는 불교(절)에도 천도재를 지낸다. 민병규가 편집한 『천기누설』 '신명계 층 도표 보기'를 읽으면 도움이 될 것이다.

사람이 죽으면 윤회의 문에 들어가는데 복이 많은 혼령은 백 년 이상도 머물 수 있고 복이 없는 혼령은 곧바로 태어나는데 거의 원수 갚으러 태어나는 것이다. 윤회의 문에 들어가지 못한 혼령은 1천계 사람과 함께 살아가는데 거리에 가득 차 있는 것이 잡귀들이 진을 치고 있어 조상 제사를 지내도 조상이 받지 못하고 천도재를 지내도 조상이 아니고 사람을 따라다니는 잡귀인 것이다. 좋은 데로 보낸다고 하나 가봤자 1천계에서 벗어나지 못하는 것이 사람 사는 세상인 것이다.

궁이란? 문선명의 천원궁

문선명 통일교 교주의 논리는 결혼 문화로 일본 여성과 한국 남자의 결혼 문화를 만들어 세계 통일하자는 단체를 말한다. 여성은 일본 여성을 최고로 알아준다. 민병규도 서울에 있을 때 통일교 다니면 일본 여성과 결혼할 수 있다는 이야기도 들었는데 관심은 없었다.

문선명 교주, 출생 1920년 평안북도 정주, 사망 2012년

문선명 부인 한학자 교주 출생 1943년 평안남도 안주, 문선명과는 1960년 결혼식을 올렸으며, 한학자는 당시 만 17세였고 문선명은 자신보다 23년 연상인 40세였다. 교주들의 행실(行實)은 어린 여성을 찾는

것이 특징이다.

지상천국을 찾는 통일교 총알 왕관 쓰고 축복식 올리는 통일 교회에서 참 '아버지'는 문선명, 참 '어머님'은 문선명 부인, 경기도 가평. 진시황의 '아방궁' 하늘 참 아버지를 내세워 선량한 서민을 울리는 통일교, 2022년 아베 신조 전 총리의 총격 사건 이후 불거진 통일교의 문제와 관련이 깊다. 일본 아베 총리는 731일 마루타 부대 자랑하다 사망하여 통일교에서 찾는 아버지는 일본 천황? 일본 놈 쳐들어오면 일본 총독부가 되는 것이다.

일본 침몰 예언서로 일본인이 한국에 취업하려 오는 인구가 점점 늘어난다.

궁이란? 왕국 회관 궁
여호와의 증인 비밀 궁?

지상천국을 찾는 여호와의 증인, 여호와의 증인의 주적은 대한민국이다. 이단, 사이비가 판치는 요즘, 대한민국 국기에 경례 거부, 군대 거부, 투표 거부, 수혈 거부, 19세기 미국에서 탄생한 '여호와의 증인'은 한국으로 전파되고 대한민국을 국가로 생각하지 않는다.

궁이란? 이승헌의 단월드 궁
단월드는 종교가 아니라 명상을 가르친다고 한다. 이승헌이 1985년에 단학선원이라는 이름으로 설립한 기업으로, 명상, 기체조, 뇌 교육 등의 검증되지 않은 명상 수련을 수행한다. 해당 종교집단은 한국 개신교 사이비 종교집단으로 없어져야 할 단체이다.

사기꾼 이승헌 교주는 자신이 조물주라 하고 지구 종말론을 만들어 신도들에게 재산을 몰수하고 종말이 오지 않아 유서를 남기고 자살하여 죽은 것이다. 이승헌 교주가 2014년 죽자, 교주 시체를 보관하여 송장 썩는 냄새로 암매장하고 사망신고를 2018년 하였고 10년 동안 교주가 살아 있는 것처럼 속이고 회원을 모집하고 만행을 저지른 것이다.

미국 언론에서는 종교적인 예배, 추종, 숭배를 의미하는 컬트(cult)에서 유래되었다며 영화광, 특히 젊은이들에게 종교적 숭배에 가까운 지지를 얻은 영화라 하며 대한민국은 망해 가는 것이 당연하다고 말한다. 대한민국 국가는 사이비가 판을 칠 때마다 뒷돈 받는 재미로 쾌재를 부르는 것이 검찰, 판사 집단이라.

궁이란? 허경영의 하늘궁
착한 허경영 총재를 대순진리회 책임자 박한경 사망 후 상금 임원들이 증산도의 천도재로 돈 버는 것을 착안하여 허경영을 찾아 박한경 도전보다 높은 상제님께 올리는 법배 4배를 올리고 대순진리회 교리를 노트에다 적어 만들어 바치면서 신인 하느님이 된 것이다.

대순진리회는 상제님 탄강 치성, 화천 치성, 4립(입춘 입하, 입추, 입동) 치성, 2지(동지, 하지) 치성이 있어 상급 임원 되면 사회생활 보낼 시간이 없다. 1년에 치성 행사가 12번이 넘는다 치성이란 도장에 상제님 동상 모셔 놓고 소, 돼지, 닭 잡아 올리고 각종 과일 법주 등을 정성을 들여 상제님 전에 법배 사배를 올리고 모두 부복 자세로 엎드리고 맨 앞에 가장 높은 임원이 촛불 켜고, 향 피우고, 법주(술) 올리고 주문을 외운다. 시간은 30분에서 40분 소요 인원이 많을수록 시간이 길어진다. 치성 상은 맨 위층에서 모시고 1층, 2층, 3층은 전국 각지에서 모인 신도들이다. 4층에서 치성 모시는 소리는 스피커로 전 층에서 듣고 치성이 마치면 음복을 하는데 인원수가 1,000명에서 3,000명 이상 될 때도 있다. 이 많은 인원이 각 층에서 음복을 하려면 1시간 족히 기다리고 음식이 내려오면 삼삼오오 모여 음식을 먹는다. 치성은 새벽 1시에 드리고 음복 마치면 새벽이 되고 각각 헤어진다.

대순진리회 다니면 집에서 조상 제사를 지내지 않는다. 자손이 참여하면 조상도 참여한다는 믿음이 있다. 매달 반복이 되는 치성 정성으로 몸에 배어 상급 임원은 대순진리회를 떠나면 갈 곳이 없는 것이다. 허경영을 하느님 신인으로 받들게 되면서 증산도의 천도재를 본떠서 차원이 높은 납골당, 명패 사업으로 발전이 되고 이름 석 자 거는데 1인당 300만 원, 부인, 남편, 자식, 사망한 조상까지 이름 명패 달면 수천만 원 들어간다. 1억 바치면 천사가 되고 1억 이상 바치면 대천사가 되고, 대천사는 전국에 납골당 명패 건물 들어서면 관리인이 되는 것이다.

허경영의 이론은 전국 야산에 있는 각 조상 묘를 파내어 깨끗한 자연을 만들자는 논리이고 사람이 죽으면 화장시킨 재 가루는 쓸모없으니 바닷

물에 버리고 죽은 사람 이름을 명패로 걸면 혼령이 천국에 들어간다는 종교 통합 교리로 대한민국 돈을 모두 허경영 재산으로 만들겠다는 계획이고 해외까지 전파되면 재산이 1위가 되는 것이다.

썩은 불로유 사망 사건, 성추행으로 논란이 되어 고소 고발은 되었으나 허경영을 보호하는 판사 3명을 고용하여 법을 피하고 빠져나오게 되는 것이다. 하늘궁이 양주에 있으니 지역 경제상으로 양주에 희망이 있어 양주 경찰서는 허경영을 보호해 주는 입장이 된 것이다.

2027년 대통령 출마는 여전히 변함이 없고 따르는 신도들은 허경영을 황제라 부른다. 신인은 하느님이라 부르는 것이고 하느님이 대통령이 된다면 국가가 아니라 허경영을 믿는 종교 집단이 되는 것이다. 허경영 하느님이 대통령이 되면 권력으로 모든 종교의 교주들은 없어지고 하늘궁만 있는 것이다. 또한, 황제를 운운하는 것은 일본이 천황(옥황상제) 법으로 침략하기를 고사 지내는 것과 같으니 대한민국은 스승이 없는 것이다.

예언서
참고: 교회 가면 춤추고 기뻐 날뛰고 전국에 젊은 여성들 갈 곳 없어 신 받은 무속인이 가득 차도 국정원, 청와대, 검찰, 경찰은 손뼉 치고 쾌재 부르고 언론인 신문기자는 아부하는 세상 대한민국이 바라는 망국병(亡國病)이 걸린 세상인 것이다.

그 외 등등 많은 단체들이 있지만 생략한다.

이러하듯이 정부 기관에서는 부정부패에 빠진 나라를 이끌어 가지 못하면서 민병규를 법정에 불러 협박을 하였고, 민병규 통장에 전 재산 삼백만 원 있는 것을 압수수색 하는가 하면 쓰지 못할 인간 종자들이 나라를 이끈다며 나라를 망치고 있는 것이다.

민병규의 진리만이 참진리이며 국가와 민족을 살리고 더 나아가 인류를 구원할 진리라는 것을 밝히노라!

궁(宮)
궁(宮)이 있는 종교는 성공이 없고 병이 돌면 무너지는 것이다.

지난 2019년 코로나로 경험을 하였고,
2025년 들어 사람이 죽으면 태우는 곳을 화장장이라 하는데 시체가 밀려 4일장 5일장까지 밀리는 것이다.

오방신장(五方神將)
현대인은 민병규가 '신' 이야기하면 정신 차리라고 민병규를 나무란다. 과학 문명은 신은 존재하지 않고 과학이 신에 세계를 정복하려는 것이 인류 종말을 맞이하는 것이다.

컴퓨터 문화, 핸드폰 문화에 세뇌되어 과학 문명을 최고로 생각하고 신의 존재를 인정하지 않는 시대를 현대 과학 문명이라 하는 것이다. 국민들에게는 신이 없으니 안심하고 일만 하라고 가르치고 백성을 지배하기 위하여 정치인이 될수록 신을 모신 무당집 찾아 사주팔자 물어보고 신에 세계를 찾는 것이 현실 사회라 하는 것이다.

천공 법사

스스로를 진정(眞政) 또는 천공 법사라 말한다. '정법'은 그가 주장하는 사이비 교리의 이름이다.

尹, '王'자 왜 손바닥에 새겼나,
천공의 주술로 나라가 흔들리고,
천공(天空) 1952년생으로 현재 73세이다. 부모로부터 4세에 부산 감천 마을의 고아원에 버려졌다. 6세부터 구두닦이, 신문팔이, 껌팔이 등 유년 시절부터 혹독한 사회생활을 배워 나갔으며, 7세에 초등학교 2학년에 중퇴하였다. 중년이 되자 녹음기를 구입하여 사이비 교주들의 연설을 녹음하고 반복 청취하여 내용을 외우고 사이비 역술인, 교주 생활을 하게 된다. 현재는 나랏돈으로 집을 선물 받고 국방부를 내려다보며 국정에 참여하는 인물이다. 천공은 『격암유록』 등 예언서를 종합 터득하여 올해 2025년 남북통일 계획에 청와대를 국방부로 옮기게 된 첫 번째 국가 범죄자이다. 전과 17범 천공 법사는, 윤석열, 김건희의 스승이 되고, 윤석열, 김건희를 시켜 대통령실을 용산으로 이전케 하고 또 국방부와 합참 이전, 그리고 수방사 이전, 등등 사이비 교주 천공의 주술로 나라가 흔들리고 있는 것이다.

※ 감천 문화 마을과 천공(天空)의 고아원

1909년은 증산 성사께서 천지인 공사를 마치고 화천하신 해이다.

1909년 4월 28일 조철제 15세 때, 부친은 구국운동용 화약 제조가 밀고되어 만주 수둔구에 망명(亡命)할 곳 정한다. 조철제 조부는 을사보호조약에 토혈(吐血) 피를 토하고 순국(殉國), 나라를 위(爲)하여 목숨을 바친다.

1909년 가을, 조철제는 만주로 망명 도중, 대전에서 한얼님의 계시로 태인(泰仁)으로 가라는 계시를 받는다. 조철제는 정읍 마동(馬洞) 김기부의 집에 이르러 강증산의 누이동생, 선돌 부인과 따님 순임(舜任)을 만나게 된다. 선돌 부인은 특히 반겨 맞아들이면서 "증산 어른께서 재세 시에 늘 을미생이 정월 보름에 찾을 것이로다."라고 말씀하셨음을 아뢰이니라. 부인은 봉서(封書)를 조철제에게 건네준다. 봉서(封書)에는 증산 성사께서 9년 동안 천지공사를 행하신 기록이다. 봉서(封書)에는 조철제의 도호는 정산(鼎山)이며 도(道)를 맡을 도주(道主)이니 증산(甑山)과 정산(鼎山)은 이도 일체라는 문서이다. 즉 시루와 솥은 둘이지만 하나라는 봉서(封書)이다. 그때부터 조철제는 도호는 정산이고 직책은 도주님이 된 것이다.

1925년(乙丑) 전북 구태인은 계시받은 태인(泰仁) 도창현에서 무극도(无極道)를 창도하신 후 강증산 성사를 '구천응원뇌성보화천존상제'로 봉안하시고 종지, 신조, 목적을 정하셨다. 상제의 신위를 봉하여 모시므로 1950년 6·25 전쟁 때 이곳은 조용했었다.

1945년 조국 광복을 맞이하여 잠룡 도수를 거치신 후 우리 도명이 태극도(太極道)라 밝히시고 아직 일반에게는 공개 발표하지 말라, 하시었다.

1948년 9월 초 태극도(太極道) 본부를 부산 보수동에 세웠다.

1948년 9월 13일은 우리나라가 일제에 사법 주권을 빼앗겼다가 미군정부로부터 사법 주권을 회복한 날이자 외세와 행정부로부터 독립된 실질적인 대한민국 사법부의 설립일이다.

1957년 4월 감천동에 태극도(太極道) 본부를 이전하고 도장 영대에 15 신위를 봉안하시고 11월 시학과 시법 공부를 시작하였다.

1958년 도주님 화천 후 구파, 아들 조영래(趙永來)를 중심으로 운영하다가 이갑성(李甲性)으로 이어지고 두 분, 구천 상제, 옥황조성상제 사진 걸어 놓는 단체이다. 신파는 현재 대순진리회이다.

감천동은 태극도가 자리 잡으면서 태극마을, 감천 문화마을이자 부산 원도심의 대표적인 랜드마크가 된 것이다.

감천문화마을과 천공(天空) 법사
1952년생 천공(天空) 법사의 본명은 이병철이다. 감천동 고아원에서 자라고 6세부터 태극도마을에서 매일 듣는 것이 태극에 원리, 주역, 음과, 양, 이 있고 도통이 있다는 것이고, 그 당시 태극도에서는 도통은 무학(無

學) 도통, 배우지 않아도 도를 통한다 가르쳤으니 이병철은 도 공부에 빠져 학교에 가지 않고 퇴학당한 것이다. 도를 닦는다는 사람들로부터 들은 내용을 새겨듣지 못하고 본인이 스스로를 역술인, 진법이라 하고 신도들을 이끌며 현재는 나라까지 혼란에 빠진 것이다.

민병규는 2022년 겨울 대순진경을 편집하고 태극도를 방문하여 진경을 전하려 찾았었는데 도장에 들어오려면 입도 후 3개월이 지나면 들어올 수 있다고 말하며 대강전이 있다는 것에 자랑을 하는 현실이 된 것이다. 대강전(大降殿)이란, 운수가 내려올 때 운수를 받을 수 있는 건물이란 뜻으로 태극도에서 도맥을 차단하여 돌연변이가 천공 법사가 되어 국가에 변화가 생기는 것이다. 생명 생물체에서 돌연변이는 어버이의 계통에 없던 새로운 형질이 나타나 유전하는 현상으로 유전자나 염색체의 구조에 변화가 생겨 일어나는 것이다.

강증산 성사로부터 이어져 정산 도주님이 있고, 정산 도주님은 박한경에게, 한경의 도호는 우당이며 직책은 도전이다, 해서 판밖에 대순진리회(모임)를 만들게 되었고 민병규는 증산(甑山), 정산(鼎山), 우당(牛堂), 민병규로 이어져 판밖에서 공사하는 것이다. 자세한 내용은 민병규가 편집한 도서에 기록되어 있다.

태극도는 천지공사의 흐름을 모르고 태극도에서 운수가 있다고 차단을 하니 도맥이 흐르지 못하여 '천공 같은 사이비'가 태극도 마을에서 생겨나 국가가 기운을 받지 못하고 병들어 가는 것이다. 이와 같은 현실 현상은 민병규가 아무리 말해도 대순진리회 상급 임원들이 민병규의 진리를 차단하다 보니 진리는 없고 서로 대두목이 되어 단체를 만들고 그들이 서로 종통을 받은 대두목이라 착각하고 진리 싸움만 하다 보니 사회는 어지럽고 상제의 기운이 내려오지 않는 것이다.

돌연변이 국가

본명 이병철은 스스로를 진정(眞政) 또는 역술인, 천공 법사라 말한다. '정법'은 그가 주장하는 남북통일론은 예언서에 나온 내용이며 '돌연변이 노인' 말 듣고 국가 정치인이 끌려다니는 나라는 외국에서 쳐들어와서 다스려야 그때 깨닫는다.

남북통일은 민병규의 진리 없이 통일이 되지 않는 것이다. 민병규는 상제님의 신위만 알리는 것이고 나라가 없던 일제강점기에 상제께서 강림하시어 남북통일도 세계통일도 상제께서 하는 것이다.

최재영 목사는 다섯 관의 매설에 대해 불교에서 방위를 담당하는 수호신인 오방신을 언급하며 주술과 무속을 신봉하며 숫자 '5'에 집착한다고 알려진 김건희 씨와 연관성이 있을 수 있다는 의혹을 제기했다.

용산 대통령실 청사 앞 수직으로 세워진 채 매설되어 있는 의문의 구조물 5개 관련해 이를 설치한 대통령실이 침묵을 유지하고 있는 가운데 해당 의문을 최초로 제기한 최재영 목사가 이와 관련한 국회 기자회견을 가졌다.

민병규의 오방신장(五方神將) 공사

1905년 을사년(乙巳年), 120년 전 증산 성사께서 겨울에 창문에 종이를 바르지 않고 부엌에 불을 지피지 않고 날마다 종이에 글을 쓰시고는 그것을 불사르셨도다.

2025년 을사년(乙巳年), 새해부터 눈이 내리고 민병규가 글을 썼다 지우고 지나면, 눈이 내리고 민병규가 글을 쓴 종이를 불사르니 또 눈이 내리고 오방신(五方神) 공사를 민병규가 해야 하는 것이다.

오방신장은 다섯 방위(方位)를 관장하여 지키는 수호신으로 오방신(五方神), 오방장군(五方將軍)이라고도 한다.

성호사설(星湖僿說)에 의하면 고려 신화에서 오방신은 태호(太昊), 염제(炎帝), 소호(小昊), 전욱(顓頊), 황제(黃帝)라고 했다. 고구려 고분벽화에는 동서남북의 4방위에 주작(朱雀), 현무(玄武), 백호(白虎), 청룡(靑龍)의 상징적인 동물과 색깔로 방위신을 표현했다.

고려 말 궁중에서는 궐 내를 청소한 뒤 삿된 기운을 몰아내고 새해를 맞이하기 위해 역귀를 쫓는 의식을 뜻한다.

사천왕(四天王) 왕은 불교에서 방위를 담당하는 수호신으로 욕계, 색계, 무색계의 3계(三界) 가운데 욕계에 속하며 지옥을 담당한다. 인간은 죽으면 생전의 행동, 직업에 따라 지옥도, 아귀도, 축생도, 수라도, 인간도, 다시 태어나는 것이다.

오방신은 사천왕(四天王)과 중앙의 신을 일컫는다. 사방을 지키는 사천왕(四天王)에 중앙의 신을 합하여 오방신이라고 한다. 사천왕은 수미산(須彌山)의 제석천(帝釋天)을 호위하는 화엄신장(華嚴神將)이다.

동쪽은 지국천(持國天),
남쪽은 증장천(增長天),
서쪽은 광목천(廣目天),
북쪽은 다문천(多聞天)을 지킨다.
중앙은 천자(中央天子)라는 이름으로 불린다.

민병규의 오방신장(五方神將) 공사
동쪽은 지국천(持國天),
사천왕(四天王)의 하나. 수미산(須彌山)의 중턱 동방(東邦)에 살고 있어 동방(東邦)의 세계(世界)를 수호(守護)한다는 신(神)이다. 투구를 쓰고 갑옷(甲衣)을 입었으며 하늘의 옷으로 몸을 장식(裝飾)하고 오른손에 보주(寶珠), 구슬을 가지고 왼손에는 검(劍)을 들고 있다.

남쪽은 증장천왕(增長天王)
사천왕(四天王)의 하나. 증장천(增長天)을 다스리며, 자기(自己)와 남의 선근(善根)을 늘어나게 한다. 몸의 색깔은 붉고 왼손은 주먹을 쥐고 허리에 대고 있으며, 오른손으로는 칼 또는 비늘창을 잡고 있다.

서쪽은 광목천왕(廣目天王)
사천왕(四天王)의 하나. 광목천(廣目天)을 다스리며, 눈을 부릅떠 위엄(威嚴)으로써 나쁜 것들을 물리치는 신장(神將)이다. 갑주(甲胄), 갑옷(甲衣)을 입고 투구를 쓰고 있다.

북쪽은 다문천왕(多聞天王)
사천왕(四天王)의 하나. 다문천(多聞天)을 다스리며, 북쪽(方向)을 수호(守護)하며 야차(夜叉)와 나찰(羅刹)을 통솔(統率)한다. 분노(憤怒), 분노(忿怒)의 상(相)으로 갑옷(甲衣)을 입고서 왼손에 보탑(寶塔)을 받쳐 들고 오른손에 몽둥이를 들고 있다.

해설
신계의 주인 민병규가 오방신장(五方神將) 공사를 하니 동방(東邦)의 나라, 동방국(國) 중앙 천자국(中央天子國)이라 하는 것이다. 신계의 주인 민병규가 공사하니 중국의 황제 기운이 떨어지고 중국은 오고 가는 발길에 채여 조각조각 갈라지는 것이다.

학계에서는 중앙의 신은 누구인지 확실하지 않다고 설명하고 있다.

민병규가 오방신장(五方神將)을 공사하므로 사천왕(四天王)이 잡귀를 물리치고 동방의 나라를 지키므로 동방의 나라(東方天子) 천자국(國)이 되는 것이다.

오방신(五方神) 공사의 핵심

중앙에 천자(中央 天子)라는 '신명' 이름이 들어가야 오방신장(五方神將)의 공사가 완성되는 것이다. 상제께서 말씀하시기를 민병규는 신계의 중심이라 말씀하셨다.

중앙에 천자(天子)라는 '신명(神明)'이 들어감으로써 완성이 되고, 사천왕(四天王)들이 수수 백 년 동상으로 서 있다가 사방신장(四方神將)이 중앙에 천자(天子) '신명(神明)'을 보호하기 위하여 사천왕(四天王)들이 손에 불 칼을 들고 악귀, 잡귀를 목을 베일 적에 사람은 새카맣게 타서 쓰러지는 것이다.

강증산 상제님에 현무경 공사, 옥추통부에는 삼신상제를 완성하여 높은 사람이 나타나면 모든 왕들이 모두 넙죽 엎드려 절을 한다는 것이다.

오방신(五方神)으로 정치를 하고 싶은 현대인

여자 무당(巫女)이 권력에 눈이 멀게 되면, 악령(惡靈)과 신장(神將)을 구분 못 하고 원한(怨恨)을 품고 사람에게 재앙(災殃)을 내리는 못된 영혼(靈魂)으로 사천왕(四天王)이 지옥으로 끌고 가는 것이다. 지옥을 담당하는 오방신(五方神)을 대통령실 청사 앞 땅에 묻으려 하는 계획은 대한민국을 지옥(地獄)으로 만들어, 정치인을 지옥으로 보내겠다는 계획인 것이다.

정신병이란, 정치인이 권력에 눈이 멀면 궁을 가진 교주들 밑에 들어가기가 자존심 상하고, 국가를 왕(王)이 다스리는 궁(宮)을 만들겠다 하는 것이 기본적인 능력을 보여 주지 못하는 것으로, 유사한 종교를 모방하여 국가를 국가가 국가로서의 기능을 못 하는 상태라고 칭하는 명칭이다. 사이비 국가라고도 한다. 학술적으로 정의된 용어는 실제로 기능을 못 하는 국가를 칭하는 학술적 용어는 파탄 국가이다.

국가에 왕(王)이나 교주들이 궁(宮)을 짖고 절대 권력을 행세하는 민족은 언젠가는 무너지는 것이다. 대통령의 이름을 쓰지 않는 나라는 조상이, 황제국이나 왕에 국가에 후손이라 하여 신을 섬기는 것이다. 100년 전 조선 말에 대한제국이 실패한 것도 신전을 먼저 만들어 놓고 제국의 이름을 쓰면 기운이 다르다. 그 무렵 일본은 천황이라는 신전을 만들고 전 세계를 지배하려 했던 시절은 역사가 말해 준다.

고대 문명서부터 제국을 만든 나라는 신전, 성전을 먼저 세우고 국가에 백성을 다스리고 이웃 나라와 신들에 전쟁을 하는 것이다. 한국인으로 태어나 해외 관광지에 가서 옛날 신전, 성전을 보고 감탄하기보다, 현재 상제님의 강림하신 뜻을 먼저 이해하고 동방의 나라에서 전 세계를 구원하는 진리임을 깨달아야 하는 시대에 살고 있는 것이다. 상제님의 진리는 전쟁으로 통일을 하는 것이 아니라는 것을 설명하는 것이다.

정산 도주님께서,
임원들에게 하교하시기를,
이제 비(祕) 자는 모두 체득(體得) 하였으니 일언이폐지(一言以蔽之) 하면 구천 상제님의 전서(典書)는 나의 비결이고 내 공부의 전서는 그대들의 비결이니라. 그러므로 구천 상제님께서도 "문명(文命)은 후일 진경(眞經)으로 나오리라." 하셨느니라.

※ 이 말씀은 후일, 후인 민병규가 오는 세상 문명(文命)을 진경(眞經)으로 완성한다는 공사이시다.

궁이란?
궁(宮)과 영대(靈大)의 차이점

현재, 망하여 가고 있는 시대에, 현재 궁(宮)이 있는 단체는 종교라 하고, 과거와 달리 현재 종교는 모두 잡귀들이 모인 집단이고 궁 자(宮字)를 넣어 신도 회원을 모집하고 있는 것이다. 오히려 장례식장보다 궁(宮)이 있는 단체에 잡귀들이 더 많이 모여들고 있다. 하늘 신장들이 내려와 잡귀들을 모조리 불태울 때 사람도 쓰러지는 것이다.

현시대는 민병규의 진리가 중요한 시절

뜻이 하늘에서 이룬 것같이 땅에서도 이루어지이다.
민병규 복음

후천에는 또 천하가 한 집안이 되어 위무와 형벌을 쓰지 않고도 조화로써 창생을 법리에 맞도록 다스리리라. 벼슬하는 자는 화권이 열려 분에 넘치는 법이 없고 백성은 원울과 탐음의 모든 번뇌

가 없을 것이며 병들어 괴롭고 죽어 장사하는 것을 면하여 불로
불사하며 빈부의 차별이 없고 마음대로 왕래하고 하늘이 낮아서
오르고 내리는 것이 뜻대로 되며 지혜가 밝아져 과거와 현재와 미
래와 시방세계에 통달하고 세상에 수·화·풍(水火風)의 삼재가 없
어져서 상서가 무르녹는 지상 선경으로 화하리라.

대순전경[예시 81절]

6,000년 전 영대(靈大)

6,000년 전 태호복희가 하늘에 천지신명을 봉하여 영대(靈大)가 하늘에 있었다. 그 시절은 하늘 보고 팔뚝질하면 벌을 받고 복록 수명을 하늘에서 관리하였다.

3,000년 전 강태공이 10년 낚시 공사로 천지신명을 땅에 봉하므로 땅에 명당이 있어 모든 전쟁은 땅따먹기 전쟁에 역사가 있는 것이다.

대순진리회 중앙건물을 영대(靈臺)라 부르는 것이다. 박한경 도전께서 대순진리회를 만들어 영대(靈臺)를 짓고 27년 동안 땅에 있던 천지신명을 뽑아내어 모신 것이다.

1. 문왕 팔괘

3,000년 전 발해(渤海)의 셋째 임금. 문왕(文王)이 문왕 팔괘 이름을 지어 영대(靈臺)를 세워 주나라의 왕이 되고 백성을 다스리고 천자(天子) 되길 꿈꾸었다.

※ 6,000년 전 하늘에 있던 민병규의 영대(靈大)

2. 민병규 팔괘
민병규는, 민병규 팔괘 이름을 지어 문왕의 영대(靈臺)를 영대(靈大)로 바꾸어 삼신상제의 신위를 모시니 상제님의 아들 천자가 되는 것이다. 세 분, 증산, 정산, 우당 상제님의 공사는 천자(天子)를 만들기 위하여 일제 강점기 시대부터 갑진년(甲辰年) 2024년은 120년 되는 해이다.

하루는 원평에 계시사 말씀하시되, "이곳에 철갑 신장 30만 군을 명하여, 진지를 구축하게 하고 때를 기다리노라." 이 말씀은 영대(靈大)는 하나이고 현재 민병규가 있는 곳에서 동쪽 방향으로 4km, 십 리도 못 가서 지명이 있는데, 신궁, 안궁, 평궁, 이라는 궁자(宮字)를 쓰는 마을은 큰 건물은 없고, 들판은 평야 지대에 논농사 지역으로 한가로운 풍경을 담고 있다.

철갑 신장(神將) 30만 군은 영대(靈大)를 지키는 신장이라는 뜻이다.

구천 상제님께서 말씀하시기를,

동서남북이 바뀔 때, 앞으로 저녁에 본 사람 아침에 못 보고, 아침에 본 사람 낮에 못 보는 때가 있느니라. 동서남북이 바뀔 때는 천동 지동(天動地動) 일어나고 송장이 거꾸로 서며 불도 켜지지 않으리니 놀라지 말고 마음을 강하게 키우라. 오장(五臟)이 바르지 못한 자는 수숫대 꼬이듯 하여 죽고, 거짓말하는 자는 쓸개가 터져서 죽으리라. 죄가 없어도 있는 듯이 하라 하셨도다.

현재 과학 문명을 병란(病亂)으로 종결지으면 도술 문명 5만 년이 전개되는 것이다. 일만 이천 도통 군자는 72가지 둔갑술을 부리는 것이다. 72가지 도술을 부려야 상통 군자라 하는 것이다. 조금 안다고 선량한 종교인을 모집하는 것을 교주라 하며 부서질 때는 여지없이 와지끈 소리가 나는 것이다.

24, 으뜸 되는 줄거리

강령(綱領)이란

일을 하여 나가는 데 으뜸이 되는 중요한 줄거리이며, 벼리라는 뜻으로 그물의 위쪽 코를 꿰어 놓은 줄이나 글의 뼈대가 되는 줄거리 핵심이라 하며 세상은 대두목에 의하여 이루어지니 목적(目的), 계획(計劃), 방침(方針) 또는 운동(運動)의 순서(順序)로 규범(規範) 등(等)을 요약(要略)하여 열거(列擧)한 것을 말함이라.

정의(正義)

2025년 을사년(乙巳年)
정의(正義)의 정신은 진리(眞理)에 맞는 올바른 도리(道理)를 말함이라.

강령(綱領)은, 조선(朝鮮) 시대(時代) 26대 고종(高宗)은 분명히 대한제국의 자주독립 황제 국가를 선포(宣布)하였다.

을사조약(乙巳條約)은 1905년 한일 협약 또는 을사늑약 1905년 11월 17일, 을사조약 러일전쟁에서 승리한 일본제국이 대한제국과 체결한 불평등 조약이다.

1905년 을사년(乙巳年) 일본이 대한제국을 강압하여 체결한 조약으로, 외교권 박탈과 통감부 설치 등을 주요 내용으로 한다. 이 조약으로 대한제국은 명목상으로는 일본의 보호국, 사실상 일본의 식민지가 되어 독도는 우리 땅 수년간 아무리 외쳐도 2024년 계엄 선포에 2025년부터 독도는 일본 땅으로 교과서를 만들어 일본이 조선을 지배했으니 대한민국은 당연히 일본 땅이라 말하는 것이다.

이쯤에 와서 중국 시진핑은 공산당 모임이 있으니 한국의 굵직한 인물 추미애를 초청하여 일본 오랑캐 왜놈에게 당하지 말고 중국 공산당 공부하면 남북통일을 중국에서 도와주겠다는 것이다.

중국 공산당 당원 공부하면 김정은 아래에 있는 이재명보다 높다는 서열을 공부하는 것이다. 이번에는 추미애가 공산당 당원 공부하러 가고 다음에 서열에 오를 누군가가 갈 것이다.

2025년 을사년(乙巳年)

원교근공(遠交近攻)

옛날의 전략이 현시대에 필요한 이유
위나라 책사였던 범수는 모함을 받아 진나라로 도망쳤다. 당시 진나라의 소왕(昭王)은 재위 36년이나 되었지만 여전히 실권을 가지지 못한 상황이었고 재상으로 있던 양후가 제나라를 쳐서 자신의 영지를 넓히려는 때였다. 범수는 소왕에게 상서를 올려 이궁(離宮)에서 독대할 기회를 얻었다. 소왕이 범수에게 여러 차례 가르침을 청하자 범수는 비로소 입을 열어 소왕에게 원교근공의 계책을 설명했다.

'원교근공(遠交近攻)'이란 먼 나라와 친교를 맺고 가까운 나라를 공략하는 전략이 상책이라는 것이다. 먼 나라와 친교(親交)를 맺고 가까운 나라를 공격(攻擊)하라. 중국(中國) 전국시대(戰國時代)의 외교(外交) 정책(政策)으로, 사기(史記)의 범저채택전(范雎蔡澤傳)에 나오는 말이다.

현재 대한민국의 처지가 이와 같다는 것이다. 먼 나라 미국은 대한민국 땅을 원하지 않는다. 가까운 나라 일본과 중국이 대한민국을 혼란에 빠트리고 대한민국 땅을 원하는 것이다. 한국은 먼 나라 미국이 원하는 조건을 들어주고 조건을 들어주었으니 남북통일에 힘써 달라 하면 들어주는 것이다.

상제께서 말씀하신 해원상생(解冤相生)이며, 보은상생(報恩相生)의 진리인 것이다. 맺힌 원한을 풀고 서로 잘 살자는 의미인 것이다.

대한민국의 역대 대통령들은 대통령으로 남북통일에 힘을 쏟았으나 북조선에서 핵으로 한반도를 지키겠다는 사상으로 북조선 인민공화국으로 끌려 들어가는 것이다.

"북한에 미군 기지"가 들어서는 것이 미국의 소원이다. 한국이 도와주면 국방비는 없고 미군 기지가 북한에 들어서면 자동으로 통일이 되고 통일되면 대한민국은 독립국이 될 것이며 미군 기지는 철수하고 떠나는 것이다.

미군 철수 등쌀에 용산 미군 기지가 평택으로 이전하게 된 것이다. 평택 미군 기지 옆에 원정리라는 마을이 있고 미군 가족들의 놀이터, 식당 등이 있다. 우리 조상들이 먼 나라 서양 부대가 원정을 온다는 것으로 지명(地名)이 있는 것이다. 또한 미군 기지 안에 미군만 사용하는 택시가 300대가 운영되고 있다.

지명(地名)이 있다는 것은 하늘의 뜻인 것이다.

하늘의 뜻, 민병규의 뜻을 이행하지 않으면 어김없이 재앙(災殃)이 따르고 불행(不幸)한 변고(變故) 또는 천재지변(天災地變)으로 인(因)한 불행(不幸)한 사고(事故), 보이스피싱 1위, 자살 1위, 인신매매 1위, 사기꾼 사이비 나라 1위, 고 소고발 1위 등 나라가 혼란스러운 것이다.

원정(遠征)의 뜻

원정(遠征)이란 다른 나라에서 지원 와서 도와주고 '원정'이란 먼 곳으로 싸우러 가는 것을 원정이라 하는 것이다. 하늘의 뜻인 것이다. 민병규의 천지 대도가 드러나면 평택으로 원정을 온 미군 기지는 북한으로 원정(遠征)을 가는 것이 민병규의 진리라 하는 것이다.

통일된 조국이 정착이 되면 미군 기지는 본 나라로 빠져나가고, '세계 정부 본부'가 금강산에 들어서는 것이며 세계 문명을 다스리는 동방에 나라가 되는 것이다.

세계 정부

강증산 성사께서 고 판례를 수부 공사로 세워, 고 판례께서 세계 정부가 금강산이 된다는 말씀이 있다. 이해가 되지 않으면 증산도 진리 공부하면 각(覺)이 열릴 것이다. 상제께서 짜 놓으신 천, 지, 인 대공사는 곧 민병규의 진리라 하는 것이다.

조선 말 증산 성사께서는, 강증산 어르신은 부인이 하나 정치순 사이에 딸이 하나 강순임이 있다. 나는 부모를 위하여 장가는 갔을망정 자식을 두지 않았노라에서 알 수 있다. 그 시절은 자식이 장가를 가서 자식을 낳아야 효(孝)라 했던 시절이다.

수부 공사

1904년에 증산 부인 정치순이 강증산 어르신이 집안에 들어오지 않는다는 이유로 강증산 어르신과 이혼한 뒤 수부(首婦)를 세우기로 하는데 김형렬이 자기 셋째 딸 김말순을 추천하였다. 김말순(金末順) 나이가 14세인데 강증산은 34살이므로 조선 시대 기준으로도 나이가 너무 차이 나는 데다가 당연히 이런 결혼을 인정하지 못한다고 크게 반대하였으므로 결혼식은 하지 않았다.

그러자 수부 공사에 제자인 차경석은 자기 이종 누이 고판례가 남편을 사별한 지 5개월째라 추천하여 공사에 쓰인 것이지 부인이 아니다. 증산도에서 고판례를 강증산 부인으로 착각하여 강증산 사진과 고팔례 사진 걸어 놓는 것이다.

고판례(高判禮) 1880년 음력 3월 26일~1935년 일제강점기 시대의 1911년에 고판례가 강증산의 혼령과 만났다며 종교 단체를 세우게 된다. 증산교의 최초의 교단인 선도(仙道)의 창시자로, 증산교 성도들한테는 주로 고 수부(高 首婦)라 불린다. 수부란 '으뜸가는 부인네'라는 뜻이다. 증산도에서는 고판례가 수부가 됨이 매우 중요한 종교적 사건이라고 주장하고 홍보하는 것이다. 여기서 후에 고판례의 논리와 이상호의 『대순전경』 편집과 차경석의 보천교가 나뉘었고, 자기네 정통성도 고판례를 통하여 찾는 것이다.

딸 강순임은 증산 어르신이 보관한 책 『정심요결』을 이웃에 사는 오빠 동생으로 박중빈에게 주어 원불교를 만들게 되고 이건희 회장은 원불교 신자가 되어 원광대학교, 원광 보육원, 원광 요양원 등 이건희 회장이 후원하여 이루어지고 삼성이란 이름도 원불교와 관계가 있는 것이다. 원불교에 표어는 물질(物質)이 개벽(開闢)되니 정신(精神)을 개벽(開闢)하자이다. 이재용 부회장은 아버지(이건희)와 달리 미르재단에 돈을 바쳤다며 뇌물죄를 씌울 때는 판사는 역사도 알고 지능이 높아 이재용을 감옥에 보낸 것이다.

※ 민병규가 불, 선, 유를 유불선으로 바로 세워 민병규의 도가 선도(仙道)이다.

수부(首婦) 공사란, 여자의 한이 서려 남녀평등 공사로 여자도 대장부가 될 수 있는 공사이다. '머리' '우두머리'라는 뜻으로 상제님의 천지 대도 살림이 대두목 공사와 부합하여 대두목은 하나이니 어찌 둘일 수 있으랴, 민병규에 대한 공사이다.

약장은 네 농바리

형렬이 원평에 와서 고판례에게 형렬의 딸이 죽은 일을 아뢰니 고판례께서 위로하시니라. 이어 태인 도돔실 류응화에게서 원삼(圓衫)과 족두리를 빌려다가 새롭게 단장하신 뒤에 사인교를 타시고 차경석에게는 철연자를 전대(纏帶)에 넣어 메게 하시며 약장과 나머지 모든 물건을 짐꾼에게 지워 앞세우시고 대흥리로 돌아오시니 마치 신부가 농(籠) 바리를 앞세우고 신행(新行) 길을 가는 것과 같은지라.

증산 성사께서 이 광경을 보시고 "약장은 네 농바리가 되리라." 하신 공사가 있다. 증산 성사께서 고판례를 보고 "네 농바리"라는 공사는, 증산, 정산, 우당, 네 번째 민병규에게 살림이 넘어간다는 공사이다.

약장 공사도는 민병규가 편집한 대순 진경에 기록되어 있다.

> 상제께서 구릿골 약방에서
> "약장은 안 장롱이고 신주독(神主櫝)이니라. 여기에 배접한 종이를 뜯을 날이 속히 이르러야 하리라"라고 말씀하시고 그 후 대흥리에서 고부인에게 "약장은 네 농바리가 되리라"라고 이르셨도다.
> 대순전경 [예시 70절]

증산도에서 고팔례 사진 걸어 놓고 북치고 꽹과리 치며 읊는 주문에는 처 외선조까지 하감하라 사정한다. 민병규는 듣다가 물들을 거 같아 듣지 않는다. 맞지 않는 진리가 있을수록 사회는 너도나도 '우두머리'가 되어 '힘없는 서민'은 시장 거리에서 콩나물 팔고 찬 바닥에 앉아 종이 박스 깔아 놓고 점심 배달시켜 먹는 모습을 보면 괜히 마음이 찡하고 눈물이 난다.

※ 증산도에서 믿는 고팔례께서 교단을 만들고 '선도신정경'에 '천자' 내용이 기록되어 있다.

> 어느 날 선도 신정 공사를 베푸실 새 고후비께서 말씀하시니 이러하더라.
> 개재차사라 하니 말 잃고 오양간 고친다는 말이네,
> 선인옥봉이 자하도 삼불산의 운수로다.
> 삼신산의 불로초가 이 아니냐.
> 상재 중재 하재 오십토가 중앙이요.
>
> 도읍을 다시 옮겨 천자국이 되니.
> 십이 제국의 '천자국'이 이 아니냐.
>
> 조화 조화 내 조화 한울님의 조화로다.
> 지기금지 원위대강 생신 만사지,

이 기운 덩어리가 삼불산 내에 있느니라. 하시더라.

[선도신정경 5편]

상제님의 진리는 하나이다. 진리 통합이 국민 통합이며 국태민안(國泰民安)이라. 나라는 태평하고 백성은 편안하다는 뜻의 경구이다. 태평성대(太平聖代)와 함께 평화로운 시기를 나타내는 말로 쓰인다. 대한민국 국호가 없었던 일제강점기에 상제님의 공사는 어김없이 오는 것이다. 통일에 뜻을 둔 자들은 상제님의 공부를 하여 통일된 세상을 맞이하여 전 세계에 우뚝 선 민족임을 깨닫게 되는 것이다.

대한민국 대통령이 되어 목에 힘을 주고 남북통일을 하겠다 하면 할수록 북조선 '공산당'으로 이끌리고 가을 단풍에 붉게 물들어, 미국은 한국에 국방비를 올리는 것이 당연하고 북조선 김정은은 똑똑한 사람이다 말하는 것이다. 트럼프가 김정은은 똑똑한 사람이다. 말하는 것이 TV에 나와도 멍청한 대한민국 정치인은 깨닫지 못한다.

한국이 미군을 멀리하고 문제인 '당' 이재명을 내세우면 방위비는 올라가고 '트럼프와 김정은'에 합의하여 북한에 미군 기지가 들어서면 대한민국 정치인은 찬밥 신세가 되고 외국으로 이민을 가든가 정치계를 떠나게 되어 TV에 동물에 왕국을 실천하는 정치인이 보이지 않는 것이다. 남북통일은 대한민국 헌법으로 되지 않는다. 남북통일이 되면 대통령이라는 직책이 없어진다. 5년 직 대통령은 마약조직으로 돈 받고, 불법사업에 돈 챙기고, 권력으로 돈 챙기기가 바쁜 직책, 직업이라 국민 생각은 하지 않는 이유이다.

추미애는 중국 공산당 초청으로 중국 가서 공부하고 이재명도 김정은 아래 서열에 있는데 공산화되면 대통령은 없어진다. 위원장 이름을 쓴다던가 주석이란 이름으로 국가가 운영되는 것이다. 중국은 백성을 다스리기 위해 마약사범은 무조건 '사형'이다. 대한민국 이름 들먹이고 우두머리 탄핵보다 '사형'으로 가지는 것이 추미애의 생각이지 민병규는 탄핵이 되든 '사형'이 되든 관심이 없다.

현재 논란은 '우두머리'를 탄핵을 시키려면 대법원장 지명에 따른 9명의 헌법재판소 재판관이 헌법을 바꾸어 망치 들고 일제히 두드려야 국가의 '대두목'이 탄핵 된다고 TV 언론에서 귀가 닳도록 밤낮 세뇌시키고 있다.

민병규의 진리는 민병규의 진리를 이해하는 성인군자 9명이 나오면 천하 통일된다고 밤낮 알리고 요즘은 꿈속에서 상제님의 공사를 설명하며 글을 쓰고 있다.

강증산 어르신은 구한말 국가가 없던 일제강점기에 강림하시어 현재는 상제님으로 각 단체에서 모시고 있으나 사진을 걸어 놓고 북조선에서 김일성 아버지 수령 받들듯이 그림을 그려 사진 걸어 놓으면 우상숭배이고 우상숭배는 무너지는 것이다. 현재 구한말과 같은 시절에 민병규가 있는 것이다. 또한 삼신상제님의 진리로 천자가 나와도 대통령이 없어진다. 천자는 도통이 내려와야 천자라 하는 것이고, 너도나도 대두목이고 우두머리고 천자다 하는 세상에 진짜 천자가 나와야 천하가 한 집안이 되는 것이다.

북조선 '공산당'이 있으므로 대한민국 정치는 내란 싸움에 혈안이 되고 시끄러울수록 범죄자가 늘어나고 서민들만 피해를 입는 것이다. 대통령의 이름을 쓰지 않는 나라가 많다. 이유는 과거에 황제 또는 왕에 국가였다는 자부심에 왕을 신으로 모시기 때문이다. 일본은 총리라 하며 신사참배하는 것을 볼 수 있다. 일본은 천황(옥황상제) 제도를 내세워 세계를 다스리고 싶은 욕망은 꺼지지 않는다.

사기꾼 대통령의 이름을 쓰지 않는 나라 보기
중국은 주석, 일본은 총리, 베트남은 주석, 태국은 국왕, 사우디 무함마드 후계자 왕세자, 이외도 대통령 이름을 쓰지 않는 나라가 있다.

현재 김정은이 조선의 대를 이어 나간다 하여 위원장에 이름을 쓰고 있지만 사실은 조선의 왕 행세하는 것이다. 조선의 기운은 고종이 청나라 황제로부터 간섭을 받자 스스로 황제라 하고 대한제국을 선포하였으나 일본제국이 조선을 바닷속 땅속까지 측량하여 조선의 맥은 끊어지고 없는 것이다.

민병규의 진리가 세상에 드러나면 북조선 김정은 체제는 무너지고 없어진다는 것이다. 통일은 상제님의 진리로 통일이 되는 것이며, 사실 상제님의 공사는 세계통일, 국경이 없는 천하가 한 집안이 되는 것이다. 그것은 도통을 믿었을 때 가능한 거고 성도 후에 개벽이 있고 개벽 후에 도통이 있다 하셨다. 민병규의 진리는 개벽기에 살아나서 도통을 받자고 말하는 것이다.

상제님이 강림한 국가는 천자국이라 하는 것이다. 천자가 동방의 나라에 있는 것이다. 1992년부터 대통령에 기운이 점점 쇠퇴함에 다다라 현재 누가 대통령이 나와도 이끌어 가지 못한다.

요즘 한국에서 핵 보유하자는 단체가 생겨나는데 어리석은 생각이다. 한국이 핵을 보유하면 일본은 다음 날 핵을 보유한다. 일본은 미국과 결별(訣別)하고 진주만 사태가 일어나는 것이다. 지난날, 진주만 공격(眞珠灣攻擊, 일본어 진주만공격, 珠攻)은 1941년 12월 7일 미합중국 하와이주 오아후섬의 미합중국 해군의 진주만 기지를 일본제국 해군이 기습한 공격이다.

천화동인 (天火同人), 화천대유 (火天大有)

2014년부터 천화동인, 화천대유는 시작된다.
2014년은 민병규가 서울 생활 19년 만에 추석 전날 고향 강원도 화천에 방문한 해이다.

1995년-2014년=19

19년 동안 일본에서 항해하던 낡은 배 '세월호'가 한국에 들어오게 된다.

세월에 흐름과 움직임이 지나고 나면 민병규와 함께 진행된다는 것을 알 수 있다. 2014년은 민병규의 19년 서울 생활은 호적초본이 말해 준다. 서울 4대문 안에서만 고시원 주소가 A4용지 2장이 빼곡히 들어 있다. 용역 일용직 생활하며 지하철 2호선 역을 외울 정도로 새벽에 작업복 가방 들고 다닌 세월이 19년이라는 것이다. 그 시절 하루 일당 9만 원 소개비 10% 떼고 방세 내고 비 오거나 눈이 오면 일이 없고 며칠 쉬면 밥도 굶은 시절이었다.

세월호와 미르재단
최태민 사이비 교주 시절
박근혜와 최태민의 부적절한 관계

북조선 김정은의 지령은 박근혜를 탄핵시키고 문재인을 대통령으로 만들기 위한 계략이 일본에서 19년 운항하던 늙은 선박을 선택했던 것이다. 2014년 세월호에 제주도 해군기지 건설에 쓰일 철근을 초과 과적을 만들고 배가 바다를 지날 때 자동 시계 시스템으로 밧줄이 풀리고 컨테이너가 철근 쪽으로 몰리며 당연히 배는 기울어 침몰하게 된다.

단원고 학생들의 제주도 수학여행 3박 4일의 일정은 사기꾼 국가를 만들기 위한 제물로 쓰인 것이다. 제주도 해군기지 건설에 쓰일 철근 과적 일을 꾸미는 세력은 국정원과 검찰이 핵심 인물이다. 문재인은 김정은에게 충성 맹세문을 쓴 인물이고, 통일부 장관 시절 이인영은 철책선 지오피나 적 침투를 차단하는 선(線) 지피(GP) 없앤 인물이며 북조선 주체사상을 자주 꺼낸 인물이다.

침몰 구조요청에 7시간 끌며 배가 침몰하는 것을 확인하고 구조에 나서는 정치권력에 눈먼 자들은 사람이길 포기한 자들이다.

침몰 구조요청에 7시간을 시간 연장을 검찰에서 한 일을 박근혜 대통령에게 누명을 씌운 자들은 '공산당' 국가 만들자는 패거리다.

국정원과 검찰은 2015년 미르재단에 전국 각 기업 총수들에게 최순실 아버지(최태민)가 만든 미르재단에 돈 바치라 공문을 보낸다.

미르재단 설립 허가 과정
2015년 10월 25일(日) 대기업에 긴급 협조 공문

"미르재단 설립 위해 반드시 내일 팔래스 호텔 모임 참석하라."

10월 26일 팔래스호텔의 연회장에는 오전 10시부터 18개 대기업 총수 50명이 모였고, 공문에는 기금 출연 증서, 법인 등기부등본, 법인 인감증명 등의 서류와 인감도장을 챙겨올 것이라고 적혀 있었다.

2015년 10월 27일(火)
오후 4시 법원 등기 절차 완료

군사 작전하듯이 설립을 서둘렀다.

2015년 10월 25일(日) 전경련, "대기업에 긴급 협조 공문" 미르재단 설립 위해 반드시 내일 팔래스 호텔 모임 참석하라.

2016년 병신(丙申)년은 민병규는 성명서 발표한 해이고,

2016년 병신(丙申)년은 윤석열(검찰 시절)은 전직 박근혜 대통령을 병신년(丙申年)에 감옥에 보낸 인물이다.

2016년 7월 26일 대기업으로부터 '문화 재단 미르'에 상납금 500억 모금은 청와대로 들어갔다.

전직 박근혜 대통령 탄핵 계획에 박근혜와 가까운 최태민을 위하는 척 이용하여 미르재단 설립을 서두르고 정치권에 굵직한 인물들이 모여 화천대유, 천화동인으로 문재인 다음 윤석열(검찰 총독부)을 대통령으로 만들기 위한 계획을 세우게 된다. '화천대유'의 모임에 윤석열(검찰 시절)이 있고 윤석열 장모도 끼어있다. 50억 클럽이 들통나자 이재명이 총대를 메고 뉴스에 거론되며 수사하던 검사들은 스스로 자살을 권유받고 빌딩에서 떨어져 죽거나 독물을 사용하여 사망하게 되는 것이다.

국정원과 검찰은 2015년 전국 각 기업 총수들에게 최순실 아버지(최태민)가 만든 미르재단에 돈 바치라 명령하고 삼성 이재용 부회장이 돈을 가장 많이 바쳤다며 뇌물죄로 감옥에 보낸다.

'천화동인'으로 뜻이 같은 인물이 모여 왕(王)을 만들어 국민을 다스리고자 새 국가를 만들려면 돈이 필요했고 미르재단 설립을 내세워 전국 기업 총수를 불러들여 급히 돈 상납을 강요한 것이다. 세월호를 침몰시켜 박근혜 정권을 무너트리고 문재인이 윤석열을 대통령으로 밀어준다.

검찰총수가 부정 투표로 대통령에 당선이 되어 "윤석열 밑에 있어야 할 이재명"이 문재인과 어울려 더불어민주당을 만드니 배신감에 이재명과 싸움이 일어난 것이다.

2019년 민병규는 '대두목'이라는 문구 문자 발신 내용으로 5차례 재판에 결과는 300시간 천도교 산하기관에서 봉사활동으로 마쳤으나,

2022년 대통령 선거 끝나고 곧바로 인천 경찰청장의 압력으로 민병규가 사용하는 농협 통장 내역을 경찰청으로 넘겼다는 문자를 받게 된다. 내막을 찾아 전화해 보니 인천 중부 경찰서 원진호 경장이 하는 말이 www.msge.co.kr 이곳이 흡사하여 조사했다고 대충 얼버무리고 전화를 끊는다. 그때 민병규 통장에 전 재산 300만 원 있었다.

대한민국은 희한한 나라이다. 사이비 교주들이 난장판을 만드는 것은 당연한 거처럼 구경만 하고, 민병규를 감시하는 것이 조선 총독부라 하는 것이다. 미르 K스포츠재단의 숨은 뜻이 "미륵"이라 한다. 미륵불은 재림불을 뜻하고 최태민이가 스스로 미륵이라 자청했다. www.msge.co.kr 에 '미륵'이라는 글자가 뜨니 2022년 경찰청장의 압력으로 조사 대상이

된 것이다.

민병규 진리가 완성되어 감에 따라 대두목을 자청하는 자들은 모두 우두머리가 되어 신명을 하여금 못 앉을 자리에 앉은 자는 신명들이 그 목을 끌어 내리라.

일제강점기에 조선을 지배한 기관이 조선총독부이다. 현재 대한민국을 통치하는 기관이 검찰 총독부라 하고 검찰총수가 대통령이 되어 독도는 한국이 침범하였고 독도는 일본 땅으로 교과서를 만드는 것이다.

사이비 교주 천공에 의하여 2022년 청와대를 용산 국방부로 옮긴 것이고, 사이비 교주 천공에 의하여 2025년 9월에 남북통일을 해야 한다는 계획을 세우게 된 것이다.

2024년 계엄 선포는 통일과 무관하고 '천화동인'의 이재명이 북조선 김정은 아래 서열로 오르면 윤석열은 찬밥 신세가 될 거 같아 이재명과 '당' 싸움에 북조선에서 내려와 폭동을 일으킨 것으로 꾸미려다 들통이 나서 우두머리 대통령이 된 것이고 탄핵이 된 것이다. 2025년 9월에 남북통일이 되면 윤석열은 이재명을 이기고 최초 대한민국 건국 1대 대통령 윤석열이 되는 것이다.

현재 북조선 김정은 아래 서열 1위는 이석기이고 2위가 문재인이며 3위 되기를 이재명이 꿈꾸고 쌍방울 대북송금에 이재명이 있는 것이다.

2024년 이재명을 징역 1년 다시 징역 2년을 판사가 내리자 북조선 김정은이 휴전선에다 지뢰를 묻는가 하면 한반도 지도에 대한민국 영토를 지도상에서 지우는 협박성을 띠고 있다. 현재 이재명이 감옥 가면 윤석열은 자살하게 되는 것이 '천화동인, 화천대유'라 하는 것이다.

정치인이 '천화동인, 화천대유'를 만들어 국민을 평정하고 백성을 다스리게 되면 우두머리(대통령)가 내란의 승리자가 되고 재산·권력·풍요를 얻으려는 개인적인 목적으로 이어지고 국가 혼란이 오는 것이다. 현재 지금도 TV 뉴스에 지겨운 대장동 사건이 나오는 것을 볼 수 있다. 남북통일이 되어야 나오지 않는다.

2024년 12월 3일 계엄 선포는 이재명과 '천화동인'의 윤석열은 대통령이 되고 권력에 눈이 멀어 당 싸움에 일본을 등에 업고 HID 북파공작원 인민군 복장으로 인간 살인 병기로 키우는 살인마 부대를 투입시켜 북조선에서 한 것처럼 일을 꾸미려다 실패한 것이다.

2024년 12월 3일 계엄 선포는 더불어민주당 이재명과 정치 싸움에서 일어난 사건으로 내란, 폭동이라 하는 것이다.

지난 2009년 5월 23일, 노무현 전 대통령이 봉하 마을 봉화산 부엉이바위에서 투신자살한 사건에 윤석열(검찰 시절)은 문재인 일당과 어울리고 김정은의 지령으로 문재인은 검찰(윤석열)의 힘을 빌려 노무현 전 대통령을 부엉이바위에서 떠밀어 자살로 위장 보도한 것이다.

사이비 교주 천공의 계획으로 올해 가을 통일을 시키려면 김정은이 항복을 해야 되는데 추미애까지 중국공산당을 끌어들일 판국에 통일 싹은 노랗게 말라 떨어지고 민병규의 진리가 서서히 밝아지는 것이다.

다시 정리하면,
이재명은 '화천대유' 50억 클럽
윤석열은 '천화동인'으로 왕(王)이 되어 새 세상 계획,

같은 식구이다. 이재명이 배반하고 민주당으로 가면서 적(赤)이 되고 정치 싸움이 난 것이다.

일반인은 민병규에 말을 알아듣지 못하므로 집에 가서 엄마 젖 더 먹고 젖살 오르면 민병규에게 대꾸하는 대한민국 국민이라 하는 것이다.

구한말(조선 말) 탐관오리(貪官汚吏)가 판을 치니 문학적 지향이 동일한 사람들이 모여서 발간한 동인(人)지라는 동학 혁명(東學革命), 동학 농민운동(東學 農民運動) 이름도 주역의 천화동인 괘(卦)에서 시작하여 전봉준이 총대를 메고, 오늘날 탐관오리(貪官汚吏)가 정치인이 되어 '천화동인'을 만들고 대한민국 국민을 평정하고자 이재명이 전봉준처럼 총대를 메고 민병규는 최제우처럼 도술을 부리라는 것이다.

한국 금융권은 일본에서 깊숙이 자리 잡고 있다.

2024년 윤석열 정권 들어서면서 내년부터 사용될 일본의 새 중학교 교과서에 독도가 '일본 고유의 영토'라거나 '한국이 불법 점거했다'는 왜곡이 실렸다. 일본 문부과학성 검정을 통과한 중학 사회과 역사(8종), 공민(6종), 지리(4종) 교과서를 분석한 결과 독도는 한국이 '불법 점거했다'는 표현이 들어간 교과서가 전체 18종 중 15종으로 83.3%였다. '한국의 불법 점거' 주장은 공민과 지리 교과서에는 모두 기술됐고 역사 교과서 5종에도 포함됐다.

조선의 역사부터 대한민국에 이르기까지 남의 나라로부터 지배받고 있다는 것을 모르고 대한민국에 태어나서 한국인으로 남의 나라 앞잡이가 되어 본인만 살겠다는 정신이야말로 국가가 없는 민족이며 국민(백성)은 희생양(犧牲羊)이 되고 속죄의 염소, 제물의 동물이 되어 사회·문화·심리적으로 제물로 쓰이고 있는 것이다. 그러한 정치상에 있어 대한민국의 대통령이 되면, 북조선, 조선인민공화국과 연결하려는 고리가 심각한 위험수위에 도달한 것이다.

현재 대한민국의 자료
오방신장(五方神將)
다섯 방위(方位)를 관장하여 지키는 수호신. 오방신(五方神), 오방장군(五方將軍)이라고도 한다.

국방부의 오방신, 대통령 청사 앞 오방(五方)의 미스터리

해설

대한민국을 지옥(地獄)으로 만들어 정치인을 지옥으로 보내겠다는 계획을 세우고 지옥을 담당하는 신장(神將)들을 대통령실 청사 앞 땅에 묻으려 했던 것이다.

2025년,
새해 시작부터 미국 서부 최대 도시 미국 서부 최대 도시 로스앤젤레스(LA)에서 수만 명이 집을 잃고 이재민이 됐다. 일본에서는 땅에 흔들림이 자주 일어나고 땅 꺼짐의 횟수가 갑자기 늘어나 수십만 명 대피하는 사건도 있었다. 수명이 다한 2톤이 넘는 인공위성이 지구로 떨어진다는 경고장도 있었다.

우리나라도 예외는 아니다 설날부터 많은 눈이 내려 귀성길 '눈 폭탄'에 항공기 3편 결항, 국립공원 등 출입 통제가 되었고, 전국에 사건 사고가 곳곳에 일어나고 화재가 일어나고, 또한 대웅전 화재로 전쟁설도 나오고 있다.

상제께서 말씀하시기를,
큰 눈이 내리거든 내가 한 일로 알아라 하셨다.

설 연휴에는 태양계 행성이 줄지어 서 있는 우주쇼가 펼쳐진다. 금성, 화성, 목성, 토성, 천왕성, 해왕성 등 6개의 태양계 행성들이 동시에 일렬로 하늘에 떠 있는 것을 관측할 수 있다. 올해 지나면 2040년에야 볼 수 있고 한다.

을사늑약(乙巳勒約)

대한제국(大韓帝國) 광무(光武) 9년(1905)에 일본(日本)이 한국(韓國)의 외교권(外交權)을 빼앗기 위하여 강제적(强制的)으로 맺은 조약(條約). 고종(高宗) 황제(皇帝)가 끝까지 안건(案件)에 내용을 말한 적 없고 어새(御璽, 옥새)를 찍지 않았다.

120년 전인 1905년 을사(乙巳)늑약이다. 일본이 대한제국의 외교권을 강제로 박탈한 조약이다. 통감부 설치로 사실상 식민지가 되었다. 무효의 조약이다.

120년 전인 1905년 을사(乙巳) 증산 상제님께서 대공사를 한 해이다.

120년 후인 2025년에 '후인' 민병규가 을사(乙巳)년에 『상제와 천자』 도서 출판 강령(綱領)으로 상제님의 천지 대공사를 하는 것이다.

옛날에 을사년(乙巳年)에 심한 흉년이 들어 사람들이 먹지 못하여 뒷간에도 가지 못할 지경이어서, 까마귀가 빈 뒷간에서 지저귀었다는 말이 있다.

예언서에 2025년 9월 남북통일 논란에 정치계도 시끄러워질 것으로 예상된다.

2025년 을사년(乙巳年) 가을 강력한 '태양폭풍'이 온다고 우주환경센터는 밝혔다. 강력한 태양폭풍은, GPS 마비로 비행기 추락, 라디오 주파수 끊기는 현상을 말한다.

1909년 강증산 성사 화천 후

1919년 정월 20일 태극도 조정산 성사께서 우수절(雨水節)에 증산 상제님 본소에서 전수받으신 7장 13면 "주문서"의 변천 과정을 보면, 정산 성사께서 대모와 고모에게 말씀하시기를 "너무 심려하지 마옵소서. 증산 상제님의 진품 증표(眞品證票)는 반드시 진주인 나에게 전수될 것을 굳게 믿고 있나이다." 하시니라.

이때 문득 옛날 진시황(秦始皇)의 갱유분서(坑儒焚書)에도 칠서(漆書)가 벽 속에 보존 전래된 고사(故事)가 상기되셔서 "증산 상제님의 본소가 이곳이라면 도통의 증표도 이곳에 있으리라." 확신하시고 증산 상제님께서 친히 도배하신 벽과 천정을 유심히 살피시는데, 앉으셨던 바로 뒷벽의 천정 아래에 시선이 닿으시자 형언할 수 없는 영감(靈感) 속에 한 곳이 섬광으로 번쩍이므로 일어나셔서 그곳을 두드리시니 속이 비어 있는 소리가 나니라.

> 이를 보신 고모께서 도배를 뜯으시고 호미로 벽을 파시니 과연 그 속에 목함(木函)이 마련되어 있음으로 상제님께서 그 함 문을 여시니, 안에서 전광(電光)이 발산하고 가대(家垈)와 벽이 진동하였으며 "천서(天書)"인 현무경과 주문서가 비장 되어 있으니라.
>
> 태극진경 [2장 48절]

1919년 정월 20일 태극도 조정산 성사께서 우수절(雨水節)에 증산 상제님 본소에서 전수받으신 13장 26면의 『현무경』과 7장 13면의 『주문서』에는, 각기 『현무경』에는 "12지지(地支)의 물형부(物形符)"와 『주문서』에는 "12지지(地支)에 해당하는 12종의 주문"이 담겨 있었다.

증산, 정산, 우당, 민병규로 이어지는 진리를 연원이라 하며 삼신상제님은 보이지 않고, 현시대 보이는 민병규의 진리가 연원 도통이라 하는 것이다. 민병규가 완성한 '도통표'를 자세히 보면 각(覺)이 열리는 것이다. 2010년 상제님 신위를 모실 적에 비몽사몽(非夢似夢)으로 완전히 잠이 들지도 잠에서 깨어나지도 않은 어렴풋한 상태에 허공에 그림이 있어 그린 그림이 도통표가 되어 알리는 것이다.

진시황(秦始皇)이 찾던 삼신산의 불사약은 곧, 민병규의 진리이니 중국 시진핑 믿지 말고 민병규의 진리를 찾아 얻은 결과가 있다면 사이비 세상 너도나도 우두머리가 되고 싶은 세상에 민병규 진리를 알리는 것도 큰 공덕이 되고 운수를 받을 수 있는 바탕을 만드는 것이다.

요즘은 은행이나 기업에 전화하면 보이는 ARS와 연결한다는 것이 유행이다.

기타 고객센터에 전화를 하면 갑자기 모바일 웹페이지가 생성되면서 클릭을 하면 다음 단계, 다음 단계로 넘어가고 고객이 원하는 정보를 클릭하면서 눈으로도 확인하면서 ARS를 선택하게 되었던 경험이 있을 것이다. 보이는 ARS는 생각하는 것보다 고가의 서비스로 평가한다.

민병규의 진리가 완성이 되어 감에 따라 사회도 변하는 것이다. 성공하려면은 보이지 않는 삼신상제 찾지 말고 현재 보이는 민병규의 진리를 찾으라고 고객센터에서 알려 주는 것이다.

천지개벽경 무신편
무신년 겨울 섣달 12월 ○일 ○시에 대선생께서 대흥리에 계시며, 천지대신문을 여시고 천지 대공사를 보시니라. 설법하시니 절차가 엄숙하고, 행법 하시니 이치에 알맞아 정돈되고 가지런하니라. 밤낮을 이어 여러 날 동안 칙령을 내리시니, 종이가 언덕같이 쌓이니라. 이 공사는 가르쳐 주시지 않으시고, 말씀하시기를 이 공사가 무신납월 공사이니, 무신납월 공사가 천지 대공사라 하시니라.

下訓(하훈)하시니,

北玄武 謝亥去(북현무 사해거)오.
東靑龍 自子來(동청룡 자자래)라.
默然坐 通古今(묵연좌 통고금)하니.
天地人 進退時(천지인 진퇴시)라.

片片雪 棋一局(편편설 기일국)이오.
家家燈 天下花(가가등 천하화)라.

去世去 來世來(거세거 내세래)하니.

해설
가르침을 내리시니,

北玄武 謝亥去(북현무 사해거)
북쪽의 검은 구름 무관 시진핑은 2019년 돼지해(亥) 코로나 사례에 물러나고

東靑龍 自子來(동청룡 자자래)
2020년 경자년에 신위를 모시니 동쪽 푸른 용해에 상제님의 자식 되어 오는구나

默然坐 通古今(묵연좌 통고금)
말없이 불타는 마음으로 앉아 신라, 백제, 고구려를 이제 통하니

天地人 進退時(천지인 진퇴시)
하늘과 땅과 사람이 나아가고 물러나는 시간은 때가 있고

片片雪 棋一局(편편설 기일국)
2025년 새해부터 조각조각 내리는 눈은 바둑 한판의 정해진 규칙이라

家家燈 天下花(가가등 천하화)

집집마다 등불 밝히니 하늘 아래 꽃이 피고

去世去 來世來(거세거 내세래)
민병규가 돌보지 아니한 인간은 내몰리고,
사람다운 사람이 인간 세상에 돌아오는구나

※ 인간 세상을 떠난다는 것은 사망자가 많다는 뜻이고,
※ 인간 세상을 온다는 것은 민병규의 진리를 아는 자들이라,
〈동방 칠성, '칠성여래' 참고〉

이번 도서에 천화동인 화천대유가 많이 포함된 것은 그로 인하여 검사가 자살하고 나라가 혼란스럽고 사람이 불행하게 생을 마감하는 일이 생기므로 겹치는 문장이 많은 것은 억울하게 죽은 혼령은 반드시 보복을 하는 것이다. 새로운 문명이 열릴수록 원과 척을 풀어야 하기에 원귀들로 인하여 폭력과 자살, 사건 사고가 늘어나는 것이다. 민병규는 사람을 살리는 공사를 하는 것이고 죽자고 하는 일은 절대 아니다. 상제께서는 민병규가 팥으로 메주를 만든다 해도 믿어라 하신 말씀이 도서에 기록되어 있다.

선천 주역 팔괘로 나라가 시끄러운 것은, 선천 세상의 끝을 알려 주는 신호인 것이다. 끝을 말하자면 개벽을 맞이하는데 개벽이 지나가야 새 세상이 열리는 것이다. 개벽이란 지구 생명체가 모두 전멸되는 것이다. 도통이 내려오기 전에 억울하게 죽는 이가 없기를 바라는 마음으로 문서로

남기게 된 것이다.

우리 도를 신도라 하고, 신명 도(道)임을 알아야 한다. 사회에서는 인정하지 않더라도. 정신이라는 것은 맑을 정(精), 신 신(神)이다. 맑은 신이라는 것도 사회에서는 인정하지 않는다. 정신이란 내 신(神)이 맑아지면 다 알아지는 것이다, 라고 말씀하셨다.

우리의 도통(道通)은 연원 도통(淵源道通)이다. 우주의 시작은 1.6 水에서 생겨나 시작된다. 민병규는 계묘(癸卯)생 12월 11일생으로 계(癸)는 현무 물(水)이고 12도 물(水)이며 11도 물(水)이니 민병규 자체가 물(水)의 이치이다. 대두목은 물의 이치로 오는 것이다. 묘(卯)는 동(東)이니 동방 칠성 '칠성여래' 민병규라.

11귀체의 의미는 무형 상태의 10 무극(無極)과 유형 상태의 1 태극(太極)의 수를 합한 온전한 상태의 수를 말하며 11 황극(皇極)이라고도 한다. 즉 11수는 토(土)를 말하는 것으로 중천(中天)의 금운(金運)의 마지막 괘가 11수로 끝나므로 금운(金運)이 중궁(中宮)으로 들어가 토운(土運)으로 완성이 되고 토(土)는 물(水)을 찾아 11수(水)로 만물(萬物)이 소생(蘇生)하는 것이다.

1. 천부경의 부도(符圖)

천부경에 '一' 자가 11번 들어있다. '1'이 무려 11개나 분포해 천부경을 우주 수학의 원전, 일 태극 경전이라고 한다. 민병규 자체가 경전인 것이다.

학계에서는 천부경(天符經)의 뜻을 해석할 수 없다고 말하면서, 일부에서 천부경을 해석한 수많은 도서들을 볼 수 있다. 천부경이란 하늘의 비밀을 적은 부적(符籍)으로 부호(符號)로 증거(證據)로 담은 경전인 것이다.

조선(朝鮮) 시대(時代) 25대 임금 철종(哲宗) 때, 왕의 장인(丈人)인 김문근(金汶根) 일파(一派)에 의(依)한 세도(勢道) 정치(政治)로 삼정(三政)이 어지러워지고, 도처(到處)에 탐관오리가 늘어 백성(百姓)의 생활(生活)이 도탄(塗炭)에 빠지게 된다.

2. 최제우의 부도(符圖), 천신(天神)의 영감(靈感)

철종(哲宗) 개국(開國) 469년 경신(庚申) 4월에 경주인(慶州人) 최제우(崔濟愚)가 천신(天神)의 영감(靈感)으로 대도(大道)를 시작하여 밝히고 궁을부도(弓乙符圖)로 사람의 질병을 건지고 스물 한자 주문(呪文)으로 통신감응(通神感應) 하여 대도를 깨달아 도탄에 빠진 나라를 구하고자 최제우(천도교)가 있었고 최제우가 사형에 처할 때 전 사십은 나려니와 후 사십은 누구런가. 최제우가 죽고 나서, 한얼님께서 강 씨로 강림하시니 강증산 성사이시며, 구천 상제님이시다. 오늘날에도 증산 교단이 사방에 널려 진을 치고 운수를 받겠다고 사회를 어지럽히는 것이다.

※ 최제우는 경주(慶州) 최씨
민병규가 편집한 『상제와 천자』의 '천자 신명' 참조
聖師(성사), 성사는 최제우가 아니라 민병규인 것이다. 최제우는 일본 명부로 성사도, 왕도, 아닌 잡신들을 거느리는 것이다.

3. 민병규의 천신(天神)의 영감(靈感)과 부도(符圖)

민병규가 하늘의 도법을 천신(天神)의 영감(靈感)을 부도(符圖)로 이해하기 쉽게 도서 출판을 해도 이해를 하지 못하는 지식인은 개벽기에 모두 몰살되어 송장 썩는 냄새로 보이는 것이다. 천부경(天符經)의 부도와 최제우의 부도는 쓸모없다고 누누이 말해도 명문대를 졸업했다는 자들은 누구의 지령을 받았는지 천부경을 책으로 출판하고 지식을 내세우므로 머지않아 잡귀 혼령에 이끌려 불지옥을 볼 것이다.

천부경(天符經)의 한자 풀이부터 하면, 하늘 천 부적 부 경전 경 하늘의 부적, 즉 진리를 담은 경전이라는 의미이다. 여기서 하늘이란 삼신상제님의 신위를 모신 진리이고 하늘과 땅과 사람의 진리가 통합된 것으로 참 진법에서 도통이 만들어지는 것이다.

천부경은 모두 81자로 부도(符圖) 형식으로 가로 9자 세로 9자로 쓰여 있고, 그것을 이으면 네모로도 만나고 원으로도 만나고 또 세모로도 만나는 것이다. 그러므로 민병규의 진리는 천(天), 지(地), 인(人)을 상징하는 81자가 원(圓, ○), 방(方, □), 각(角, △) 속에 다 들어가는 것이다.

천부경(天符經)의 부도는 가로 9자 세로 9자 9×9=81자이고,

바둑판은 가로 19줄, 세로 19줄, 19×19=361점이 되며, 360은 원(圓, ○)이 되고 한 점은 대두목 1점, 한 사람 민병규인 것이다. 바둑판을 받은 단주 수명 태을주가 천신(天神)의 영감(靈感)으로 받은 부도(符圖)가 도통표인 것이다.

원(圓, ○)은, 천(天) 하늘을 상징하고,
방(方, □)은, 지(地) 땅을 표시하며,
각(角, △)은, 인(人)을 상징한다.

무궁화꽃이 피었습니다.

좌△, 우○
□ = 게임에 오신 것을 환영합니다.

천부경(天符經)의 게임

현재 「무궁화 꽃이 피었습니다」 영화는 남북 전쟁의 내용이 실려 있다. 물질 만능주의 세상에 살아가며 죄인이 된 것을 모르고 정치 게임에 참석하여 일확천금 (一攫千金)을 누리겠다는 사회를 영화로 표현한 것이니 판단은 자유인 것이다.

증산(甑山) 상제께서 이 공사(公事)는 천지가 사람을 태어나게 하며, 그 사람을 쓰는 일이라고 하시면서, 공사문(公事文)에 호연의 경혈(經血)로써 감결(甘結)이라 쓰시고, 유불선(儒佛仙)의 각 글자 위에 혈점(血點)을 찍어 공사(公事) 보신 다음 호연에게 주시면서 잘 간직하라고 하셨다. 즉 하늘이 미륵불(彌勒佛)을 보내어 그에게 대임(大任)을 맡겨서, 유불선(儒佛仙)을 하나로 통일(統一)하게 하고, 천하(天下)를 통일(統一)하여 세상(世上)을 다스리게 한다는 공사이시다.

복희 팔괘(伏羲八卦)도 황하(黃河)에서 용마 부도(龍馬負圖) 하였고,

문왕 팔괘(文王八卦)도 낙수(洛水)에서 신구 부도(神龜負圖) 하였고,

용담 팔괘(민병규八卦)에 금산사 용소(龍沼)에서 신명 부도(命負圖) 하였고, 연원(淵源) 도통으로 이루어지니 우리의 특이한 자랑이다.

도통표(道通票)

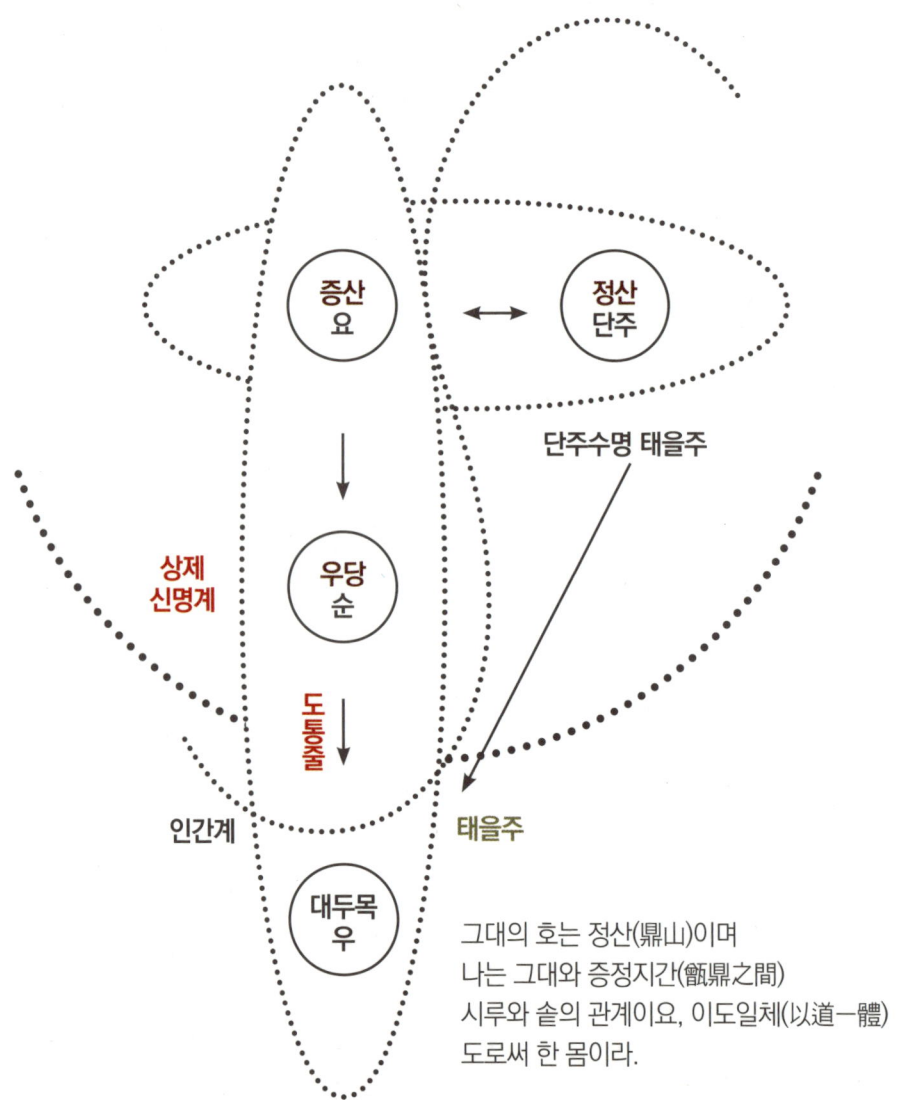

그대의 호는 정산(鼎山)이며
나는 그대와 증정지간(甑鼎之間)
시루와 솥의 관계이요, 이도일체(以道一體)
도로써 한 몸이라.

분명조화성공일 요순우왕 일체동
(分明造化成功日 堯舜禹王 一切同)

강세(降世) 도표(圖表)

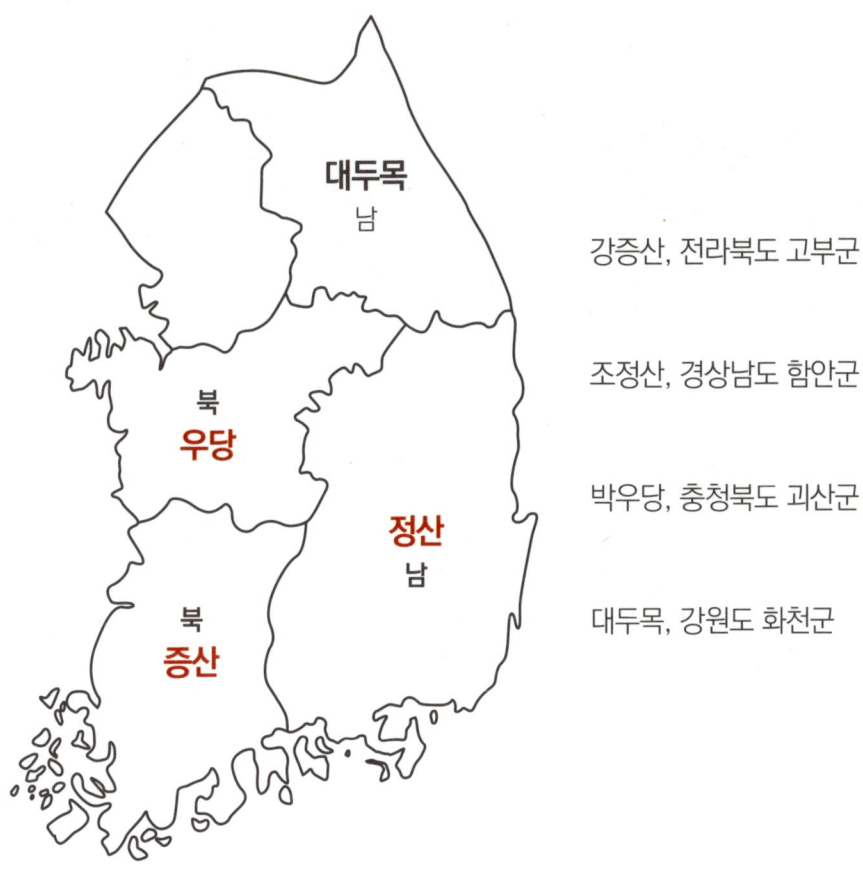

강증산, 전라북도 고부군

조정산, 경상남도 함안군

박우당, 충청북도 괴산군

대두목, 강원도 화천군

금산사, 개문남객기수기연, 도통표, 정의도, 지명, 이치의 뜻이 같다.
단주수명 태을주는 옥황상제님에서 대두목으로 이어진다.

선천판

	9.
	8.
	7. **성계**
	6.
	5.
	4.
	3.
	2.
	1. 인간계

후천 5만 년
도화낙원(桃花樂園) 지상선경(地上仙境)

신명계	인간계

용담 계사도(癸巳圖)

신명으로부터 적은 천신(天神, 三神 上帝)
그림으로 표상(表象)한 부도(符符圖) 설명

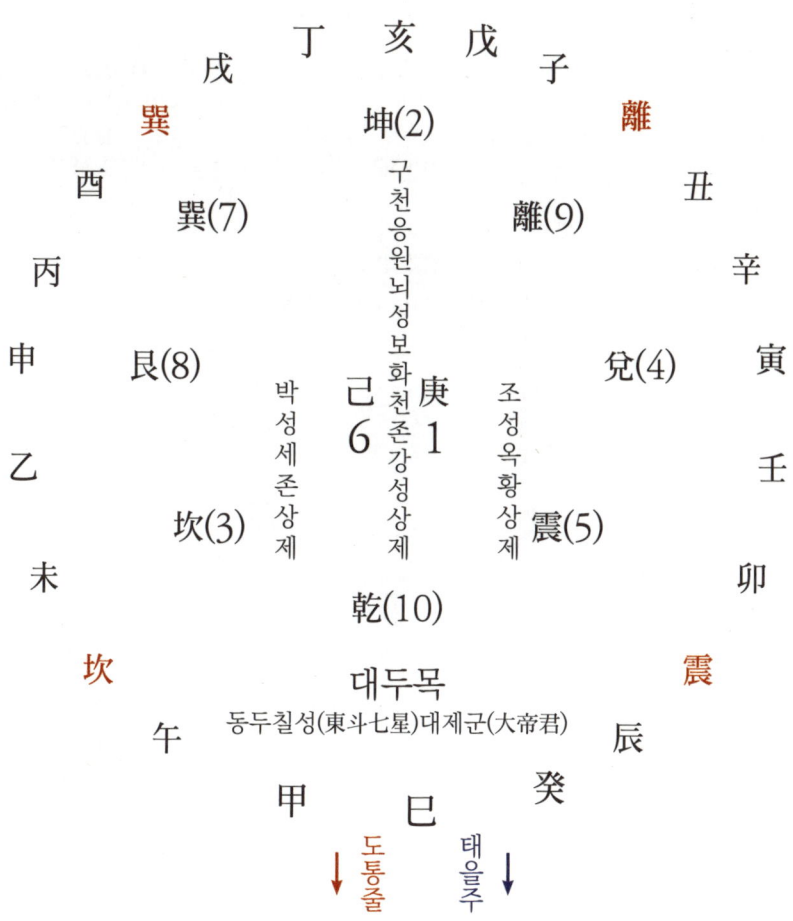

남은 아홉 마디는 수교자의 수이니라. 말씀하셨다.

[교운 1장 38절]

완성된 용담도(龍潭圖)

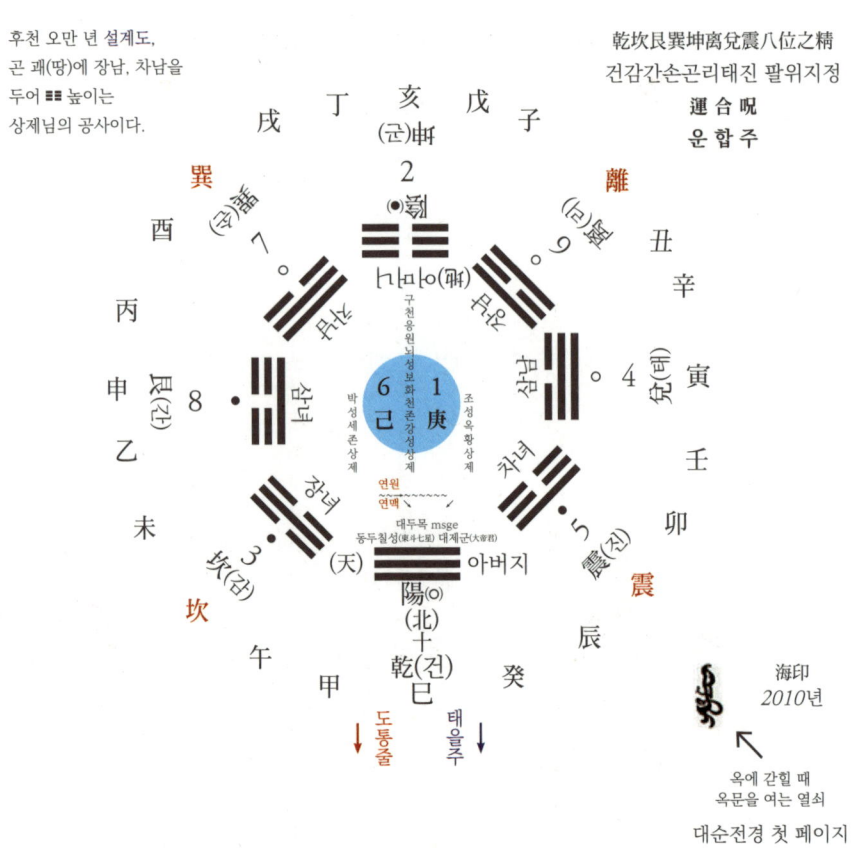

남은 아홉마디는 수교자의 수이니라. 말씀하셨다.

[교운 1장 38절]

만국의원(萬國醫院),
신선(神仙)이 되는 도법, 선약(仙藥)을 구우려면

식민지 생활에 조상들이 부르던 지혜

소련 놈에 속지 말고, 미국 놈 믿지 마라. 되놈은 되나오고, 일본 놈은 일어난다. 조선 사람 조심하라는 동요는 한민족의 고달픈 처지를 한탄한 노래로 지금까지 지워지지 않고 있다.

배웠다는 자들은 정치판에 기어들어 가 아무 나라에서 쳐들어오든 완장 차고 앞잡이 일만 하면 목숨을 구걸하며 먹고살겠다는 것이다.

공덕(功德)
공덕을 절에 내시나요?
공덕을 대순진리회에 내시나요?
공덕을 교회에 내시나요?
공덕을 증산도에 내시나요?

후원계좌: 농협 302-8848-2864-81

상제와 천자(민병규)